Réseaux !

Jacques Blamont

Réseaux !

Le pari de l'intelligence collective

CNRS ÉDITIONS
15, rue Malebranche – 75005 Paris

ISBN : 978-2-271-12235-3

Au président du Centre national d'Études spatiales,
Jean-Yves Le Gall, qui a bien voulu
accueillir l'idée de Fédération et lui a fourni
les moyens de son développement.

À Fabio Mainolfi et Damien Hartmann,
qui ont fait exister la Fédération grâce à leur énergie
et à leur enthousiasme.

Cet essai leur est dédié avec reconnaissance.

Avant-propos

L'homme n'avait jamais songé à quitter la Terre et puis, le 4 octobre 1957, il y eut Spoutnik, suivi par dix milliers de ses semblables, qui ont transformé le fonctionnement de nos sociétés. À la fin du siècle dernier, nous disposions du téléphone pour communiquer. Vingt ans plus tard, nous employons Internet où naviguent les réseaux sociaux – fondé en 2003, Facebook compte en 2018 deux milliards d'abonnés.

Engendrés et liés par la technologie, des centaines de groupes de jeunes gens se sont créés pour fabriquer ensemble des objets tels que nanosatellites, drones ou automobiles. S'ils sont localisés sur des sites réels, ils forment des réseaux virtuels qui échangent de l'information à chaque instant entre Shenzhen et San Francisco. Farouchement attachés à leur indépendance, ils suivent leur caprice, rejetant toute affiliation et tout mot d'ordre pour faire joujou avec leurs machines-outils achetées au prix de la casse et réparées par leurs soins. On les appelle « groupes participatifs ». Leur activité désordonnée, abondante et multiforme, s'apparente à un mouvement brownien. C'est le chaos, confluent d'une multitude de tentatives sans but ni cohérence, c'est le produit de la foule. Or cette foule est immense. Elle fourmille de compétences, d'énergie, d'ambitions dont la résultante reste nulle puisque sa motivation demeure ludique.

Un livre visionnaire, déjà ancien puisque publié en 2006 (il y a un siècle…) par deux journalistes canadiens, Don Tapscott et Anthony Williams, affirme que les entreprises capables de pomper les forces inemployées dans ce réservoir infini qu'est le

Web seront les seules à grandir et prospérer. Ils ont forgé un nom pour ce processus : Wikinomics.

Mais pourquoi les seules entreprises ? Pourquoi ne pas appeler également à la rescousse des grandes structures déjà constituées, des Administrations, des Agences d'objectif ? Les Institutions, qui font tourner avec efficacité la machinerie de notre ordre socio-économique, ne se sont pas encore intéressées à la grouillante turbulence des réseaux sociaux et des groupes participatifs, elles l'ont laissée de côté comme un épiphénomène négligeable. Elles ne savent que faire de l'anarchie.

La lecture du livre canadien m'a conduit à une nouvelle conception de la Wikinomie, consistant à marier deux catégories de structures. D'une part, un partenaire à organisation verticale, une Administration, une Agence d'objectif, douée d'une culture *top-down*. Et d'autre part, une émanation de la Foule, une Association horizontale de groupes participatifs, douée d'une culture *bottom-up*. La première apporte ses motivations, sa maturité, son organisation, son amour des règles, ses normes, sa puissance. La seconde sa créativité, sa jeunesse, son enthousiasme, sa haine des règles, bref : la liberté. L'objectif de cette union est de mener à bien des projets concrets à partir des forces spécifiques et antinomiques de chacune. La première y trouvera la jouvence de la seconde ; la seconde la maturité de la première : si jeunesse savait, si vieillesse pouvait…

La nouvelle entité sera appelée Fédération. Elle consistera en un mécanisme virtuel d'embrayage entre les deux composants. Ma vie a été consacrée à la recherche spatiale et c'est donc là que j'en ai trouvé l'application immédiate. Elle y est d'autant mieux adaptée que tous les membres des groupes participatifs partagent une culture spatiale nourrie par les grandes créations de Hollywood, et nos premières tentatives rencontrèrent un enthousiasme pour la Fédération spatiale qui vient de *Startrek* ou de *Star Wars*. Nous espérons engendrer ainsi une nouvelle façon de conduire de grands projets spatiaux en mobilisant la Foule et en l'enrôlant dans une organisation inédite. L'Apollo du XXIe siècle ne consistera pas à retourner sur la Lune, mais à y retourner *ensemble*.

Ce concept ne doit pas se confiner à l'espace. Nous espérons que des imitateurs l'étendront à d'autres domaines comme l'océanographie, l'environnement, la santé, la politique de la ville… Dans chacun de ces domaines, une structure verticale devra être l'initiateur, le promoteur et le guide (mais non le directeur). Dans chacun de ces domaines, une structure horizontale devra provenir de volontaires de bonne volonté, membres de groupes déjà constitués, unis par leur connexion sur le Web.

Ces Fédérations ne ressembleront pas à ce que nous croyons qu'elles seront. Car l'irruption de la Foule s'accompagne de celle du génie, et de la folie. Accrochons nos ceintures pour une aventure sociale où des partenaires inattendus, des obsédés de l'écran et de la souris, des introvertis sans liens sociaux voudront partager avec des ingénieurs plus normaux que la normale la joie de mener à bien des projets tout petits ou très grands, traditionnels ou novateurs, gratifiants ou décevants, mais tous adaptés à notre temps, à l'impensable XXIe siècle.

Mais on ne peut comprendre vraiment ce concept de Fédération que s'il est replacé dans le contexte qui lui a donné naissance, la révolution de la communication numérique qui, reposant sur des bases techniques telles que l'électronique et l'informatique, bouleverse nos mœurs, notre façon d'être, de penser et de vivre.

Car, lecteur, tu n'es pas vraiment conscient des causes ni des modalités de la tornade qui traverse le monde et change ta vie avec une constante de temps de deux ans. Là-bas en Californie, mais aussi au bord de la rivière des Perles, une créativité effervescente manipule des *milliards* de dollars, des *milliards* d'équipements personnels, des *milliards de milliards* de bytes. Tout cela concerne des *milliards* de gens. Tu seras peut-être agacé par cette litanie du milliard, mais sache qu'elle traduit une progression de la société globale que tu dois comprendre, car toutes les entreprises humaines devront désormais s'allier avec la Foule, et leur succès dépendra de leur capacité à faire vivre cette alliance.

Laisse-moi donc t'introduire dans l'univers des bytes, des ordinateurs, des réseaux.

Les cinq premiers chapitres de ce livre décrivent la métamorphose que subit notre monde, et il s'agit bien d'une *métamorphose* comme celle qui transforme la chrysalide en papillon ; c'est le passage à un nouvel âge, celui du silicium.

Ce qui caractérise cette rupture, c'est l'émergence de l'individu, qui s'est saisi massivement de nouveaux outils pour acquérir la connexion universelle, non seulement avec ses semblables, mais aussi avec l'immense corpus de connaissances amassées par l'humanité. En même temps, les mêmes outils sont employés par de grands groupes de communication pour connecter, sans qu'il le sache, notre individu à des entités décisionnaires lointaines qui s'empressent de le manipuler.

Pris entre ces deux sortes de réseaux, ceux qu'il connaît et ceux qu'il ne connaît pas mais qui, eux, le connaissent, notre individu ressent le besoin de compléter sa solitaire existence virtuelle par un rapprochement physique avec ses congénères réels.

C'est la thèse de ce livre que l'évolution de la société humaine, depuis cinquante ans, est et sera dominée par les progrès de la technologie de communication, qui fournissent désormais à tous une connectivité universelle (Internet, Web, iPhone, en attendant la suite). L'autre facteur de l'évolution, aussi puissant, est l'explosion démographique, génératrice de pénuries, de migrations et de conflits.

La jeunesse, face à un marché du travail saturé, manque de ressources pour vivre le présent et se projeter dans l'avenir. Nulle part les gouvernements n'ont trouvé de solution. Nous proposons d'explorer une piste. Ces jeunes ont grandi avec Internet, ont connu très tôt les réseaux sociaux et, avec eux, l'économie collaborative. Leur désarroi ne se traduit que dans des convulsions électorales, et ils cherchent sans la trouver une voie collective.

Nous proposons que les grandes Institutions sortent de leur sommeil dogmatique et tendent la main à la jeunesse sur le Web, afin de la mobiliser par la réalisation de projets concrets d'intérêt général. L'objectif est de transformer des spectateurs désœuvrés, désemparés, frustrés, en acteurs heureux, de les enrôler dans des entreprises enthousiasmantes. Il le faut.

En effet, l'usage de l'écran repose sur un principe de passivité, qui impose à chacun ce qu'on lui donne à voir. Le smartphone à la main, on ne regarde plus l'autre. L'on reste seul dans sa chambre, à parler à des gens qu'on ne rencontrera jamais. Il faut ouvrir les fenêtres, vivre, participer joyeusement au sauvetage de l'humanité !

À la multitude déboussolée par une liberté ingérable, mais aussi aux Institutions qui assument le maintien de notre civilisation, perplexes devant l'évolution de la Foule, les derniers chapitres proposent une organisation qui les réconcilie. Cette idée s'est déjà incarnée dans un projet concret, la Fédération Open Space Makers, qui servira d'exemple.

Chapitre I. Le moteur de l'histoire aux environs de l'an 2020[1]

L'évolution exponentielle des composants solides

Un dispositif électronique est fait pour remplir une fonction, en général la transformation d'un signal électrique, son amplification par exemple. L'architecture de ce dispositif utilise des pièces détachées appelées composants électroniques. En 1948 aux Bell Laboratories, J. Bardeen, W. Brattain et W. Schokley ont inventé le transistor, constitué de monocristaux semi-conducteurs (éléments silicium et germanium en général « dopés », c'est-à-dire additionnés d'impuretés dosées). Ont été alors mis sur le marché des équipements utilisant ces transistors, légers et peu gourmands en énergie. Ces composants à semi-conducteurs sont dits « solides » parce que leur fonctionnement repose sur la discipline appelée « physique des solides ». Ils sont en général soudés l'un à l'autre et associés pour constituer des ensembles fonctionnels. Dès 1954, Texas Instruments en a entamé la production commerciale ; en 1959, Fairchild a mis au point le procédé *planar*, clé de la production en série.

1. Ce chapitre est une mise à jour du premier chapitre de mon livre *Introduction au siècle des menaces,* aux Éditions Odile Jacob (2004), que je remercie d'avoir autorisé cet emprunt. On notera que toutes les prévisions se sont réalisées, en particulier la prolongation de la loi de Moore jusqu'en 2015.

Inventés en 1959 chez Texas Instruments par Jack Kilby, les circuits intégrés apparaissent et se répandent dans les années 1960 : transposition sur un substrat unique de silicium d'un circuit complet, au début fabriqué avec des composants discrets soudés sur une carte portant un circuit imprimé. Puis la technologie a peu à peu permis de déposer sur ce substrat des composants, de plus en plus petits, en nombre croissant, non plus séparés mais tous en même temps comme un composant unique. On obtient alors les puces, ou *chips*, allant du simple circuit logique chargé d'une seule opération définie au microprocesseur qui intègre des fonctions multiples, telles que le calcul, la mémorisation, la commande. En 1971, la firme américaine Intel a commercialisé le microprocesseur 4004, puce contenant 2 300 transistors. La technique MOS (*metal oxyde on silicon*) utilise des couches minces superposées de molécules ou d'atomes. Introduite il y a cinquante ans, elle permet une grande intégration de fonctions ; elle est employée aujourd'hui dans les deux tiers des produits. On distingue les microprocesseurs sur catalogue, très bon marché, d'emploi général, et les asics, puces développées à la demande pour remplir des fonctions spécifiques complexes et naturellement beaucoup plus coûteuses.

Comme les procédés industriels de fabrication des composants solides sont relativement simples, il est facile de créer de nouveaux produits plus performants : la durée de vie des composants est brève. Des familles apparaissent et disparaissent dans un monde où seule est acquise la flexibilité, et donc la fragilité. Un cycle vertueux science – technologie – application – marché – technologie – science s'est enclenché dès le début au bénéfice de l'ensemble de la filière. À noter un fait d'une importance capitale : c'est le fabricant de composants qui mène la danse et maîtrise l'évolution technologique de ses clients, les fabricants de systèmes électroniques. La puce contrôle la technologie de l'équipement.

Dès 1965, Gordon Moore, directeur de la recherche chez Fairchild Semi-conductors, cofondateur de la société Intel, devenue depuis le plus important producteur de composants dans le monde, a énoncé la loi qui porte son nom[2], qui semble régir assez rigoureusement l'évolution des composants électroniques, et qui s'énonce ainsi : *Les performances des composants augmentent d'un facteur deux tous les dix-huit mois*[3]. Avec son corollaire encore plus étonnant : *Le prix des composants est diminué de cinquante pour cent tous les dix-huit mois.* Ainsi, le prix d'un million de transistors intégrés était égal en 1973 à celui d'une maison ; en 2015, à celui d'un carnet de post-it. Moore a également noté que la demande du marché, et donc la réponse de l'industrie des semi-conducteurs, double également tous les dix-huit mois.

Le caractère le plus surprenant de l'évolution actuelle est que la loi de Moore a été acceptée par l'industrie mondiale des semi-conducteurs non comme un simple fait d'observation, ce qu'elle était, mais comme la règle à suivre ! Telle est en effet la stratégie exposée par le document ITRS (*International Technology Roadmap for Semiconductors*), qui exprime le consensus des experts délégués des cinq groupes (États-Unis, Europe, Japon, Corée du Sud et Taïwan) représentant la totalité de la production dans le domaine depuis 1992. Ce document, mis à jour chaque année à partir de 1998, affiche comme objectif pour l'industrie des semi-conducteurs le maintien de la réduction annuelle du coût par fonction, et une croissance annuelle de 17 % pour le marché des circuits intégrés jusqu'à l'horizon 2015. Ainsi le programme des investissements en Recherche et

2. G. Moore, *Cramming more Components into Integrated Circuits,* Electronics, 38, 19 avril, 1965.

3. La loi de Moore s'exprime mathématiquement par une fonction exponentielle, c'est-à-dire une fonction dont le taux d'augmentation par unité de temps est proportionnel à sa valeur à un instant donné. En d'autres termes, l'exponentielle est une fonction égale à sa dérivée. L'inverse de la constante de proportionnalité est appelé « constante de temps ». La valeur de la fonction est multipliée par 2,718 (logarithme népérien de 2), disons par 3 lorsque s'écoule un intervalle égal à la constante de temps. Disons pour simplifier que la constante de temps est le temps qui s'écoule pour que la valeur du paramètre considéré soit multipliée par trois. Notre énoncé de la loi de Moore correspond à une constante de temps de l'ordre de deux années et un gain d'un facteur dix en cinq ans.

Développement de l'industrie électronique s'énonce-t-il par la formule choc suivante : « *Quelles capacités techniques doivent-elles être développées pour que l'industrie continue à suivre la loi de Moore* ? ». Et cette loi est ainsi devenue autoprédictive.

Les progrès obtenus depuis quarante ans proviennent en grande partie de la capacité acquise par l'industrie de diminuer les dimensions des circuits. Dans une première approximation on peut prendre comme critère de performances le nombre de transistors par cm^2 de la surface de la puce, dont l'augmentation s'obtient en réduisant le dessin représentant les circuits à la plus petite dimension possible que l'on peut graver sur le substrat[4]. D'où un autre énoncé de la loi de Moore : *Le nombre de composants par puce double tous les dix-huit mois.* L'intérêt de regrouper un très grand nombre de transistors sur une surface extrêmement restreinte ne réside pas seulement dans l'addition de leurs capacités ou dans l'abaissement de leur prix, mais dans le gain de temps mis par le courant pour passer d'un circuit à un autre, et donc dans le gain en vitesse de calcul.

L'ITRS analyse en détail les points techniques de blocage éventuel sur la route à suivre pour obéir à la loi de Moore, appelés murs de briques rouges. Là doivent se porter les investissements. Ils ont été suffisamment bien identifiés et les recherches entreprises pour les franchir ont été réussies. La loi de Moore est restée valable jusqu'à aujourd'hui.

Un facteur dix tous les cinq ans pendant cinquante-deux ans conduit à un gain de dix milliards, incroyable et pourtant vrai ! Et la tendance ne faiblit pas. La pénétration des composants

4. La méthode de fabrication des puces est la lithographie, qui consiste à faire tomber de la lumière sur un substrat de silicium à travers un masque percé d'ouvertures reproduisant le circuit désiré. Des réactifs chimiques attaquent la partie du silicium ainsi illuminée et creusent une figure identique au dessin du circuit. La longueur d'onde de la lumière détermine la plus petite dimension que l'on peut obtenir. Plus elle est courte et plus les détails de la gravure peuvent être petits. Il faut donc passer de l'ultraviolet aux rayons X si l'on veut progresser. En 2018, une puce peut contenir des milliards de transistors.

à l'intérieur des équipements qui supportent toute la communication des individus, des groupes nationaux ou des entités économiques leur a donné en quelques années le rôle de colonne vertébrale de l'activité humaine.

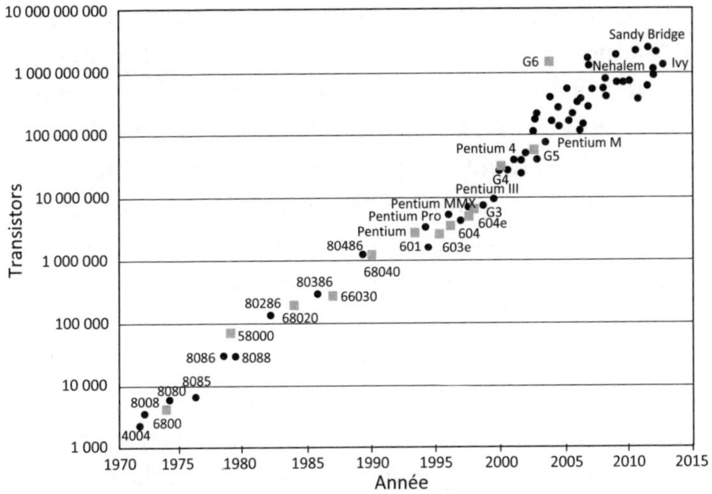

Figure 1 – La loi de Moore exprimée en performances : nombre de transistors par microprocesseur en fonction du temps.

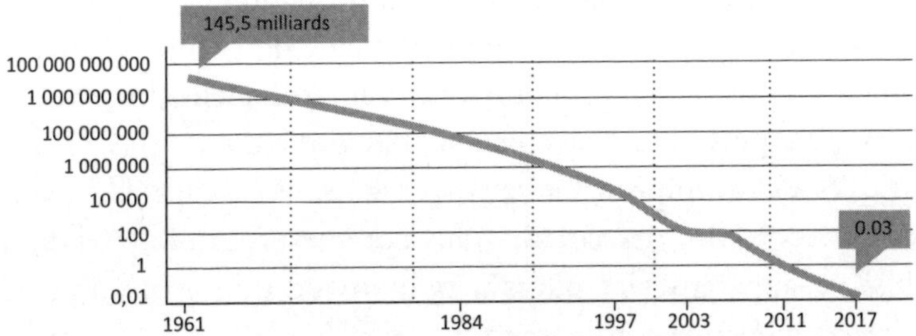

Figure 2 – La loi de Moore exprimée en coûts. Évolution du coût en dollars 2013 d'un gigaflop (unité de mesure de la vitesse opération en virgule flottante par seconde). Notez les coordonnées semi-logarithmiques, ce qui transforme les exponentielles en droites.

La première conséquence du progrès des composants a été la croissance et le développement de la micro-informatique. On a vendu, dès 1994, plus d'ordinateurs que de voitures ou de téléviseurs. À côté du géant IBM qui avait manqué le départ, de nombreux fabricants de calculateurs personnels (*personal computer*, devenu PC dans le langage courant) se font une concurrence bénéfique. En amont et en aval, deux compagnies, Intel, fabricant de composants, et Microsoft, fabricant de logiciels d'exploitation, ont pris les commandes de l'industrie mondiale. L'importance des calculateurs géants comme les CRAY est devenue marginale devant la conquête du public par les calculateurs personnels. L'évolution n'a pas suivi la prédiction faite en 1950 par T. Watson, ex-patron d'IBM : « *Dans cinquante ans, il n'y aura plus que 4 calculateurs dans le monde* ». L'irruption massive des PC dans les bureaux d'étude à partir de 1980 a non seulement modifié profondément la méthode de travail de chaque ingénieur, mais aussi créé de nouvelles pratiques dans la gestion des projets, comme l'ingénierie concourante, qui consiste à engager simultanément tous les acteurs d'un projet, dès le début, dans la compréhension des objectifs recherchés et de l'ensemble des activités qui devront être réalisées, ce qui facilite la détection précoce des problèmes.

Un des moteurs essentiels de la croissance est le couplage entre la technologie des solides et l'informatique : l'arrivée des ordinateurs a permis de calculer les plans de premiers circuits intégrés, qui ont servi à construire non seulement des ordinateurs plus puissants, mais surtout des ordinateurs plus répandus, ces PC omniprésents dans les laboratoires, capables à leur tour de produire des circuits plus complexes encore, et l'on a ainsi vu apparaître les puces à millions de transistors. Puis la mise en réseau des ordinateurs a ouvert la voie, non seulement à des calculs de plus en plus élaborés, mais également à un renforcement inouï de la démarche scientifique et technique de base, à savoir la mise en commun des savoirs et des savoir-faire. À mesure que les universités et les centres de recherche, étatiques ou industriels, se sont raccordés au réseau, la qualité des travaux et le rythme des découvertes et des développements se sont accélérés avec les échanges d'idées.

La micro-informatique dans les entreprises a introduit les réseaux locaux, au grand dam des « téléphonistes » qui pensaient valoriser leurs autocommutateurs privés. Ces réseaux locaux se sont interconnectés, imposant, par la nature particulière du trafic engendré, des équipements, des logiciels d'administration, des protocoles et des applications qui sont presque toujours le fait de nouveaux fournisseurs, la plupart du temps nés aux États-Unis.

Si la dissémination universelle de l'informatique, sous l'effet de la micro-informatique, a été pressentie de bonne heure, son influence sur les télécommunications était difficile à prévoir. Elle est venue du fait capital que les composants solides se prêtent aisément à la *digitalisation* (*numérisation*) des *signaux*, c'est-à-dire de l'information et de ce qu'elle contient : son, image, nombres ou lettres. Le composant est une sorte de fourneau qui convertit l'information en une suite numérique de zéros et de uns, dont chacun est appelé bit. Les satellites, les lignes téléphoniques et les câbles optiques sont les tuyaux qui connectent les fourneaux au reste du monde. On mesure leur performance par leur largeur de bande, c'est-à-dire le nombre de zéros et de uns d'un message digital transférés en une seconde[5]. Les tuyaux, c'est-à-dire les services de télécommunication, sont fournis par des opérateurs, qui ont la charge de faire fonctionner un réseau constitué d'éléments matériels (fils, câbles, satellites) et de terminaux, tous fabriqués par des industriels, les équipementiers.

Ajoutée à l'essor de la micro-informatique, la libéralisation du marché des services de télécommunications a été l'un des phénomènes porteurs les plus puissants de l'évolution. Le démantèlement d'AT&T en 1982 a été le point de départ de cette libéralisation, qui a entraîné la naissance outre-Atlantique d'un grand nombre de réseaux privés. Nous avons vu les réseaux européens de télécommunications se résoudre à la privatisation dès le début des années 1990.

La très rapide augmentation de la capacité des machines, le développement des logiciels d'exploitation, l'accroissement

5. 1 kb/s signifie 1 kilobit ou 1 000 bits par seconde ; Mb/s signifie mégabit ou million, Gb/s signifie gigabits ou 1 milliard de bits par seconde.

du débit des réseaux, le tout accompagné par un mouvement irrésistible de baisse des prix, ont amené une fusion de l'électronique, de l'informatique et des télécommunications sous le nom de « Nouvelles technologies de l'information et de la communication » (NTIC). De nouveaux outils nous sont devenus soudain familiers : calculateurs personnels, modems, câbles et connexions Internet.

Une chaîne motrice s'est formée, s'étendant des fabricants de composants aux fabricants d'ordinateurs et PC, puis aux fabricants de logiciels, puis aux équipementiers de télécommunications, y compris ceux du câble et des satellites, puis aux opérateurs de télécommunications, puis aux fournisseurs de services sur le réseau, enfin aux grands groupes de communication qui fabriquent le contenu. La poussée s'est effectuée dans les années 1990 d'une extrémité à l'autre de la chaîne, entraînant une restructuration radicale des industries concernées et stimulant une frénésie d'achats.

La conséquence immédiate de cette évolution a été l'augmentation de la quantité d'information totale transmise dans le monde. Son rythme, exponentiel lui aussi, s'est révélé encore plus rapide que la loi de Moore. Les industries de l'information sont marquées par le développement des services dits « multimédia », qui traitent de manière indifférenciée les informations correspondant aux sons, aux images fixes ou animées et aux données digitales.

Le couplage de l'informatique et des télécommunications abolit les distances, plus encore que le développement simultané du voyage aérien. De ces évolutions est née la « globalisation » ou « mondialisation », phénomène selon lequel des groupes organisés dotés de ressources élaborent leurs objectifs et leurs stratégies en référence à des théâtres d'opération de plus en plus étendus géographiquement. Le phénomène se distingue des interactions caractéristiques des années 1945-1980, car il opère une véritable mutation du système international, grâce à l'augmentation exponentielle des échanges d'information. Pour la première fois dans l'Histoire, les entreprises se voient offrir la possibilité d'établir une stratégie aux dimensions de la Terre tout entière. Leurs fusions ou alliances répondent à la réalité d'une concurrence planétaire où les acteurs doivent tirer parti au maximum des économies d'échelle (notamment pour le traitement de l'information), ainsi que des avantages de la taille pour la gestion de la R&D et de ses risques. Les « entreprises globales » sont des réseaux souples d'entreprises locales à la fois autonomes et coordonnées.

La globalisation est souvent assimilée à un affaissement du pouvoir des États. Ainsi le dictionnaire Penguin des relations internationales en donne-t-il la définition suivante : « *La globalisation est le processus par lequel les modes de pouvoir et les termes de référence centrés sur les États se dissolvent en faveur d'une structure de relation entre acteurs opérant dans un contexte qui est vraiment global plutôt qu'international. Les acteurs individuels, y compris les États, habitués à exercer la souveraineté ont "perdu le contrôle" de ces processus, donc de leurs conséquences.* »

Au-delà du champ de l'économie, la globalisation se caractérise par l'importance accrue des organisations non gouvernementales (ONG) qui se préoccupent des questions d'intérêt général, comme les droits de l'Homme ou le développement durable, naguère considérées comme du ressort exclusif des gouvernements.

Nous sommes donc passés, dans un mouvement continu, de la question des composants à celle de la puissance des États. La synergie entre les composants et les moteurs de l'activité mondiale que sont les échanges d'informations et les transports donne aux premiers un rôle déterminant dans l'ensemble des évolutions non seulement économiques mais également géopolitiques. *Toute l'activité humaine, toute la perspective historique sont ainsi dominées aujourd'hui par la loi de Moore.*

La connexion universelle

L'impact de la révolution électronique sur les réseaux de communications est un fait majeur. À partir de 1990, deux évolutions simultanées bouleversent radicalement la liaison de l'individu avec le monde.

Internet

En 1969, des chercheurs travaillant pour l'Agence chargée d'introduire l'innovation au Département de la Défense des États-Unis, appelée alors ARPA et aujourd'hui DARPA (*Defence Advance Research Projects Agency*), souhaitaient relier entre eux des ordinateurs de recherche. Ils pensèrent à donner un format et un code à l'information à échanger, ce qui permettait de l'introduire dans un réseau de transmission branché à chacun des ordinateurs intéressés. Le principe de ce qui devait devenir l'Internet était né, sous le nom d'Arpanet : ordinateur + formatage + réseau. Au début, quatre ordinateurs étaient liés par des tuyaux de capacité de 50 kb/s. En 1973, deux des responsables d'Arpanet, Vinton Cerf et Bob Kahn, créèrent le concept d'Internet[6] en proposant d'interconnecter des réseaux similaires au leur, grâce à un langage commun qui relayerait l'information[7] de réseau à réseau. Les parties essentielles de ce langage étaient le « protocole Internet » (IP) et le « protocole de contrôle de transmission » (TCP).

L'ensemble fut achevé et mis en place en 1981. À l'origine, plusieurs réseaux cohabitaient. Au cours des années 1980 les réseaux ont l'un après l'autre adopté le « métaprotocole » d'Internet, ce qui leur a permis de s'interconnecter sans devoir changer de logiciel ou de matériel : il superposait simplement aux couches logicielles existantes une nouvelle strate. Le terme Internet signifiait dorénavant un ensemble de réseaux interconnectés utilisant des protocoles (TCP/IP) de communication et d'échanges de données pour faire communiquer des ordinateurs.

Puisque, par définition, les réseaux sont divers, la nature de la liaison importe peu (fil, câble, radio au sol ou satellite). Quelle qu'elle soit, les paramètres importants sont le *temps de*

---

6. Christian Huitema, *Et Dieu créa l'Internet,* Paris, Eyrolles, 1995.

7. Dans le mode par paquets employé sur Internet, les messages sont découpés en petits morceaux, qui transitent emballés dans des « sacs » de bits, de format standard, comportant (entre autres) leur adresse d'origine, leur destination, et leur ordre d'apparition. Cette tâche est du ressort du protocole de contrôle des transmissions (TCP) alors que le protocole Internet (IP) est un logiciel chargé de l'acheminement.

transmission et la *bande passante*, l'un et l'autre limités par les caractéristiques de la ligne employée. L'intérêt fondamental du remplacement par un ordinateur des terminaux traditionnels (micros du téléphone, machine à écrire ou fax) réside dans l'adéquation de la nature numérique du message à la nature numérique du fonctionnement de l'ordinateur : le message numérique peut entrer immédiatement dans un fichier du récepteur et se prêter à classement ou manipulation.

Peu à peu naquit et prit forme le projet de connecter tous les ordinateurs du monde, et par conséquent tous les utilisateurs. S'imposa bientôt un phénomène décrit en quelques mots par un pionnier de l'Internet, Anthony Rutkowski : « *la connectivité est sa propre récompense* ».

Le projet a réussi pour deux raisons : d'une part, un réseau est d'autant plus utile qu'on peut y joindre davantage d'utilisateurs ; Internet est d'autant plus utile qu'il s'y trouve davantage de fichiers, davantage de logiciels, davantage de bases de données. L'idée a été avancée par Robert Metcalfe, un pionnier des réseaux, que la valeur d'un réseau augmente comme le carré du nombre des utilisateurs, d'où la « loi » dite « de Metcalfe », selon laquelle le bénéfice de se trouver connecté (on dit *on line*) augmente exponentiellement avec le nombre de connexions. Et donc le nombre des utilisateurs, parce qu'ils sont conscients de ce bénéfice, augmente à son tour de façon exponentielle.

Il est également d'autant plus intéressant de raccorder une base de données au réseau qu'il s'y trouve davantage d'utilisateurs potentiels : plus il y a d'utilisateurs, plus il est rentable de fournir des services et donc plus il y aura de créateurs de logiciels prêts à servir ces utilisateurs. On verra donc de plus en plus de nouveaux services (on dit *applications*) se mettre en place, lesquels attireront de nouveaux utilisateurs et nourriront la croissance. Cette créativité du réseau est couplée à sa croissance ; la floraison d'idées nouvelles jaillies de la nature même du réseau est un phénomène entièrement original, qui n'existait pas sur les anciens réseaux de télégraphe, téléphone ou fax, et qui constitue un des caractéristiques du XXIe siècle commençant.

Le service qui a rendu l'Internet vraiment populaire est le World Wide Web (Web) imaginé en 1989 par Tim Berners-Lee, alors chercheur au Centre européen de Recherches nucléaires (CERN). Développé en 1992, il a commencé à se répandre sur l'Internet en 1993. Il repose sur trois idées, la *navigation par hypertexte*, le *support des multimédias* et l'*intégration des services préexistants*.

La navigation par hypertexte consiste à informatiser la recherche d'une information au moyen d'un index ou d'une table des matières, en marquant certains mots comme des clés d'accès et en y associant un pointeur pour trouver le mot intéressant dans une autre page, qui n'est pas tenue d'appartenir au même document.

Le support des multimédias consiste à insérer dans le texte des images et des illustrations sonores, auxquelles peuvent être d'ailleurs associés des pointeurs vers d'autres pages.

La capacité à intégrer des services préexistants explique la vitesse avec laquelle le Web s'est déployé dans l'Internet. En principe tout service a son propre protocole d'accès, mais il est facile de programmer un logiciel d'accès au Web pour qu'il accepte les différents protocoles.

Internet a crû longtemps en doublant tous les six mois, plus rapidement que la loi de Moore. Alors qu'il a fallu au téléphone soixante-quinze ans pour atteindre cinquante millions de clients, le Web y est parvenu en quatre. On peut situer vers 1995 un point de rupture qui coïncide avec le début du « e-commerce ». La croissance exponentielle du réseau est alors devenue une donnée de la vie publique. Il est passé de deux cent treize calculateurs et quelques milliers d'utilisateurs en août 1981 à 3,4 milliards en juillet 2016. Selon les derniers chiffres du *CIA World Facts Books*, le nombre des abonnés à Internet à la fin de l'été 2014 était de 626 millions en Chine ; 277 aux États-Unis ; 237 en Inde ; 109 au Japon ; 108 au Brésil. La France se place au dixième rang avec 56,8 millions.

La connexion de tous les foyers des pays développés est attendue dans le premier quart du siècle qui commence. Le commerce, l'éducation, les loisirs, la chirurgie, l'architecture, le tourisme et plus généralement l'accès à l'information sont bouleversés. La vie entière est bouleversée.

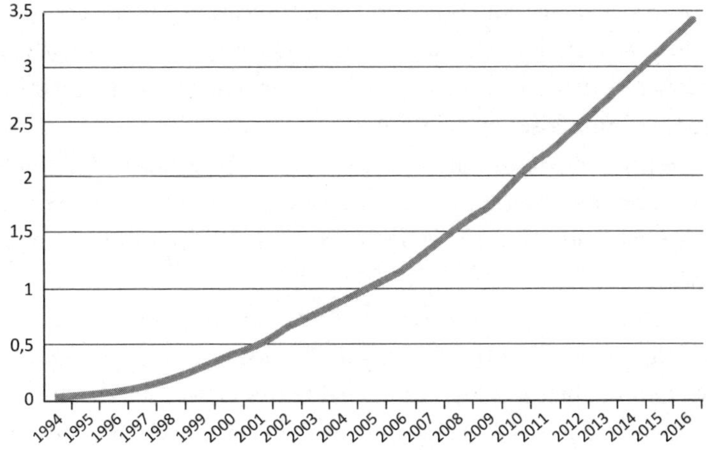

Figure 3 – Nombre d'internautes dans le monde en milliards : la croissance est exponentielle.

L'usage de l'Internet ne se limite pas au Web mais s'étend aujourd'hui aux réseaux sociaux, aux forums de discussion, aux blogs et aux courriers électroniques, tous vecteurs de prise de parole et d'action, en attendant l'Internet des objets, l'interconnexion des moyens de transport, des appareils électroménagers, des chiens et des chats. Internet est devenu un outil majeur, non seulement pour les groupes informatiques, mais aussi pour les grands acteurs de l'électronique grand public et des télécommunications. L'évolution technique semble en effet pousser vers l'intégration d'activités jusqu'ici distinctes – téléphone, télévision, informatique, électronique domestique, voire édition –, une convergence qu'exprime le terme « multimédia » et qu'accentue encore l'irruption de techniques utilisables dans plusieurs secteurs, comme la fibre optique, les réseaux de satellites de télécommunication ou la compression numérique des données. La fusion deviendra de plus en plus étroite entre le Web et les moyens de visualisation tels que la télévision ou les gadgets qui la remplaceront, tant du point de vue des contenus que du mode d'accès. Est né le cyberespace[8], univers centré

8. Terme forgé par William Gibson dans son livre désormais classique *Neuromancer,* New York, Ace, 1984 (trad. fr. *Neuromancien*, Paris, J'ai Lu).

sur Internet et ses fonctions de communication (Web, courriel, forums, messageries, téléchargement de fichiers), puis prolongé par la réalité virtuelle et les jeux vidéo, et en fait intégrant tous les domaines numérisés et mémorisés.

Internet est désormais constitué de trois composantes : les utilisateurs ou internautes, les nœuds du réseau et les centres de données où se stockent les informations disponibles sur le réseau.

L'enseignement à distance balbutie encore, mais il prend rapidement de l'importance. La télé-information et les cyber-universités constituent des cibles évidentes et surtout des enjeux d'influence. En 2018, deux cent millions de jeunes gens suivent des études supérieures dans le monde, soit deux fois plus qu'en 2000, et leur nombre dépassera trois cent millions vers 2025. Des universités virtuelles rassembleront alors les masses en quête de savoir, qui auront accès aux mêmes salles de cours virtuelles, aux mêmes professeurs, aux mêmes bibliothèques et obtiendront les mêmes diplômes. Dès 2003, Harvard, le Massachusetts Institute of Technology et Stanford ont mis en ligne d'excellents cours gratuits, en général non diplômants, accessibles à tous, les MOOC (*massive on line open cursus*) qui connaissent un grand succès et sont en passe d'être utilisés partout.

Devant la croissance du réseau et la multiplication de ses utilisateurs, s'est propagée, au début des années 1990, l'idée que l'ensemble des transactions commerciales pourrait être traité dans la cybersphère. Ainsi naîtrait une nouvelle manière de conduire l'économie mondiale. L'expression « nouvelle économie » a connu une étonnante fortune au cours des années 1990, avant même que son contenu ait été élucidé. On peut lui attribuer deux significations. Il s'agit, d'une part, des conséquences concrètes, sur l'offre de biens et de services, du développement des technologies de l'information. On a parlé de « Net-économie » pour désigner à la fois la création d'activités nouvelles liées au réseau et la transformation de nombreuses activités traditionnelles telles que le commerce devenu le « e-commerce ». Le terme désignerait également un nouveau régime économique, caractérisé par une accélération des gains de productivité et un rythme de croissance durablement élevé.

Comme pour prouver le bien-fondé de ces concepts, l'économie américaine a connu une période faste. Le « e-commerce » s'est envolé. Deux facteurs se sont combinés. D'une part, la baisse rapide et continue des coûts de traitement, de stockage et de transmission de l'information selon la loi de Moore. D'autre part, les « effets de réseau », permettant des rendements croissants, ont été favorisés par l'adoption de standards internationaux dans les techniques de transmission de l'information. Ont joué dans le même sens les mesures de déréglementation des télécommunications adoptées par un grand nombre de pays. Une fois réalisés les investissements d'infrastructure et de R&D pour la création de nouveaux produits ou services, le coût de production et de distribution d'un exemplaire supplémentaire est faible, voire nul, ce qui procure un avantage aux fournisseurs déjà installés sur le marché.

Si la « nouvelle économie » a été engendrée par la loi de Moore, il faut, pour la comprendre, dépasser une vision d'ingénieur. Son paradigme consiste dans l'informatisation de l'échange, par opposition à une « ancienne économie » dominée par l'informatisation de la production et de la gestion. Lorsque l'ordinateur a été introduit dans les entreprises, il a permis des gains de productivité à l'intérieur de chaque entité. Internet permet d'extérioriser ces gains que l'on avait pris pour règle de conserver pendant plusieurs décennies.

Les réussites du commerce électronique se sont construites sur de véritables avantages compétitifs et sur le siphonage des poches de rétention de la productivité. En inventant la commercialisation de PC personnalisés, produits à la commande et livrés en une semaine, la société Dell Computer Corp a créé un modèle de distribution à très rapide rotation des stocks : elle n'a que cinq jours de stocks, ses concurrents dix fois plus. Dell est ainsi devenu pour un temps le premier constructeur mondial de PC. L'accélération de la rotation des actifs conjuguée à cette innovation de marketing est à la base de la « nouvelle économie ». Le gagnant du monde Internet ne serait-il pas le zéro : zéro délai, zéro stock, zéro structure ?

La téléphonie mobile

L'addition à un poste de téléphone d'un émetteur-récepteur de liaison hertzienne a permis à l'usager de se déplacer tout en gardant sa connexion au réseau, dite alors « mobile ». Le système répandu aujourd'hui est le téléphone cellulaire, ainsi appelé parce que la transmission utilise de nombreuses stations de base qui divisent une zone géographique de service en cellules multiples. Les appels sont transférés automatiquement d'une station de base à une autre quand l'utilisateur se déplace de cellule en cellule. Récemment a été tenté le remplacement des stations de base par une constellation de satellites en orbite basse. L'opération s'est révélée plus compliquée que prévu, et s'est soldée par plusieurs échecs financiers. En 2016 subsistent deux constellations en orbite basse (800 à 1 000 km), Iridium et Globalstar d'une part, et d'autre part, deux géostationnaires, Immarsat et Thuraya. Les constellations se connectent au réseau-sol par des stations-passerelles équipées d'une grande antenne et de connexion haut débit. Iridium utilise une dizaine de stations, mais Globalstar se contente d'une seule grâce aux liaisons satellite-satellite.

Dès 1947, AT&T demande en vain à l'organisme américain responsable des allocations de fréquence hertzienne de lui céder un grand nombre de fréquences afin d'encourager le développement du téléphone cellulaire. En 1968, AT&T revenu à la charge, propose d'établir des cellules au voisinage de tours. En 1978, les Bell Laboratories – AT&T font des essais à Chicago sur deux mille clients. En 1979, un service semblable démarre au Japon ; en 1981, Motorola et American Radiotéléphone établissent un second système américain dans la région de Baltimore – Washington ; en 1982, la Suède et la Finlande lancent le Nordic Mobile Telephone. La même année, le service cellulaire commercial est autorisé aux États-Unis. En dépit d'une forte demande, il aura fallu au cellulaire trente-sept ans pour atteindre le consommateur. Son succès est alors stupéfiant. En 1987 le nombre des souscripteurs dépasse le million et le réseau radio est saturé.

L'essor du cellulaire a surpris et surprend encore : de 11 millions à la fin de 1991, le nombre d'abonnés est passé à 300 millions vers la fin de 1998. On note la réussite extraordinaire du GSM (*global system for mobile communication*), système dit de deuxième génération, qui a fait de l'Europe un territoire privilégié du mobile. Idéal pour la voix, il a été amélioré pour prendre en charge de plus hauts débits et le transfert de données. Le mobile est devenu un marché à part entière. Cette révolution a concerné aussi bien les pays développés que les autres ; dans les premiers le cellulaire sert de complément aux postes fixes ; dans les seconds, il en comble le manque.

L'accord portant sur la normalisation des équipements de téléphonie mobile signé en juillet 1997 par plus de soixante pays incluait l'octroi de la licence, l'homologation et les réglementations douanières. Pour uniformiser les réglementations, il s'appuyait sur l'accord élaboré par l'Organisation mondiale du Commerce en 1996, qui avait prévu la suppression complète des droits de douane sur les produits informatiques et les produits de télécommunication à partir du 1er janvier 2000. Ce libéralisme intégral d'origine américaine servait naturellement en premier l'industrie dominante et dominatrice des États-Unis.

Le téléphone cellulaire mobile a été le premier segment de l'activité télécommunications à s'ouvrir au secteur privé et à la concurrence dans de nombreux pays. De ce point de vue il a joué un rôle moteur dans l'évolution générale du secteur. Un produit dont l'offre était autrefois limitée, le service téléphonique, devenait disponible à toute demande. Un des freins principaux à l'expansion de la demande – une offre insuffisante – se trouvait éliminé.

Devant la croissance de la demande, dès 1999 tout le monde est persuadé qu'elle n'a pas de limites, car elle n'a pas encore touché les services de transmission de données qui constituent un énorme réservoir potentiel de clientèle. Il faut donc plus de bande, d'où l'urgence du déploiement de l'UMTS (*universal mobile telecommunications systems*), et il faut une extension des cellules au monde entier, d'où l'émergence des constellations spatiales comme Iridium, conçu depuis longtemps et financé par Motorola. UMTS, c'est le nom de la troisième génération de téléphones mobiles, dont le déploiement prévu pour 2000 a été retardé par l'explosion de la bulle Internet jusqu'en 2003. Réutilisant, au contraire de la deuxième génération, les meilleures fréquences pour les cellules adjacentes, il offre plus de bande passante et donc plus de débit. Il a donc la capacité nouvelle de transférer des contenus multimédias.

Nous assistons au phénomène de la connexion universelle. Pour la première fois, des dispositifs de communication permettent en théorie d'interconnecter individuellement tous les membres dispersés de la famille humaine. Le nombre d'abonnés aux mobiles à la fin de 2016 est de 7,4 milliards de gens dont 5,8 dans les pays en développement.

Le mariage d'Internet et de la téléphonie mobile

Qui aurait parié en 1997 qu'un téléphone portable pourrait servir à autre chose qu'à téléphoner ? Pourtant, l'accès à Internet grâce au mobile, dernier mythe de la « nouvelle économie », a pu devenir une réalité à la suite de l'adoption en juin 1999 par l'industrie d'un standard quasi universel, le WAP (*wireless applications protocol*). Il permettait dans sa première version (à 9,6 kb/s) de présenter des textes courts et offrait des services proches du Minitel. Sa seconde version à 144 kb/s, introduite en 2000, donnait la possibilité de recevoir des images vidéo. Les promoteurs du mariage entre Internet et mobile, c'est-à-dire toute la chaîne industrielle des télécommunications avec le soutien sans faille du marché financier, voulaient révolutionner l'usage du téléphone en l'ouvrant sur les services et les échanges de données disponibles sur Internet.

Le lancement réussi le 22 février 1999 du premier service d'accès à Internet par mobile, l'*I-mode*, a fait de l'opérateur japonais jailli du néant NTT-DoCoMo une vedette de la Bourse, dont la capitalisation a dépassé en un an celle de sa maison mère, le puissant opérateur NTT. Le service *I-mode* a conquis en un an 5 millions de clients, sur 50 millions d'abonnés au Japon. Opérateur investissant beaucoup dans la recherche, DoCoMo a développé sa propre technologie de troisième génération, W-CDMA, capable de recevoir et de transmettre des images, et l'a commercialisée en 2001. *I-mode* est devenu en 2002 synonyme d'Internet mobile pour trente millions de Japonais. La surprise est venue du profil des utilisateurs qui s'en sont servis, non pour le commerce style nouvelle économie, mais pour s'amuser : la moitié d'entre eux avait entre 20 et 30 ans, et la moitié des connexions portait sur les jeux, horoscopes et tous services étiquetés divertissements. Il est certain que les services du téléphone mobile seront façonnés par l'imagination du public, des gens d'en bas, comme l'ont été les services d'Internet, auxquels ils ne ressembleront pas.

En Europe, les débuts de la téléphonie mobile de troisième génération ont été chaotiques. Si la folie des exponentielles entraînait vers une hausse endiablée les places boursières fascinées par des taux de croissance inouïs, une solide réalité industrielle sous-tendait la course en avant. D'une part, l'industrie du mobile était obligée, par le jeu de la concurrence, de baisser régulièrement le tarif des communications. D'autre part, le taux d'équipement des ménages atteignait 50 % (dépassé en France) en mars 2001. Lorsque les équipementiers Nokia et Ericsson soupçonnèrent une saturation du marché GSM dont l'extraordinaire succès les avait enrichis, ils poussèrent l'UMTS comme un successeur capable d'engendrer une nouvelle dynamique. Les marchés financiers et les opérateurs mobiles les suivirent. Ils persuadèrent Bruxelles d'attribuer en Europe des licences pour l'utilisation des fréquences réservées et de fixer la date d'ouverture des services au 1er janvier 2002.

L'avenir du mobile semblait passer par Internet et le commerce électronique avec son trio gagnant ordinateurs, livres et disques. Le Finlandais Nokia envoyait au Japon des observateurs pour comprendre la réussite d'*I-mode* et la copier. Le portable deviendrait le vecteur irremplaçable de la connexion universelle, l'instrument indispensable de l'Internet devenu mobile.

L'Europe, galvanisée par le succès de son enfant GSM, imagine un univers intégré où la famille utilisera le même appareil, PC le matin, téléphone à midi, télévision le soir. Il faut alors le haut débit : UMTS s'impose donc comme une étape qu'il est urgent de franchir.

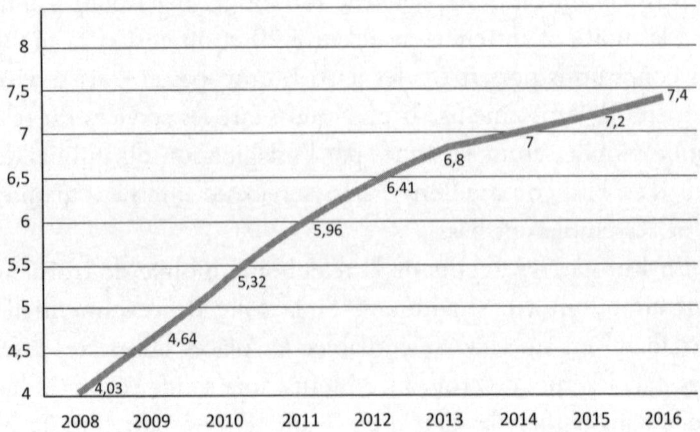

Figure 4 – Nombre d'abonnés au mobile dans le monde (en milliards).

L'infrastructure

Dès 1876, Alexander Graham Bell avait voulu que le téléphone se développât à la manière d'un grand réseau reliant entre eux tous les foyers. Cette conception a structuré le déploiement des réseaux téléphoniques autour de la liaison indissociable entre la construction de l'infrastructure et la fourniture du service. D'où la mise en œuvre d'un modèle industriel intégré, des équipements aux services. Le modèle économique était simple : facturer au client un temps d'utilisation du réseau proportionnel à la durée et à la distance de l'appel.

À partir de 1983, le démantèlement d'AT&T et son éclatement en huit entités engendre aux États-Unis une autre dynamique : celle du déploiement de réseaux par des opérateurs tiers qui construisent sans coordination des infrastructures capables de haut débit. Apparaissent les surcapacités dans le transport qui permettent la naissance d'Internet. Durant cette période, l'organisation industrielle se transforme – plusieurs acteurs interviennent désormais dans l'acheminement d'un appel – mais le modèle économique reste le même : la voix demeure le service dominant, et les réseaux interconnectés se facturent mutuellement des coûts de mobilisation de circuits.

À partir de 1995, l'accroissement du trafic de données par rapport à la phonie favorise l'apparition d'opérateurs locaux spécialisés, soutenus par les équipementiers télécoms. Au cours de cette période, le développement d'Internet draine aux États-Unis près de 350 milliards de dollars d'investissement dans ce secteur. Les perspectives à moyen terme de développement du e-commerce, confortées par l'évolution exponentielle du trafic Internet, et la valorisation associée des actifs d'infrastructures justifient l'investissement. L'industrie des télécommunications vit dans l'idée que le e-commerce représentera, à relativement court terme, une part élevée de la dépense des ménages sur les réseaux à haut débit. Sur cette hypothèse optimiste quant à la croissance du volume des transmissions reposent les évaluations d'actifs et les décisions d'investissement des différents acteurs.

Internet n'est pas un réseau indépendant ; il utilise une partie des réseaux existants, téléphoniques ou câblés. Sa croissance a été au début limitée par le faible débit des lignes ; elle s'est traduite, en Europe par des opérations lentes, ou bien, aux États-Unis par un engorgement des réseaux locaux. Les infrastructures n'étaient pas adaptées à l'acheminement d'informations avec un débit élevé vers la plupart des utilisateurs, particuliers et petites entreprises. La ligne téléphonique traditionnelle transporte 64 kb/s, alors que plusieurs Mb/sec seraient nécessaires pour tirer parti des possibilités d'un PC moderne.

Le réseau a besoin de large bande, parce qu'il transporte beaucoup d'information, vers beaucoup de clients, et surtout des images dont les exigences en bande passante sont énormes. Anticipant ces tendances, Wall Street encourage les opérateurs à augmenter les capacités des réseaux pour assurer l'accès à

Internet à haut débit. Des débits élevés sont offerts aux entreprises et aux particuliers par l'expansion foudroyante du réseau sol, grâce au câble coaxial de la télévision et à l'introduction de la technologie nouvelle à deux longueurs d'ondes simultanément émises par le laser qui double la capacité du câble.

Les années 1990 ont ainsi été caractérisées par un extraordinaire dynamisme créé par une conjonction d'événements : l'arrivée de nouveaux opérateurs grâce à la libéralisation des télécommunications, l'essor de la téléphonie mobile, et l'expansion des infrastructures de réseau favorisée par les progrès considérables dans l'utilisation des technologies optiques. Ne faut-il pas en conclure, comme Joël de Rosnay : « *Le développement des réseaux interactifs multimédias n'est autre que l'ébauche d'un phénomène encore plus profond : la construction progressive d'une sorte de système nerveux de l'organisme sociétal construit par l'humanité à la surface de la planète*[9] » ?

Les États-Unis au centre de la société mondiale de l'information

Les inégalités crées par les différences d'accès au réseau entraînent aussi une inégalité d'accès aux biens associés à ce réseau. Un effet de réseau, comme pour le téléphone, favorise les communautés riches : plus la densité de participation augmente, plus les coûts unitaires diminuent. Internet permet un accès bon marché à toutes sortes d'informations et cet accès est un bien intermédiaire pour la production. Entre ceux qui en disposent et ceux qui en sont privés, l'écart des coûts risque de s'aggraver. Manuel Castells note que se trouver en marge d'Internet signifie la marginalisation économique. « *Si tout bien ou toute valeur susceptible d'être source de valeur peut être connecté facilement, et, dès qu'il ou elle cesse de l'être, déconnecté tout aussi facilement, le système de production mondial sera composé simultanément d'individus et de lieux très précieux et*

9. J. de Rosnay, *La société de l'information au XXe siècle*, Ramsès 2000, Publication de l'IFRI, Paris, Dunod, 1999.

très productifs, et d'autres qui ne le sont pas, ou plus, mais n'en existent pas moins. En raison du dynamisme et de la compétitivité de la nouvelle économie, les autres formes de production sont déstructurées et finalement éliminées – ou transformées en économies informelles, dépendantes de leurs connexions instables avec la dynamique mondiale[10]. »

Une *fracture numérique* se forme et s'élargit, mais il s'agit d'une fracture dynamique, entre deux mondes dont le plus faible ne reste pas inactif et s'équipe à son tour, même si le rythme que connaît l'expansion de la communication est chez lui beaucoup plus faible que chez les nantis. À la réunion des dirigeants mondiaux du G8 qui s'est tenue en 2000 à Okinawa, les politiciens avaient fait leur le thème de la fracture numérique, publié une *Charte sur la société mondiale de l'information* et promis de commencer à combler le fossé entre pays riches et pays pauvres dans le domaine des technologies de l'information – sans mettre en place aucun organisme pour remplir cette tâche, sinon un groupe de travail appellé Dot-Force. S'il fallait peu attendre de ces gesticulations, au moins peut-on constater que les instances internationales et les gouvernements paraissaient reconnaître l'existence d'une tendance. En 2017, on parle toujours de fracture numérique, et elle ne tend pas à disparaître rapidement.

Le point essentiel est le centrage d'Internet sur les États-Unis. Qu'on choisisse pour critère la localisation des sites, celle des utilisateurs ou la direction des flux de trafic, les Américains se taillent la part du lion. Ce fait se reflète dans les processus de décision puisque toutes les décisions ont jusqu'ici été prises aux États-Unis. « *Quand les transactions Internet des États-Unis avec l'Europe pèsent 50 milliards de bits par seconde, avec l'Asie 20 milliards, avec l'Afrique 300 millions, elles ne dépassent pas 300 millions de bits par seconde entre l'Europe et l'Asie. Les échanges économiques entre ces deux continents sont pourtant intenses. Mais les États-Unis sont devenus le carrefour mondial d'Inter-*

10. Manuel Castells, *La Galaxie Internet*, Paris, Fayard, 2002, p. 321.

net[11]. » L'exemple du Brésil montre que les télécommunications Internet ne reflètent pas les échanges économiques bilatéraux mais obéissent à leur logique propre. « *En 1999, la moitié des relations téléphoniques du pays sont tournées vers les États-Unis, 30 % vers l'Europe, 20 % vers le Mercosur. La même année, voici comment se répartit le trafic Internet entre ces trois zones respectivement 99 %, 0,7 % et 0,3 %. Il n'y a jamais eu un tel monopole dans l'industrie des télécoms*[12]. »

Ce déséquilibre est dû aux rendements croissants qui caractérisent l'économie de l'information. « *D'après la loi de Metcalfe, plus un réseau est fréquenté, plus il attirera de monde, car il sera nécessairement plus étoffé, plus ramifié, plus riche. Cette croissance n'est pas arithmétique mais exponentielle. Les grands opérateurs américains pionniers d'Internet, comme World Com, Sprint, Verizon ou la compagnie régionale Pacific Bell, jouissent de ce fait d'une réelle avance sur tout le monde [...]. Comme les gros opérateurs américains fournissent partout dans le monde de la capacité à bas prix, on préfère leur acheter un aller et retour Paris-Dulles, Dulles-Berlin plutôt que de se ruiner en passant par les médiocres routes intereuropéennes. Pire : en Afrique, les communications Internet à l'intérieur d'une même ville passent parfois par les plaques tournantes américaines*[13]. »

Ainsi tout le monde ne dispose pas des mêmes atouts sur le « réseau des réseaux ». Un petit nombre de grands serveurs américains ont étendu leur empire sur Internet. Il y a aussi la position des constructeurs informatiques ou des principaux fournisseurs de systèmes d'exploitation et de logiciels, tous Américains, qui disposent d'atouts sérieux pour gérer les accès aux réseaux. Et n'oublions pas l'appui donné par les nouveaux systèmes de télécommunications à la langue anglaise. D'après l'Internet Society, 80 % des pages web sont en anglais, bien

11. Solveig Godeluck, *La Géopolitique d'Internet*, Paris, La Découverte, 2002, p. 25.

12. Philippe Quéau, *La Planète des Esprits. Pour une politique du cyberspace*, Paris, Odile Jacob, 2000, ch. 13.

13. Solveig Godeluck, *op. cit.*, p. 25.

que seulement 57 % des utilisateurs aient l'anglais pour langue maternelle.

La société de l'information, inventée aux États-Unis, apparaît bien ainsi comme l'embryon d'un système nerveux planétaire qui, dans l'esprit des Américains et pour l'instant dans les faits, assure la domination de leur culture et de leur économie sur le monde. Les réseaux multimédias interactifs sur lesquels repose le système se révèlent aussi une arme formidable au service des pays sous-développés, qui se connecteront plus vite qu'on ne pense et sauront s'en servir, non pour leur économie incapable de s'y adapter, mais pour la circulation des idées. La télévision élargit son domaine pendant que la propagande islamiste circule de plus en plus sur Internet et que s'étend l'influence immense sur les masses populaires musulmanes des émissions relayées par les satellites géostationnaires comme les Arabsat.

Schumpeter voit clair

La bulle

L'avènement du réseau planétaire a remis en question le modèle techno-économique dominant jusqu'ici dans la micro-informatique, et symbolisé par le couple Microsoft-Intel : celui d'une informatique décentralisée, fondée sur des ordinateurs toujours plus puissants et supportant des applications toujours plus sophistiquées. Avec Internet, les ordinateurs tirent leur puissance des réseaux, les logiciels se téléchargent à distance : l'ordinateur devient un produit banal. Aux États-Unis, plusieurs fournisseurs de services et d'accès à Internet, comme InterSquid, Gobi ou DirectWeb, offraient un PC à leurs nouveaux clients.

Pendant les années 1990, le contenu – l'offre accessible par le réseau – se valorisait au détriment du contenant – le réseau lui-même. L'offre de services, d'informations et de divertissements augmenta à coups d'investissements considérables. Plus de 200 milliards de dollars ont été dépensés en 1998 dans la conception et le développement de sites Web[14], afin de capter et de fidéliser la plus vaste clientèle possible, en pariant sur le développement de deux activités, la publicité et le commerce électronique, qui devaient devenir les principales sources de revenus liées au réseau Internet. On croyait que le chiffre d'affaires du commerce sur Internet représenterait quatre ans plus tard 5 % du total mondial, dont 80 % sous forme de transactions entre entreprises. La croissance très rapide du commerce électronique était favorisée par l'offre foisonnante de nouveaux services proposés le plus souvent par de nouvelles entreprises créées *ad hoc*, ou *start-up*.

Sur le palmarès des sites Web les plus fréquentés, dressé chaque mois par la société américaine Mediametrix, figuraient des pionniers d'Internet, comme Yahoo !, inventeur des moteurs de recherche, société fondée par deux étudiants de l'université de Stanford en avril 1994, et qui atteignit en 2000 quelque 40 milliards de dollars de capitalisation boursière, Lycos (des « annuaires du Web »), e-Trade, créateur de la Bourse « en ligne », ou Amazon, précurseur dans l'activité de librairie électronique.

Le plus gros fournisseur américain d'accès à Internet, America On Line (AOL), devait sa réussite à la mise en œuvre d'une stratégie délibérée de croissance externe. Après s'être emparé de Compuserve, son principal concurrent, le groupe absorba la société Netscape, éditeur de Navigator, le plus populaire des logiciels de navigation, puis l'Israélien ICQ (inventeur d'un système de messagerie en direct), ainsi que PersonalLogic (guide d'achat interactif pour le commerce électronique sur Internet), MoviePhone (réservation de places de cinéma), ou encore When (service d'agenda en ligne).

Fascinés par l'évolution d'Internet, les opérateurs se lancent dans une course effrénée à la croissance. En 2000, plus de quarante fournisseurs d'infrastructures Internet se bousculent aux États-Unis pour construire rapidement des réseaux de données, et six nouveaux réseaux d'un coût total estimé à 18 milliards

14. Selon le cabinet new-yorkais Jupiter Communications.

de dollars doivent entrer en service dans les deux années suivantes. L'opérateur nouveau venu MCI WorldCom a connu un taux annuel de croissance de 800 %, à comparer aux 4 % du trafic de téléphonie. Cependant, les services vocaux constituent encore 80 % du revenu des opérateurs. Ceux-ci, tout en s'endettant pour construire les infrastructures nécessaires aux nouvelles applications, doivent continuer à maintenir le service téléphonique de haute qualité qui génère l'essentiel de leur chiffre d'affaires. Non seulement des capacités énormes sont ajoutées aux réseaux, en particulier par le développement démesuré de l'emploi des fibres optiques sans autre justification que la croyance en une continuation indéfinie de l'évolution exponentielle du trafic, mais une boulimie d'achats saisit les patrons, convaincus de la nécessité de multiplier les profits par des économies d'échelle.

Des capitaines d'industrie ont alors considéré Internet comme le transporteur potentiel de toutes les productions audiovisuelles et autres distractions, en fait comme la condition unique au développement de vastes empires, l'atout nécessaire dans la course au gigantisme dans laquelle ils se lançaient. Grâce à la numérisation, Internet deviendrait une immense banque de données multimédia accessible au public qui y trouverait tout en ligne. Autour de la nouvelle technologie, les super-majors de la communication médiatique concentreraient l'édition et les programmes de télévision, la production et la distribution de films de cinéma, des chaînes de télévision autour des réseaux téléphoniques et des sites Internet.

AOL fusionna en janvier 2000 avec Time Warner, géant de la presse et des médias. Pour AOL, la fusion consacrait la supériorité du modèle technique et commercial fondé sur Internet. Maîtrisant les outils de communication et de diffusion, elle prétendait transformer l'ADN des fabricants de contenu pour démultiplier le potentiel représenté par la production des journalistes, des scénaristes, des cinéastes et des musiciens de Time Warner. Son président Steve Case vaticinait : « *La mission d'AOL est de mettre Internet au centre de la vie, tout comme le font actuellement le téléphone et la télévision. En joignant nos forces à celles de Time Warner nous allons fondamentalement changer la façon dont les gens acquièrent l'information en communiquant entre eux.* » Même démarche de la part de Vivendi qui crée Vivendi Universal par fusion avec Seagram, propriétaire des studios Universal d'Hollywood, et reprend les actifs d'USA Networks dans le cinéma et la télévision. Même démarche de la part de Bertelsmann qui, donnant à Internet la fonction de noyau dur du groupe, développe des centrales d'achats de livres et de musique sur le réseau.

L'illusion et la mégalomanie triomphent.

En 2000-2001, la baisse de l'indicateur boursier des valeurs de « haute technologie », le Nasdaq, est considérée comme un épiphénomène auquel les grands acteurs ne semblent guère attacher d'importance. À ce moment, la grande affaire des télécommunications européennes était la mise aux enchères des licences UMTS, dont les gouvernements n'avaient pas voulu se dessaisir au profit de la Commission de l'Union européenne. Entre 1999 et 2000, la surenchère pour leur acquisition aboutit à des dépenses cumulées d'une centaine de milliards d'euros – notons que le gouvernement japonais, lui, a attribué les licences gratuitement. Personne ne s'était demandé si des clients existeraient en nombre suffisant pour rentabiliser les investissements. En fait c'est la monstrueuse facture des licences qui a jeté le trouble dans l'esprit des boursiers. Les doutes accumulés peu à peu sur la rentabilité d'UMTS ont fait baisser la capitalisation de moitié en moins d'un an en 2000-2001.

Car l'addition ne se limitait pas à l'achat de licences. Il fallait aussi construire le réseau, pour une quarantaine de milliards, et faire face à d'énormes dépenses de marketing et de publicité. Qui paierait ? Le client bien sûr, mais personne ne savait qui serait prêt à mettre la main à la poche pour s'assurer de futurs services encore à inventer. Enfin les équipements étaient loin de sortir des laboratoires, moins encore des usines. Les équipementiers qui avaient pressé le mouvement ne se trouvaient pas au rendez-vous.

La concurrence entre les opérateurs, tous habités par une logique d'exponentielles, avait provoqué un surinvestissement généralisé dans des technologies non éprouvées, comme UMTS ou la phonie sur protocole Internet, et dans des besoins supposés de clients non identifiés, se traduisant *in fine* par une offre bien supérieure à la demande. Cette surcapacité entraîne une véritable chute des tarifs : le prix des liaisons louées et des appels internationaux a été divisé par quatre en dix ans !

Trois erreurs ont été commises par tous : la croyance que la valorisation boursière représente la réalité industrielle des entreprises, la mythification de la « nouvelle économie » comme ultime avatar du capitalisme, la mauvaise appréciation du rôle que doivent jouer les États dans un marché déréglementé.

Le krach de mars 2000 sur le Nasdaq remet en cause l'hypothèse d'une nouvelle économie fondée sur l'e-commerce. Devant la disparition de leurs abonnés et du trafic qu'ils engendraient ou devaient engendrer, les opérateurs sont confrontés à l'impossibilité de rentabiliser les réseaux de milliers de kilomètres de fibre optique qu'ils ont construits. Les effets de ce krach vont se propager au cours des mois suivants le long de la chaîne : les opérateurs locaux sont les premiers touchés, puis les opérateurs historiques, puis au printemps 2001, les équipementiers et enfin les fabricants de composants.

Dès septembre, une première vague de faillites balaye des entreprises trop nombreuses, ruinées par la raréfaction des financements et la faiblesse des revenus publicitaires. Les attentats du 11 septembre 2001 accélèrent la chute. Tous les secteurs d'activité accusent un ralentissement à la fin de 2001, suivi par un manque de dynamisme en 2002 et 2003.

Le marché global perd 27 % pendant le deuxième trimestre 2002. Lucent Technologies, le plus gros fabricant américain de téléphones fixes, n'a plus que 30 000 salariés au lieu des 106 000 de janvier 2000. Sa directrice générale, Patricia Russo[15] déclare : « *Nous essayons de piloter un 747 dans la tempête et en même temps de changer les moteurs.* » Le canadien Nortel passera

15. *International Herald Tribune*, 12 octobre 2002.

de 95 000 employés au début 2001 à 35 000 à la fin de 2002. Ericsson, Marconi doivent consentir des augmentations de capital et céder tout leur capital à des banques. La perte cumulée de capitalisation boursière subie en deux ans par les équipementiers télécoms atteint au moins 1 500 milliards de dollars, soit un peu plus que le PIB de la France.

À l'autre extrémité de la chaîne, déstabilisés par le retournement économique et donc par la baisse des recettes publicitaires, les géants de la communication à leur tour découvrent que le modèle économique qu'ils s'étaient fabriqué autour d'Internet n'est pas fiable et la débâcle les emporte. Le torchon brûle entre AOL et Time Warner. Les patrons de Vivendi et de Bertelsmann sont éliminés.

Comment expliquer le krach ?

Le processus mis en marche par la loi de Moore dans le domaine de l'information obéit à la description que fait Joseph Schumpeter de la chaîne continue par laquelle les technologies émergentes chassent les anciennes, et qu'il appelle « *destruction créatrice* ». Les innovations sont responsables des progrès du système capitaliste. Qu'elles concernent les technologies, les produits, les méthodes de production et de distribution, elles sont le principal moteur de la croissance. La Net-économie s'est traduite par une vague sans précédent de créations de petites entreprises, de *start-up*. « *L'apparition d'une ou de quelques entreprises est rendue plus facile et, par là, provoque l'apparition d'autres entreprises, et cette apparition provoque elle-même l'apparition d'entreprises différentes et toujours plus nombreuses*[16]. » Une telle effervescence est aussi une source d'instabilité. Après la formation d'une bulle spéculative boursière, une infime minorité d'entreprises d'e-commerce ont survécu. À travers Internet, le processus de destruction créatrice s'exprime avec une force exemplaire.

Il n'y a pas lieu de s'inquiéter sur l'évolution à long terme. Ce que les forces anciennes de l'économie détruisent, des forces

16. Joseph Schumpeter, *Theory of Economic Development*, 3e éd., 1949, Harvard U. Press, traduit de *Theorie der Wirtschaftlichen Entwicklung*, 1912.

nouvelles le recréent, en plus efficace. La surmortalité des jeunes pousses est un mécanisme naturel dans les phases initiales d'une activité émergente. En 1900, coexistaient plus de cent marques d'automobiles en France ; aujourd'hui, il n'en subsiste plus que deux. L'aspect « destruction » du modèle de Schumpeter avait été négligé dans l'euphorie qui accompagnait la phase ascendante du cycle technologique. En fait l'activité économique reposant sur les NTIC montre qu'elle a atteint l'âge adulte en devenant cyclique à l'exemple des autres, présentant une phase inflationniste suivie d'un rééquilibrage. Après le départ de dirigeants qui, du mégalomane à l'escroc, avait laissé exsangues des entreprises téléphoniques et électriques saines avant leurs méfaits, l'économie s'est reconstruite autour de l'amélioration des réseaux.

L'effondrement du marché boursier ne nous apprend rien sur le futur des nouvelles technologies ; elles sont toujours là. Mais le nom même de « bulle Internet » qui a été donné à l'évolution de l'économie mondiale entre 1995 et 2000 montre bien que la loi de Moore y joue désormais un rôle moteur.

Si tous les pays industriels ont été frappés par le krach, il faut en attribuer l'entière responsabilité aux opérateurs, aux industriels, aux investisseurs, aux médias, aux autorités gouvernementales des États-Unis, qui en faisant confiance à leur inventivité technique et à la force du marché ont donné libre cours à leur démesure et à leur arrogance. Leçon à méditer devant leur prétention à régenter le monde. Exactement les mêmes causes ont amené, dans le domaine banquier, l'éclatement de la bulle des subprimes en 2009, qui a engendré à son tour une crise mondiale.

Le rebond

Le krach n'est qu'un épisode, bien vite effacé. Certes, il est vrai que l'industrie des technologies de l'information a décliné de 3 % de 2001 à 2002, dont 2,3 % dans la seule année 2002, après vingt ans de croissance annuelle moyenne de 12 %. Mais Schumpeter à la rescousse ! Les utilisateurs n'ont pas disparu du réseau Internet, pas plus que les entreprises.

Dès 2003, la croissance reprend ; on sort de la bulle pour en créer une autre. Le cercle vertueux du haut débit se confirme pour la consommation via Internet. Les indicateurs clignotent au vert : l'évolution du nombre d'internautes, du nombre d'acheteurs en ligne, du nombre d'abonnements à haut débit montre que le réseau des réseaux avec ce qui l'entoure n'a pas quitté le chemin de la croissance rapide. Les marchands du Net qui ont su s'adapter à leur milieu pour rester les plus forts affichent une santé retrouvée. Amazon, leader du commerce en ligne étendu bien au-delà de la librairie, e-Bay le principal site mondial des ventes aux enchères et le portail d'accès à Internet Yahoo ! relèvent la tête. Le moteur de recherche Google, le plus populaire dans le monde, passe de cent millions de recherches par jour en 2000 à trois cent millions dès 2003. Les banques, l'administration, les services publics, l'industrie, le marketing direct, les agences de voyages, le recrutement, sont des domaines où le net est bien intégré, réduisant les coûts tout en apportant un avantage aux clients. Le fantasme virtuel de société numérique s'inscrit chaque jour davantage dans le fonctionnement réel de notre système comme dans nos mœurs, après avoir acquis dans la crise une teinte de pragmatisme qui lui donne une nouvelle force.

La vraie révolution d'Internet, portant sur les achats, la musique, le cinéma, la médecine et les jeux en ligne, le télétravail, l'enseignement, la vidéo, est en cours. Le réseau Wi-fi *(wireless fidelity)* rend désormais possible une connexion à large bande par Internet de votre laptop au monde entier. Un thuriféraire de Wi-fi peut ainsi comparer le système à Dieu : Dieu conçu traditionnellement comme omniscient, omniprésent, connecté sans fil à large bande, comme Wi-fi[17]. Vous pourrez désormais poser à Google beaucoup de questions que vous posiez à Dieu – mais Google, lui, répond.

La loi de Moore continue d'engendrer de nouveaux produits. Aucun expert n'avait vu venir le SMS *(short message service),* ou texto. Il utilise le canal réservé à véhiculer des signaux de

17. Thomas L. Friedman, *International Herald Tribune*, 3 juin 2003.

contrôle nécessaire dans les communications entre le mobile et le réseau, en parallèle à celui sur lequel circulent les communications. Comme la place sur le canal de signalisation est limitée, le message ne peut dépasser 160 caractères. Le premier d'entre eux a été envoyé en décembre 1992 par un PC vers un mobile sur le réseau britannique de l'opérateur Vodaphone. Ces messages ultracourts envoyés de portable à portable ne figuraient pas dans la palette des services proposés aux utilisateurs de téléphone mobile. Jusqu'en novembre 1999, il était encore impossible en France de faire passer ces petits textes d'un opérateur à un autre. Les jeunes gens sont les adeptes les plus nombreux ; ils inventent un nouveau langage adapté à la bande, et s'amusent à l'utiliser à tout bout de champ. Les messages amoureux représentent 40 % du trafic. L'on peut craindre que le SMS engendre l'e-amour dépouillé de vocabulaire, de syntaxe et d'orthographe comme d'autres qualités traditionnelles. L'amour-zéro, enfin pas tout à fait, réduit à cent vingt-huit octets.

La loi de Moore continue à vouloir changer le futur. Intel a mis sur le marché en 2003 un microprocesseur qui permet de combiner les fonctions d'un téléphone portable et celle d'un ordinateur de poche avec une capacité de traitement atteignant 2 mégabits par seconde. Cette puissance porte elle-même assez d'innovation pour créer de nouvelles fonctions. Par exemple, la reconnaissance vocale sera utilisée pour identifier un numéro de téléphone, interroger un site Internet ou une base de données. Alors le comportement quotidien de chacun, le geste le plus banal répété combien de fois par jour, sera modifié... par une puce. Reflétant l'état d'esprit qui règne dans l'industrie des semi-conducteurs, Ronald Smith, un des dirigeants d'Intel affirme en juin 2001 : « *Bien malin est celui qui prétend imaginer aujourd'hui les applications phares de la téléphonie de troisième génération.* » En attendant la montre de poignet intégrant téléphone et accès à Internet... Déjà, Swatch a annoncé un accord avec AOL-Time-Warner pour développer un tel objet, et Philips a présenté son Wristphone, un téléphone-montre ne pesant que 36 grammes. Le boîtier du futur cumulera les fonctions de micro-ordinateur, d'appareil photographique, de console de jeux et bientôt de récepteur de télévision (sans oublier le téléphone…)

Et le smartphone naquit et changea le monde

Les pages précédentes ont exposé les tendances qui se faisaient jour vers 2004, au moment où les ventes d'ordinateurs approchaient de leur apogée. Alors que Nokia et Blackberry règnent sur le téléphone connecté, Apple et Google s'activent. Les nouveaux microprocesseurs d'Intel vont trouver leur emploi. Le créateur du Mac a mobilisé une centaine de personnes pour créer « *un ordinateur qui tient dans la poche* ». Chez Google on développe un système mobile à proposer aux opérateurs de téléphone. Et, en 2007, Steve Jobs annonce le lancement d'iPhone. Google répliquera dix-huit mois plus tard avec Android.

Personne ne pensait qu'un téléphone pouvait rivaliser avec un PC. Microsoft avait échoué. À la présentation d'iPhone, le P-DG de Blackberry affirme « *Les fabricants d'ordinateurs ne vont pas nous apprendre à faire des téléphones.* » Et pourtant ! Le nouvel appareil combine une technologie, une organisation et un usage. Les appareils de Blackberry et Nokia s'apparentaient à des ordinateurs de poche dont la moitié de la taille était occupée par le clavier et les fonctionnalités limitées à l'envoi et à la réception de textes. L'iPhone n'a plus de clavier mais un écran tactile. Relié à Internet, ce smartphone est utilisé pour naviguer sur le Web, converser sur les réseaux sociaux, acheter sur les sites d'e-commerce, écouter de la musique, jouer ou regarder des vidéos : tout ce que l'on demandait à un PC. Le téléphone n'est qu'une couverture, mais ô combien intelligemment marié à l'ordinateur !

L'organisation de la production est l'autre innovation fondamentale. Le design en Californie, la fabrication partout, l'assemblage en Chine et l'envoi direct aux détaillants. L'iPhone est l'épitomé de la mondialisation.

Le vrai bouleversement est celui des usagers grâce aux applications. Les icônes qui apparaissent sur l'écran ouvrent chacune sur un usage, de la calculette à la navigation GPS, de la commande d'un taxi à la gestion du compte bancaire. L'iPhone répond à tous les besoins quotidiens de communication. Communiquer, s'informer, se cultiver, se distraire, vendre, acheter, payer, ouvrir une porte de voiture ou de maison... Il apporte le monde dans la poche de deux milliards d'individus et transforme ainsi la vie, les rapports sociaux et l'économie. Le XXIe siècle commence.

Android est un système d'exploitation mobile développé par Google. Lancé en 2007 à la suite du rachat par Google en 2005 de la *start-up* du même nom, il a été conçu pour les smartphones et les tablettes tactiles puis s'est diversifié dans les objets connectés, les ordinateurs, les récepteurs de télévision, les voitures, les ordinateurs et les *smart watch*. Techniquement, Android est défini comme une pile de logiciels, c'est-à-dire un ensemble de logiciels destiné à fournir une solution clé en main. Cette pile comporte un système d'exploitation utilisant le noyau Linux, des applications clés telles qu'un navigateur Web, un téléphone et un carnet d'adresses ainsi que des logiciels intermédiaires entre le système d'exploitation et les applications.

Les services offerts par Android facilitent notamment l'exploitation des réseaux de télécommunications GSM, Bluetooth, Wi-fi ou UMTS, la manipulation de médias, vidéo, audio, images, JPEG et autres formats, l'exploitation de senseurs tels que les capteurs de mouvements, la caméra, la boussole et un récepteur GPS, l'utilisation de l'écran tactile, le stockage en base de données, le rendu d'images au moyen du processeur graphique, l'affichage de pages Web, l'exécution multitâche des applications et l'envoi de messages SMS. Et Google Play, une boutique en ligne permettant l'achat et le téléchargement d'applications pour Android, contribue fortement à la popularité de ce système d'exploitation. En 2011, il y avait plus de 520 000 applications sur Android Master, dont 65 % gratuites.

Dans le message vidéo de présentation d'Android, Serguei Brin indiquait que Google comptait sur la communauté des développeurs de logiciels libres et de logiciels à code source ouvert pour créer un système d'exploitation novateur. Des primes ont été attribuées à plusieurs reprises aux développeurs de meilleures applications dans le cadre de l'Android Developer Challenge.

Google souhaite élargir autant que possible l'accès des utilisateurs à une grande variété de services comme les cartes géographiques, les réseaux sociaux ou le partage de vidéos. Dans ce but, il a lancé son propre programme de smartphones, les Nexus. Ces téléphones bénéficient des dernières versions de l'*Operating System* (OS) de Google et d'une interface pure dépourvue de surcouche constructeur. On en est à Nexus-6 fabriqué par Motorola (2014) et Nexus-6P fabriqué par Huawei (2015).

Android est porté par les appareils de nombreux constructeurs depuis la tablette Xoom de Motorola, d'autres tablettes sous Android Honeycomb chez plusieurs constructeurs dont Samsung, Assus, Toshiba et Sony. En 2015, c'est le système d'application mobile le plus utilisé avec plus de 80 % de parts de marché dans les smartphones.

Le succès conjugué d'iPhone et d'Android a été foudroyant. Avec la télévision, le smartphone est l'une des technologies qui a connu l'adaptation la plus rapide de l'histoire. Le taux d'équipement atteint 80 % dans les foyers développés. Dans les pays émergents qui s'y sont convertis, les téléphones Android vendus quelques dizaines d'euros pièce sont le seul moyen d'accéder à Internet. Et dans les pays africains comme le Kenya, l'usager ordinaire s'en sert pour payer ses achats au marché.

En 2014 dans le parc de mobiles, 76,4 % étaient des smartphones ; en 2016, 1,47 milliard de smartphones ont été vendus dont 311,4 millions pour Samsung, 215,4 millions pour Apple, 139,3 pour Huawei (avec moins de 7 % de croissance pour Apple et 30 % pour Huawei). En avril 2018, le patron de Huawei, l'équipementier en pointe sur la 5G, a reconnu que les clients verraient peu de différence entre la 4G et la 5G, ce qui limite l'optimisme des fabricants. Conséquence de cet essor du mobile : les ventes de PC déclinent depuis 2011. Chez Microsoft, les ventes de Windows ont baissé de 20 % en 2015, Sony et Toshiba ne vendent plus d'ordinateurs, Hewlett-Packard s'est séparé de ses PC. Et en amont, Intel a annoncé en 2016 la suppression de 12 000 postes de travail.

Le nombre de recherches sur Google, de vidéos vues sur YouTube, le temps passé sur le Web, bascule du PC vers le mobile. Les smartphones d'Apple et de Google arrivent en effet avec leur nouvelle logique. On dénombre plus d'un million d'applications pour Android et iPhone, davantage que sur Windows. Les tablettes tactiles amplifient la concurrence. Apple prétend que sa tablette iPad est le remplaçant ultime d'un PC.

Jusqu'à présent, Apple a écoulé plus de 1 milliard d'exemplaires de son iPhone, l'objet le plus emblématique et le plus révolutionnaire des Temps modernes, et généré 1 000 milliards de chiffre d'affaires avec lui seul. Ses concurrents ont obtenu des résultats équivalents avec les leurs. Android avait apporté plus d'un milliard de revenus à Google à la fin de 2010.

Le paysage industriel ne ressemble pas à ce qu'il était en 2008. Alors qu'il y a dix ans, le secteur des valeurs technologiques était dominé par Hewlett-Packard, Cisco et Microsoft, seule cette dernière entreprise a réussi à se maintenir à son rang ; les deux autres ont perdu 85 % de leur valeur. On parle moins au téléphone, on accède à Internet pour utiliser les services de Google et Amazon, qui ont même accaparé la communication par messagerie, au grand dam des opérateurs de télécommunication. Les vaincus sont les fournisseurs d'équipements, qu'il s'agisse d'ordinateurs ou de télécommunication. Leur descente aux enfers s'accélère devant la poussée du numérique : Nokia quasi disparu, absorbé par Microsoft ; AOL, racheté par Verizon ; Alcatel-Lucent, absorbé par ce qui reste de Nokia…

Au moins deux milliards de gens possèdent un smartphone. La vie de l'humanité, les relations sociales et personnelles, l'économie tout entière évoluent à l'heure de la loi de Moore. Constante de temps de deux ans, te revoilà encore, avec l'invasion de ce produit qui a tout changé. Personne ne l'avait vu venir.

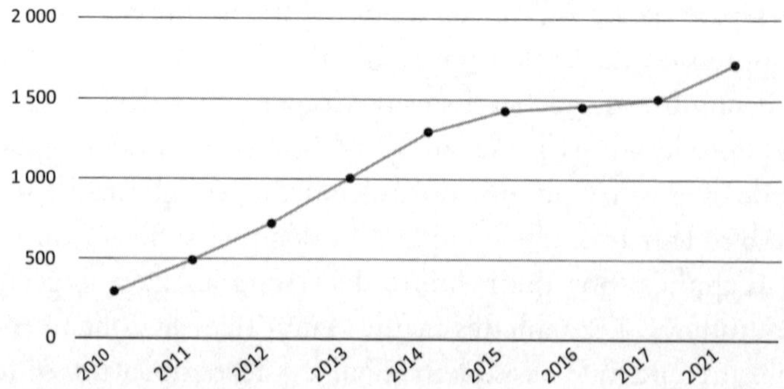

Figure 5 – Livraisons mondiales de smartphones de 2010 à 2017 (millions d'unités).

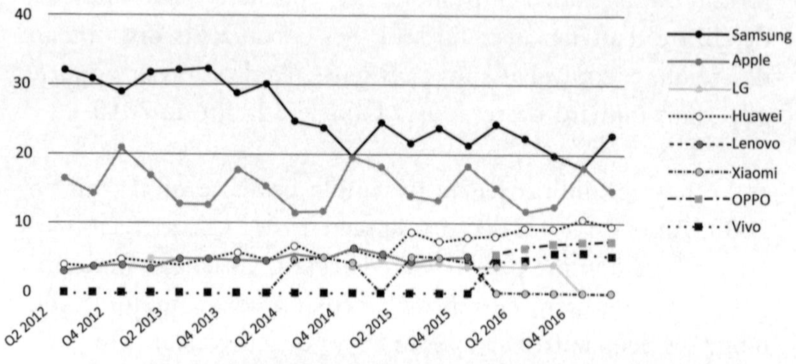

Figure 6 – Parts de marché mondiales 2012-2016 des constructeurs des smartphones (%).

L'industrie du smartphone en 2017

Le marché mondial des technologies et services mobiles est évalué à 3 600 milliards de dollars soit 4,5 % du PIB mondial. En 2017, un habitant de la planète sur cinq a acheté un smartphone. Cet objet représente à lui seul 5,7 % des exportations de la Chine. Les produits haut de gamme constituent le secteur le plus profitable et sont donc devenus stratégiques. Le marché visé est la Chine, d'abord parce qu'elle abrite déjà le plus grand nombre d'utilisateurs, mais aussi parce qu'il s'y trouve beaucoup de gens disposant d'un pouvoir d'achat élevé.

Trois grands industriels dominent le secteur, Samsung (23,3 %) Apple (12,2 %) et Huawei (11,2 %). Ils offrent des smartphones de plus en plus smart, c'est-à-dire bourrés de plus en plus de technologie, qui remplissent des fonctions multitâches et ont de nouvelles fonctionnalités (Huawei s'est associé en 2016 avec Leica pour s'équiper de caméras plus performantes…). Ils introduisent donc de nouveaux services.

Le smartphone n'a pas dit son dernier mot. Sa caméra lui permettra de nouvelles fonctions : l'appareil s'ouvrira en reconnaissant votre visage grâce à la projection de petites taches infrarouges ; à l'étranger vous pourrez le pointer sur le menu d'un restaurant et en lire la traduction dans votre langue. La réalité augmentée, qui fait l'objet de lourds investissements chez tous les géants du net, sera un apport important : premier balbutiement, le Arkit d'Apple combine la caméra d'un iPhone avec des senseurs de mouvement tels qu'accéléromètres et gyroscopes afin de superposer des objets digitaux au monde réel. L'application d'Ikea *IkeaPlace* permet d'inspecter un lit chez le vendeur en le plaçant dans votre chambre à coucher et même de regarder au-dessous… ce n'est qu'un début ; les applications sont encore un peu insuffisantes.

En 2017, l'évolution du marché dans les pays développés semble cependant montrer une saturation : 0,8 % de croissance chez Samsung. La croissance annuelle de cet équipement sur la période 2016-2021 n'est prévue qu'à 3,3 % des ventes. Celles de l'iPhone ont même chuté après le record 2016 de 231 millions d'unités à 211 en 2017. La Chine est devenue le moteur de la croissance : la progression actuelle de ses grands fournisseurs Huawei, Oppo et Vivo dépasse les 20 %.

Quelle innovation saura prendre le relais du smartphone ? Tout le monde investit dans de nouvelles gammes de produits : les montres et enceintes connectées, les casques audio, la réalité augmentée et surtout la voiture autonome. Steeve Jobs n'a-t-il pas déclaré lors de sa démission en 2011 : « *Les plus grandes innovations d'Apple sont encore à venir* » ? Que nous réserve l'arrivée de la Chine à Silicon Valley ? Et à côté de Gafa (Google, Apple, Facebook et Amazon) et de son équivalent chinois BAT (Baidu,

Alibaba, Tencent) dorment encore les communautés inorganisées auxquelles ce livre est consacré.

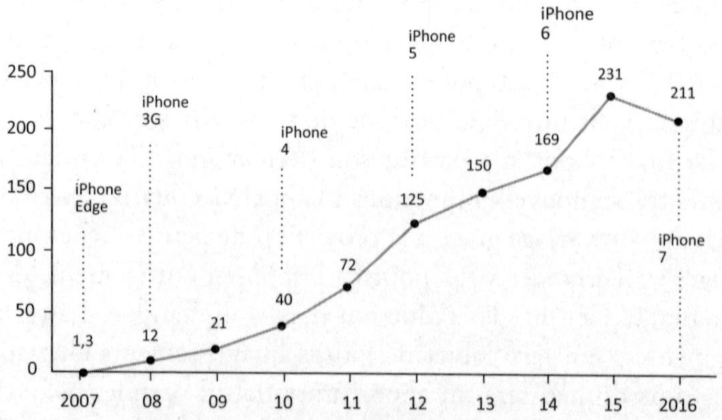

Figure 7 – Ventes d'iPhone (en millions).
À comparer avec les projections de la page 52.

Le défi est aujourd'hui d'accroître l'interaction de l'utilisateur avec son écosystème. D'où l'expansion des objets intelligents et de leur Internet. Comment mon téléphone me connecte-t-il à ma maison et à ma voiture ? D'où l'offre de Samsung de produits complémentaires connectables qui vont des montres à la réalité virtuelle.

Et plus tard ? Certains pensent que les lunettes de réalité augmentée remplaceront le téléphone, la télévision et tous les écrans. La réalité augmentée intègre aujourd'hui des éléments virtuels dans le champ de vision du réel par l'intermédiaire d'un smartphone ou d'une tablette, plus rarement d'un casque ou des lunettes. Les lunettes de Google (Googleglass Explorer) introduites en 2013 n'ont pas eu de succès et ont été retirées des ventes en 2015. Mais Google, Microsoft, Apple, travaillent. Apple est le type d'entreprise capable de faire émerger la demande là où elle n'existe pas. Pour l'instant le public ne perçoit pas le besoin d'un produit au-delà du smartphone. Mais gare : Tim Cook, le patron, a récemment mis sur un pied d'égalité le potentiel du smartphone et celui de la réalité augmentée. Le produit du futur (voyez plutôt vers les lunettes) ne ressemblera pas plus au smartphone que celui-ci ne ressemble à ses prédécesseurs.

La physique est plus puissante que les politiciens ou les philosophes. François Mitterrand n'a pas « *changé la vie* ». Steve Jobs l'a fait.

La loi de Moore en transition[18]

Près du mur de briques rouges

En mars 2016, l'industrie des semi-conducteurs a déclaré la fin de la loi de Moore, ou plutôt l'abandon de la stratégie appelée *More Moore*, c'est-à-dire la fixation des investissements au niveau de ce qui permettait à la loi de Moore de continuer à exister[19]. On constatait depuis 2010 un allongement de la constante de temps vers trois ans pour de nombreux produits.

La nouvelle feuille de route s'intitule *More than Moore* : plutôt que d'améliorer les puces et de concevoir des applications autour de ces progrès, elle inversera la logique en partant des applications du smartphone autour du centre de données du Cloud pour définir les puces qui peuvent les faire fonctionner. Parmi ces puces se trouvent des nouvelles générations de senseurs, des circuits de gestion de puissance et d'autres dispositifs en silicium demandés par un monde où le calcul devient de plus en plus mobile. L'ITRS change de nom, et donc de stratégie, pour devenir *Interpreted Road for Devices and Systems.*

L'unité d'objectifs manifestée par l'industrie jusqu'à présent a sans doute vécu : la SIA (*Semiconductor Industry Association*) qui coordonne la stratégie de toutes les principales entreprises américaines dans le secteur a déjà annoncé qu'elle ne participerait plus à la feuille de route, mais reprendrait son indépendance. Des pistes séparées sont désormais explorées par des groupes de recherche sans carcan programmatique.

---

18. Mitchell Waldrop, *Nature*, vol. 530, 11 février 2016, p. 145-147.

19. J'avais écrit dans *Introduction au siècle des menaces*, paru en 2004 aux Éditions Odile Jacob, qu'elle resterait valable au moins jusqu'en 2015…

La première difficulté a été rencontrée au début des années 2000 lorsque les dimensions des circuits dessinés sont descendues en dessous de 90 nm. Des électrons se déplaçant de plus en plus vite dans des chips de plus en plus petits produisent de la chaleur. Pour ne plus augmenter la vitesse, on a commencé par ne plus augmenter la fréquence des horloges (*clock rate*). Depuis 2004, ce paramètre reste bloqué alors que le nombre des transistors par puce a pu suivre la loi de Moore en passant de 10^8 en 2004 à 20×10^9 en 2017.

Pour continuer à diminuer la dimension des traits photogravés sur le substrat, l'industrie a utilisé des longueurs d'onde de la lumière photogravante descendant dans l'ultra-violet puis dans les rayons X. Aujourd'hui les circuits standards des puces utilisées dans les smartphones ont une dimension linéaire de 14 nm : l'Epye d'AMD comprend 19,2 milliards de transistors gravés à 14 nm ; le GV100 Volta de Nvidia comprend 21,1 milliards de transistors gravés à 12 nm ; les plus avancés en production sont réalisés à 10 nm chez Samsung et TSMC.

La première puce en gravure de 7 nm a été obtenue par IBM en 2014, et la mise en production à ce niveau est prévue pour 2018. Descendre jusque-là a exigé un investissement de 500 millions de dollars pour le design et autant pour la fabrication. En 2017, en partenariat avec Samsung et Global Founders dans le cadre d'une association public-privé menée avec le Polytechnic Institute d'Albany, IBM a même obtenu une finesse de 5 nm en 3D qui permettra de fabriquer une puce de 30 milliards de transistors. Ce résultat ouvre la voie à la génération suivante attendue vers la fin de 2020. Le défi de la miniaturisation a été relevé grâce au changement de lithographie et au passage à une structure de transistor à nanofeuilles, fruit de dix ans de recherche et développement chez IBM.

Il est vraisemblable que le « mur de briques rouges » sera atteint vers 3 nm en ce qui concerne les dimensions du trait. Et la limite ne sera peut-être pas physique, mais financière : il faut une nouvelle génération de machines de photo-lithogravure chaque fois que l'on divise par deux les dimensions, et une nouvelle usine coûte de nombreux milliards de dollars.

Mais il est possible de jouer aussi sur les architectures. Un changement a ainsi été obtenu en plaçant non plus 1 mais 4 à 8 microprocesseurs sur une puce. La gravure à trois dimensions est également une possibilité, mais elle n'est acceptable que pour les mémoires qui consomment peu d'énergie et émettent donc peu de chaleur. Par exemple, le Hybrid Memory Lab lancé par Samsung et Micron Technology empile 8 couches les unes sur les autres. On en vient donc à séparer mémoires et microprocesseurs. Il faut alors complètement reconcevoir les structures des puces… donc celles des usines !

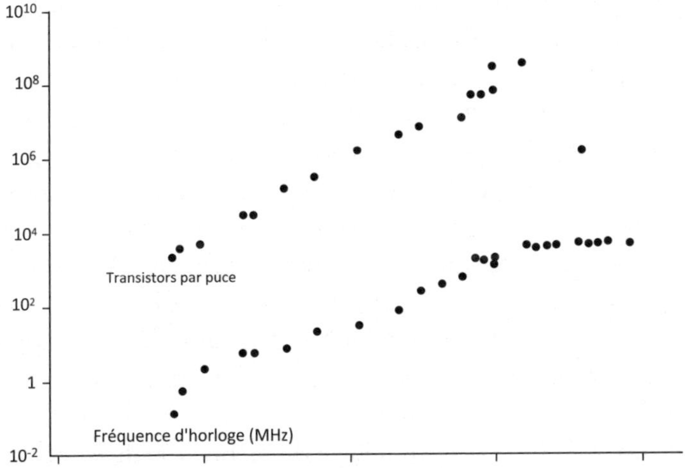

Figure 8 – Évolution de la fréquence d'horloge et du nombre de transistors. Noter la saturation de l'évolution de la courbe de la première, alors que le nombre des seconds continue à suivre la loi de Moore.

Une autre piste consiste à modifier radicalement la problématique de la R&D industrielle à partir d'un constat : le calcul, devenu mobile, n'est plus défini par les besoins des machines de bureau ou des centres de données, mais par ceux des smartphones et des tablettes. Sans parler des montres, lunettes et autres gadgets portables. Cette mobilité entraîne des contraintes nouvelles. La diversité des fonctions demandées à un système électronique a crû dans d'énormes proportions. Les puces d'un smartphone doivent émettre et recevoir des signaux venant d'appels vocaux, Wi-fi, Blue Tooth ou GPS, tout en étant capables de détecter le toucher, la proximité des voisins, l'accélération, les champs magnétiques, et d'héberger des circuits. La gestion de la puissance dépensée sous forme de chaleur devient critique lorsque ces nouvelles fonctionnalités pèsent sur l'alimentation. Cette variété des puces est un défi. Jusqu'à présent, on fabriquait et on vendait beaucoup de composants identiques ; maintenant il faut fabriquer et vendre plus de chacun, mais tous différents les uns des autres. Et la fragmentation du marché engendrée par ces mobiles rend le retour sur investissement plus incertain.

La vente des puces dans le monde dépasse en 2017 400 milliards de dollars (dont 126 pour les mémoires, 47 pour les microprocesseurs). 80 % sont fabriquées à Taïwan. La première entreprise est TSMC (*Taïwan Semiconductor Manufacturing Cy*). L'organisation de l'industrie va des « sans usine » (*fabless*), qui conçoivent et dessinent leurs puces mais n'ont pas les moyens de les fabriquer (Nvidia, Qualcomm, Broadcom, AMD, et les Gafa), aux graveurs, les Taïwanais TSMC et UMC, le Chinois SMIC, l'Émirato-Américain Global Foundries, le Sud-Coréen Samsung. Le n° 1 des puces, Intel, est l'un des seuls à conserver ses moyens de fabrication.

Placer des objets de technologie différente sur un seul chip et les faire fonctionner harmonieusement – composants, matériaux, électronique, photonique – exige de concevoir une nouvelle architecture, de nouvelles simulations, de nouveaux processus. Et cela coûte ! La hausse des coûts a imposé dans la dernière décennie une consolidation massive de l'industrie. Il ne subsiste qu'un petit nombre de multinationales, Intel, Samsung, SMC (*Semiconductor Manufactoring Cy*) qui n'ont plus besoin de se coordonner. La *National Strategic Computing Initiative*, publiée par la Maison Blanche en juillet 2015, essaye cependant de remplir cette fonction et propose une série de pistes pour la R&D dans le secteur[20].

---

20. *Rebooting The Revolution: A Call To Action*, (SIA/SRC 2015). http// go.nature com/urvkhw

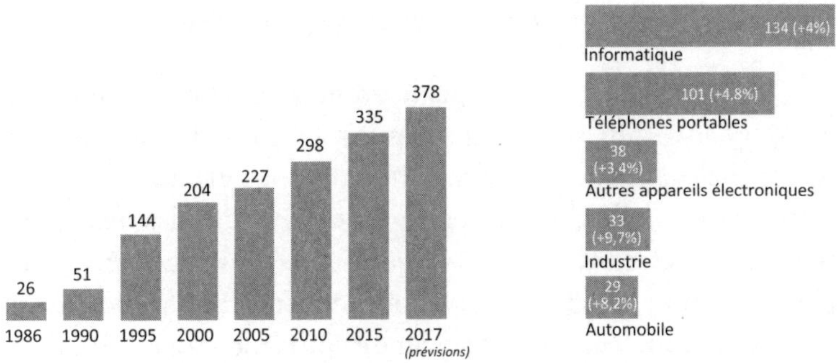

Figure 9 – Commandes en milliards de dollars de composants (à gauche) et de puces (à droite, entre 2013 et 2019).

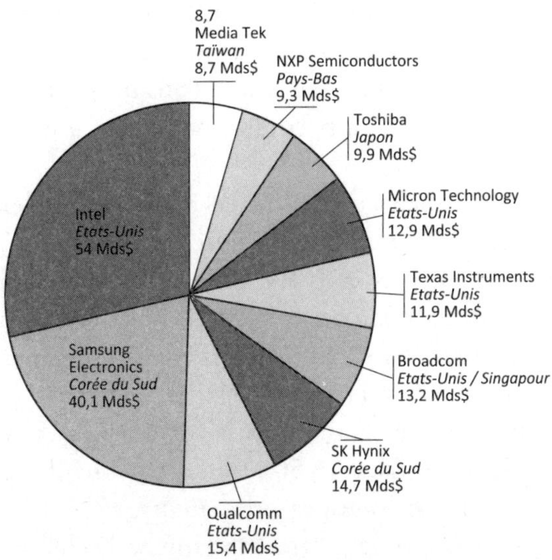

Figure 10 – Les dix premiers vendeurs de puces en 2016 (chiffre d'affaires en milliards de dollars).

La loi de Moore n'est plus tellement attachée à la taille des transistors. On peut l'exprimer en disant que *la valeur d'usage double tous les deux ans*. Et sous cette forme elle continuera de régenter l'évolution tant que l'industrie saura imaginer de nouvelles fonctionnalités avec ses nouvelles puces.

La loi de Moore montera-t-elle jusqu'au ciel ?

Que se passera-t-il alors que le progrès des semi-conducteurs heurtera le « mur de briques rouges » ? Sans donner dans le futurisme ou la science-fiction, nous proposons une réponse à cette question : l'industrie s'engagera dans la voie des nanocomposants et des nanosystèmes. Le domaine de la nanotechnologie est défini entre 0,1 et 100 nm[21], c'est-à-dire la dimension des atomes, molécules et macromolécules, alors que celui de la microtechnologie, où nous nous trouvons aujourd'hui, s'étend au-dessus de 100 nm.

De telles perspectives ont été entrevues dès le 29 décembre 1959 par Richard Feynman dans son exposé visionnaire à l'American Physical Society[22], intitulé *Il y a beaucoup de place au fond.* Il commence par montrer que l'ensemble des connaissances humaines pourrait être stocké dans un volume étonnamment petit, un cube dont l'arrête mesurerait une centaine de microns.

On retrouve bien ce résultat en supposant qu'elles soient contenues dans 25 millions de livres, que chaque lettre soit représentée par 6 bits et (voilà l'innovation) que chaque bit soit décrit par un cube de 5 atomes de côté. Les biologistes savent que toute l'information définissant l'organisation et le comportement d'une créature vivante complexe est stockée dans une fraction de cellule sous la forme d'une chaîne moléculaire d'ADN, au taux de 50 atomes par bit. Il vient alors à l'esprit de Feynman que des ordinateurs, puis des machines, puis des outils pourraient être construits à l'échelle atomique. Pourquoi ne pas réarranger les atomes un par un lorsque nous

21. Un centimètre vaut dix mille microns (μ) et dix millions de nanomètres (nm) : $1 \text{ cm} = 10^4\ \mu = 10^7 \text{ nm}$. Un nanomètre (nm), c'est dix atomes d'hydrogène, c'est le demi-diamètre d'un brin d'ARN, c'est 200 à 400 fois plus petit qu'un virus, c'est 100 000 fois plus petit que le diamètre d'un cheveu.

22. R.P. Feynman, *There's Plenty of Room At The Bottom*, Eng. and Sci, *23*, 1960, 22-36.

disposerons de microscopes électroniques aux performances améliorées qui n'auront même pas besoin de dépasser les lois de la physique telles que nous les connaissons ?

Depuis ces paroles prophétiques, de nombreux laboratoires ont développé les moyens d'intervenir à la nanoéchelle. Le microscope à balayage à effet tunnel (STM), inventé en 1980, détecte les nanocourants qui circulent par l'effet quantique dit « tunnel » entre l'extrémité d'une pointe extrêmement fine et l'échantillon observé. Le microscope à force atomique (AFM) possède lui aussi une pointe fine, placée au bout d'un levier : elle touche la surface de l'échantillon et lorsqu'elle se déplace, elle est défléchie par les variations de la surface, et courbe ainsi le levier. Cette courbure est détectée par un faisceau laser, avec une résolution à la dimension atomique. Les instruments STM et AFM appelés collectivement sondes microscopiques à balayage (SPM) peuvent non seulement produire des images, mais également déplacer des atomes un par un, comme le laboratoire IBM à Zurich l'a démontré, dès 1990, en écrivant le nom de la société avec trente-cinq atomes de xénon. De plus, un AFM peut servir à produire des indentations à la surface, technique explorée par plusieurs groupes pour stocker des données avec des densités très supérieures à celles que permettent les disques durs.

En même temps que se développait l'emploi de techniques nanométriques, des matériaux inédits devenaient disponibles. Découverts en 1985, ce qui a valu le prix Nobel de chimie en 1996 à leurs inventeurs Richard Smalley, Robert Curl et Harold Kroto, les fullerènes, molécules de carbone pur en forme de nanocages, ajoutent une forme allotropique[23] du carbone au graphite et au diamant. Cette découverte a été suivie en 1991 par celle du graphène, des nanotubes de carbone (CNT) et d'une grande diversité de nouvelles nanostructures de carbone insoupçonnées jusqu'alors.

23. L'allotropie, c'est la faculté de certains corps simples à exister sous différentes formes.

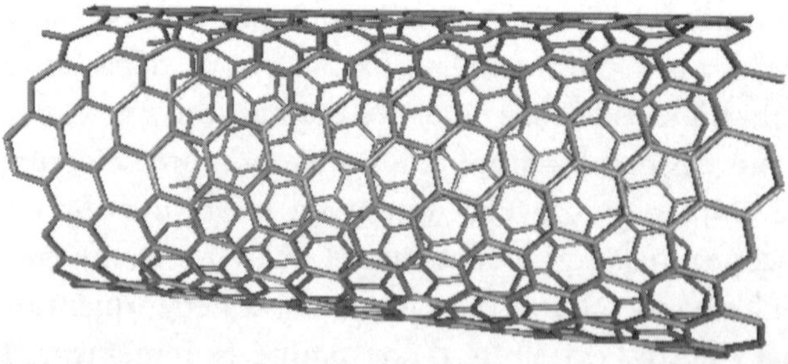

Figure 11 – Un nanotube de carbone possède la structure hexagonale du graphène dont le plan s'est enroulé pour former le tube.

Les CNT, constitués par des feuilles de graphène enroulées, sont de bons semi-conducteurs qui se dimensionnent facilement à quelques nm. Ils pourraient remplacer le silicium comme constituants de base de la nanoélectronique. Créés par une décharge électrique intense entre des électrodes de graphite, ils se présentent sous la forme de pelotes de cylindres dont le diamètre vaut environ 1,4 nm. Certains de ces cylindres sont conducteurs, d'autres semi-conducteurs ou isolants. Dès avril 2001, IBM a fait savoir que ses chercheurs avaient réussi à supprimer sélectivement tous les nanotubes métalliques d'un lot, n'y laissant subsister que les semi-conducteurs. La voie a donc été ouverte à l'utilisation industrielle de nanofils, nanoconnecteurs et nanocomposants.

Le problème vient alors de ce que les autres parties du transistor doivent aussi être mises à l'échelle, en particulier les contacts métalliques qui amènent le courant au transistor : quand la zone de contact rétrécit, la résistance augmente, ce qui dégrade les performances. Pour résoudre cette difficulté, IBM a développé une microstructure de molybdène à placer au bout du tube, en dessinant les électrodes métalliques par lithographie classique, pulvérisant le métal sur les zones de contact et soudant par recuit afin de former un carbure. Les CNT d'IBM ont un diamètre de 1,2 nm et les zones de contact 9 nm. Tant d'étapes doivent encore être franchies qu'IBM n'envisage pas de remplacer le silicium par le carbone avant cinq ou dix ans. C'est donc l'échéance à partir de laquelle une révolution totale risque de changer notre vie. Les applications de la nanotechnologie se laissent aujourd'hui à peine entrevoir. On peut cependant d'ores et déjà entrevoir quelques pistes.

En électronique, le bénéfice du travail au niveau nanoéchelle est entièrement dû à la manipulation de très petites dimensions. La capacité d'opérer sur des nanotubes ou d'autres structures moléculaires à des longueurs d'onde du rayonnement électromagnétique inférieures à celles aujourd'hui employées nous offre le marteau capable de démolir le « mur de briques rouges ».

D'autres matériaux se présentent. Les ordinateurs du futur pourront utiliser des molécules qui possèdent deux états quantiques comme base de systèmes digitaux. D'où le développement probable de nanocalculateurs fonctionnant avec des molécules organiques ou des nanotubes, de l'ADN ou des réseaux neuronaux artificiels, enfin des calculateurs photoniques où les photons remplacent les électrons.

Dans les sciences du vivant et la médecine, nous sommes devenus capables de mesurer et d'agir au niveau subcellulaire où les organismes vivants, de la bactérie jusqu'à nous-mêmes, remplissent l'essentiel de leurs fonctions. Notre intrusion à cette échelle ne nous permet pas seulement de maîtriser le monde biologique, elle nous incite à imiter ses architectures. La tête d'un insecte deviendra peut-être le modèle d'un nanosystème électromécanique intégré, y compris les capteurs (yeux, antennes), les actuateurs (mandibules, muscles, langue) et le calculateur central (cerveau). Comme je l'ai écrit en 2004 : « *Les terminaux que seront les capteurs de diverse nature, se compteront par milliards. Ils seront partout, surveillant l'environnement et notre propre corps. Des groupes, clandestins ou non, seront capables de créer dans de modestes ateliers des insectes munis d'ailes, porteurs, au choix, de virus ou de sarin, guidés à distance. Ils ne coûteront pas cher. On pourra en cacher des millions dans les avions ou les lâcher dans le métro*[24]. »

Les opinions varient sur le moment où des composants obtenus par autoassemblage, c'est-à-dire atome par atome, entreront sur

24. J. Blamont, *Introduction au siècle des menaces*, *op. cit.*, p. 50.

le marché. Les pessimistes parlent de vingt ans. C'est peut-être sous-estimer l'impact des importants investissements consentis depuis des décennies, même s'il n'est pas aisé de définir les frontières entre nano- et microtechnologie.

Conclusion

Ce qu'il y a de plus important dans la loi de Moore, c'est la petitesse de sa constante de temps (en deux ans, la valeur du paramètre considéré est multipliée par trois), c'est-à-dire la rapidité de l'évolution. Dans les années 1990, le téléphone portable est passé de l'état de curiosité à celui d'outil banal. En 2000, le SMS n'existait pas, il est devenu aujourd'hui le véhicule de communication et même le langage de la jeunesse partout sur le globe. IPhone a changé les mœurs de la population mondiale. Depuis 2007, nous assistons au phénomène de connexion universelle, avec une constante de temps de deux ans !

Aussi important que la connexion universelle est le message qu'elle transmet : la modification de l'univers mental des foules. C'est la télévision qui en a été d'abord responsable, en grande partie grâce à la chute des prix des satellites et à l'augmentation de leurs performances qui a permis de recevoir les signaux avec des antennes de petit diamètre. Mais le smartphone a pris le relais et est devenu *le* vecteur de contenu.

La loi de Moore est ainsi le moteur de l'histoire au début du XXIe siècle. Grâce à elle, nous pouvons quantifier la rapidité de l'évolution : *l'histoire évolue avec une constante de temps de deux ans.* Jamais on n'a constaté une si grande différence entre la constante de temps du progrès technique et celle de son acceptation psychosociale qui correspond à la durée d'une génération, d'environ trente ans. Et pourtant cette acceptation est indispensable comme l'a dit un jour un participant au forum de Davos : « *Nous sommes passés d'un monde où le gros mange le petit, à un monde où le rapide mange le lent.* ». Comprendre ce qu'est une constante de temps si courte devrait être l'objectif de tous les dirigeants.

Chapitre 2. Le monde 4.0 : l'homme et les données

L'homme enfermé dans sa consommation

L'économie numérique tombe sous la domination des géants de la publicité : des vingt premières capitalisations boursières du secteur Internet, 18 sont américaines ou chinoises. Leurs fluctuations boursières semblent annoncer la création d'une bulle, mais, en attendant l'implosion, ils façonnent nos quotidiens.

Et il y eut Google

L'entreprise californienne de services informatiques Google, fondée en 1998 dans un garage par Larry Page et Serguei Brin, alors étudiants à Stanford, est créatrice et propriétaire d'un moteur de recherche sur le Net, c'est-à-dire d'un logiciel qui analyse les relations entre sites et leur permet de communiquer. Elle est depuis 2015 une filiale de la société Alphabet.

Tout en s'étant donné la mission libertarienne « *d'organiser l'information à l'échelle mondiale et la rendre universellement accessible et utile* », Google a imposé le monopole de son moteur de recherche (elle fournit 93 % de l'activité du secteur) et possède en 2017 un parc dépassant deux millions (le chiffre exact est tenu secret) de serveurs, le plus important au monde. L'entreprise compte trente-cinq mille employés environ et dispose d'un vaste quartier général à Mountain View (Californie), le Googleplex, où la cafétéria est gratuite. Les employés doivent consacrer 20 % de leur temps de travail à leur recherche personnelle. Son chiffre d'affaires en 2016 était de 90 milliards de dollars et son résultat net de 19,5 milliards. Au-delà du moteur, Google offre gratuitement de nombreux logiciels et services (e-mail, suite bureautique, vidéo, photo, blog...) et se finance par la publicité avec un principe de lien sponsorisé dans les résultats de recherche.

Vie privée et informations personnelles

La multiplicité des services de Google lui permet la récolte de renseignements sur les utilisateurs : suivi de la navigation et stockage des mots-clés, scan des courriels dans Gmail et des informations livrées dans les formulaires, entre autres. Depuis le milieu des années 2000, une nouvelle activité consiste à analyser les traces laissées par les internautes et à les transformer en informations ayant une valeur commerciale pour les annonceurs et les éditeurs de sites. En alliant linguistique, intelligence artificielle et robotique, Google croise ses données pour affiner le profil des utilisateurs, et améliorer le ciblage des publicités. Cette activité fait sa fortune, comme celle de Facebook.

Dix ans après l'introduction de l'iPhone, presque tout ce que nous faisons engendre de l'information digitale qui nous met à la merci d'algorithmes invisibles. Devons-nous nous en inquiéter si nous n'avons rien à cacher ?

Nous téléphonons, nous envoyons des courriels, nous révélons l'endroit où nous sommes à Uber. Nos appels, nos textos, nos déplacements sont enregistrés quelque part. Notre visage et notre voix sont captés par des caméras de surveillance et autres senseurs connectés à Internet, dont quelques-uns disposés chez nous par nous-mêmes. Chaque fois que nous consultons un article de journal ou une page d'un réseau social, nous permettons à des centaines d'entités non identifiées, commerciales ou gouvernementales, de reconstituer nos achats et nos navigations.

Le vrai pouvoir de ces entités réside dans les algorithmes capables de passer au crible, de découvrir et d'identifier des structures (*pattern*) dans les données. À partir de résidus digitaux apparemment inoffensifs tels que les transactions par cartes de crédit, les *pings* des tours cellulaires (marquant une présence en un endroit) ou l'activité sur le Web, ces structures révèlent un comportement et permettent de prédire son futur. Les algorithmes du « *deep learning* » analysent les habitudes, déterminent les ressources financières, déduisent vos tendances...

Rapprocher des milliers d'informations de nature différente, y trouver grâce à des logiciels d'Intelligence artificielle des correspondances, des liens sous-jacents, un *pattern* dévoilant le comportement de chacun, toute cette technique ressort du *Big Data* et de l'Internet.

Se prépare la prédiction des intentions. Netflix, spécialisé dans la vidéo à la demande, sait déjà proposer à ses clients le fichier qu'ils voudront regarder le soir, en fonction des données qu'elle possède sur leurs goûts et leurs habitudes. Amazon a enregistré en 2013 la licence d'un nouveau service baptisé *livraison anticipée*. La méthode permettrait de prévoir la prochaine commande d'un client avant que celui-ci ne l'ait passée... et n'y ait pensé. Le but est de tendre encore plus le flux déjà tendu, et de dissuader l'acheteur de se rendre dans un magasin réel. Amazon pourrait préparer des commandes à l'avance à partir des achats antérieurs de l'internaute comme de ses hésitations devant d'autres produits ou de son temps d'arrêt devant tel ou tel objet ; les colis seraient stockés en attendant la commande. Les connaissances sur les personnes acquises par des machines deviennent une arme des services gouvernementaux de police et de renseignement, aussi bien qu'un outil pour les agences de publicité et le grand commerce. Le concept de « précrime » imaginé par la science-fiction devient réalité. Ce crime, *on* sait que tu le commettras à un moment encore indéterminé du futur...

Personne ne peut plus se cacher. Personne n'échappe aux bases de données s'il est un membre fonctionnel de la société. Vois toutes ces vies privées qui deviennent souvent publiques, ces turpitudes d'hommes connus qui chaque jour apparaissent à la une des journaux : la Foule sait tout sur toi.

Le recueil de données personnelles sur le réseau par les différentes actions de Google (certes, mais il est bien loin d'être le seul), aboutira dans assez peu de temps à l'établissement d'une fiche sur chacun selon un processus si bien décrit par Charles-Édouard Bouée[1] que nous lui cédons la parole : « *En utilisant l'historique d'achat d'un client, l'endroit où il se trouve, le contenu de ses mails, la nature de ses navigations sur Internet, ce qu'il poste sur les réseaux sociaux, les questions qu'il a posées par mail ou par téléphone à un centre d'appel, le distributeur obtient une vision à 360° de son client, et il est en mesure de lui adresser des offres en termes de produits, services et prix qui lui conviennent à un instant donné… Proposer à un acheteur le produit qu'il désire est donc l'un des objectifs essentiels de l'analyse des données. Cette idée est née avec Internet. Voici une vingtaine d'années, les publicitaires, les médias, travaillaient sur des groupes de consommateurs comme celui des ménagères de moins de cinquante ans. Avant Internet, on réunissait des "panels" dont les participants étaient interrogés sur leurs habitudes ou leurs réactions à tel type de produit. Internet a rendu cette méthode obsolète, puisqu'il permet de dresser des profils de consommateurs à partir non de ses déclarations, mais de ses navigations* ».

Une telle quantité d'informations sur les individus et leur conservation inquiètent les organisations de défense de la vie privée sur Internet, comme l'Electronic Frontier Foundation. Récemment, Google fut placé tout en bas du classement élaboré par l'ONG Privacy International, qui la traite d'« *ennemie du respect de la confidentialité en raison de la surveillance totale des utilisateurs* ».

---

1. Charles-Édouard Bouée, *Confucius et les automates*, éd. Grasset et Fasquelle, Paris, 2014.

Seul Google n'a pas réagi à la recommandation du G29 (Union européenne) « *de porter à six mois maximum, contre au moins douze mois aujourd'hui, la durée pendant laquelle les moteurs de recherche sur Internet ont le droit de conserver ou d'utiliser les données personnelles.* » En 2007, le chef du service expertise informatique de la CNIL déclarait : « *En clair, Google peut contrôler toutes les données personnelles des individus. En exploitant de façon corrélée ces outils, Google pourrait se transformer en une redoutable société de surveillance.* »

Depuis 2013, le moteur de recherche communique aux autorités américaines de sécurité l'identité de ses comptes Internet surveillés par le Gouvernement, dans le cadre du *Patriot Act*, qui cherche à prévenir d'éventuelles activités terroristes.

Big Brother est dépassé. C'est l'individu qui s'enferme lui-même dans une boîte de miroirs le réfléchissant, construite au bénéfice de Carrefour ou Walmart avec les outils façonnés par Google et ses semblables.

L'ogre Google et les enfants[2]

Google vise directement les enfants des écoles avec son ordinateur à bas coût Chromebook qui fonctionne avec son navigateur Chrome. Aux États-Unis, plus de la moitié des élèves du primaire et du secondaire utilisent cet appareil qu'ils peuvent partager, car l'ensemble des documents est stocké dans le Cloud. Son objectif est d'habituer les utilisateurs à sa gamme de services, sa boîte de courriels Gmail, sa plateforme de stockage Drive et surtout son navigateur Chrome.

De plus, en 2015, Google a lancé la plateforme de vidéo YouTube Kids qui diffuse des produits créés par McDonald ou Coca Cola, sans pourtant les présenter comme des publicités. De toute façon, les jeunes enfants ne comprennent pas ce qu'est une publicité. Des enfants stars, dits « influenceurs », s'y bourrent de nouvelles confiseries ou déballent de nouveaux

2. Jérôme Martin, *Le Monde*, 10 décembre 2017.

jouets. En 2017, la plateforme a signé un contrat de dizaines de millions de dollars avec le fabricant de jouets Mattel. Plus de 40 % des 7-12 ans aux États-Unis regardent plusieurs vidéos chaque jour sur cette plateforme…

Facebook ne veut pas se laisser distancer : en décembre 2017, le réseau social a lancé une version de sa plateforme de messagerie Messenger destinée aux 6-12 ans, Messenger Kids. Seulement disponible aux États-Unis sur le système iOS d'Apple, elle propose, comme sa sœur aînée, de discuter avec des amis, de partager des photos et de passer des appels vidéo. Là encore, il ne s'agit que de capter une nouvelle génération d'utilisateurs et de les éloigner d'autres plateformes comme le si populaire Snapchat.

Il n'y a pas que la Silicon Valley : il y a aussi le BAT !

Le GAFAM (pour Google, Amazon, Facebook, Apple et Microsoft), club des entreprises cotées quatre cent milliards de dollars et plus, doit accepter deux nouveaux membres venus de Chine, Alibaba Group et Tencent Holdings, qui dominent leur marché national et valent désormais deux fois plus que les géants américains Intel, Cisco et IBM. Avec eux, une phalange de *start-up* et d'ogres de l'Internet sort de Chine pour défier la Silicon Valley en idées, volume et technologie. Car ça y est, la Chine a rattrapé les États-Unis dans l'espace de l'Internet avec ses sept cents millions d'internautes. Voici venir BAT : Baidou, Alibaba, Tencent.

Alibaba, un groupe de commerce électronique basé à Hang-Zhou, né juste avant l'explosion de la bulle Internet, pèse aujourd'hui 399 milliards de dollars. Il nourrit des ambitions planétaires – car il se pense comme un pays. Alors que les négociations commerciales mondiales sont au point mort, il propose une plateforme d'échanges qui constituerait une sorte d'Organisation mondiale du Commerce pour les petites et moyennes entreprises, et qu'il appelle la Nasa d'Alibaba ou même e-OMC : « *Je pense que dans les dix ou vingt années à venir, la mondiali-*

sation devra être menée par les entrepreneurs » déclare son fondateur et patron Jack Ma en avril 2017.

Jack Ma, né Ma Yun en 1964 à Hangzhou, est à l'origine un p'tit prof' d'anglais, refusé à l'école de police, recalé dix fois à l'entrée de Harvard. Il découvre l'Amérique en 1995 et fait alors la connaissance de Jerry Yang, fondateur de Yahoo ! Il fonde successivement Alibaba en 1999, un site mettant en relation des entreprises avec leurs fournisseurs, puis Tao Bao (« la chasse au trésor ») en 2003, un site de vente aux particuliers, puis Alipay, système de versement sur un compte tiers, enfin Tmall, une plateforme inspirée d'un centre commercial.

En Chine, les tentacules d'Alibaba s'insinuent dans tous les aspects de la vie quotidienne : shopping, finance, forums de discussion, santé, loisirs, informations. On passe des semaines sans argent liquide : on règle son café, ses vêtements ou ses factures en affleurant l'écran de son téléphone. Le service de paiement en ligne Alipay est si présent que même les SDF l'utilisent pour mendier.

Alibaba effectue un dixième des ventes au détail en Chine et possède le plus grand fonds monétaire du monde, Yué Bao qui gère 165 milliards de dollars[3]. Le groupe a chassé e-Bay hors de Chine et acheté la filiale chinoise de Yahoo! en 2005. Son chiffre d'affaires sur le dernier exercice a atteint 260 milliards de dollars, soit une hausse de 56 % en un an, et engrangé 6 milliards de bénéfices nets. Le 11 novembre 2017, jour de la Fête des Célibataires, Alibaba a vendu pour 21,7 milliards d'euros de marchandises, 39 % de plus qu'en 2016. Le groupe s'est lancé dans de nombreuses acquisitions dans le reste du monde, États-Unis, Inde, Singapour…

Le deuxième membre de BAT, Tencent, créé en 1998 à Shenzhen par six jeunes informaticiens dirigés par Ma Huateng (*alias* Pony Ma), né en 1971, et devenu un géant des réseaux sociaux et des jeux vidéo, est la seule société non américaine parmi les dix plus grosses entreprises cotées dans le monde.

3. Louise Lucas, *Financial Times,* 23 mai 2017.

Elle est en avance par rapport à Facebook : le groupe dispose de sept sources de revenus, ce qui modère l'importance de la publicité. Son application *We chat,* qui inclut messagerie et réseau social, vient d'atteindre 960 millions d'utilisateurs actifs par mois. Elle encercle le client en lui permettant de faire ses courses, regarder des vidéos, payer sa facture d'électricité, tester le niveau de pollution ou payer les taxes locales. Bientôt, Tencent sera la seule entreprise autre que Facebook à compter plus d'un milliard d'utilisateurs : les réseaux de Tencent et d'Alibaba ont augmenté le nombre de leurs adhérents de 50 % en un an.

La troisième grosse société, Baidu, se spécialise comme moteur de recherche. Ce « Google chinois » a souffert quand le consommateur a abandonné les PC pour les smartphones et a été alors largement dépassé par Alibaba et Tencent ; le trio constitue cependant déjà le BAT. Baidu, avec 80 % des parts du marché, est le plus gros site en mandarin et le plus performant dans cette langue. Créé en 2000 à Beijing par Robin Li et Eric Xu, il propose de nombreuses fonctionnalités : encyclopédie, forums, bibliothèque, service multimédia, etc. Son application au mobile est la troisième en Chine. Sa fonction de porte-monnaie électronique est utilisée par 90 millions de comptes actifs en 2016. Il ne vaut encore que 10 milliards de dollars au NASDAQ.

La Chine est désormais le berceau d'une révolution de l'innovation qui pourrait transformer le paysage industriel international. Les géants de son Internet ont su profiter de l'interdiction de Twitter et Facebook par son gouvernement. Les BAT sont encore relativement petits, et Tencent et Alibaba dégagent 90 % de leurs revenus en Chine, Baidu 99 %. Les grands investisseurs internationaux ne s'intéressent pas encore à eux : 24 des 25 plus gros institutionnels présents au capital des Gafa sont absents des BAT. Mais cela ne durera pas.

	Performance en % depuis le début de l'année	Capitalisation en milliards de dollars	Chiffre d'affaires en milliards de dollars (2015)	Ratio coût/ bénéfice 2016 (estimation)
BAT				
Baidu	–4	62,9	10,2	40,29
Alibaba	+33,4	270,5	15	33,9 (mars 2017)
Tencent	+42,8	265	15,3	nc
Gafa				
Google	+3,57	549	60,6	23
Amazon	+24,5	399	107	142,7
Facebook	+24,4	373,9	17,9	32,8
Apple	+10,3	625	233,7	14,06

Figure 12 – Internet : les BAT chinois menacent l'hégémonie des Gafa (d'après Pierrick Fay, Les Échos, 12 octobre 2016).

Oui, le e-commerce existe[4]

En 2016, on estime que le e-commerce a conquis 7 % du marché du commerce de détail en France. En Chine, il atteint 13 % et devrait croître de 30 % par an d'ici 2019. Pour Jack Ma, « *Internet et l'e-économie sont plus qu'une mode, c'est un mode de vie* ». Il est devenu naturel de consulter un site web pendant que l'on fait ses achats dans un magasin, afin de comparer les produits offerts chez un concurrent. C'est l'effet smartphone. En 2017, la France compte 208 000 sites commerciaux dont 18 400 créés en un an. La profession estime que 10 % des ventes alimentaires et 50 % des ventes non alimentaires se feront sur Internet dans cinq ans. Commerce en ligne et commerce en présence physique sont considérés aujourd'hui comme

4. Philippe Moati, *Le Monde*, 1er septembre 2017.

complémentaires : les distributeurs physiques s'introduisent en ligne, les adeptes du e-commerce ouvrent boutique, ainsi que le montre l'acquisition en 2017 de Whole Foods par Amazon. Il est vite apparu que le numérique permet d'organiser autrement la relation avec les consommateurs, d'identifier les attentes, de répondre à l'hétérogénéité de la demande par la profusion de l'offre et de nouer une relation personnalisée. La compétitivité réside désormais dans la capacité à recueillir des données et dans la compréhension quantitative du marché qui en découle. La valeur se crée en amont dans l'innovation, en aval dans la relation avec les clients : c'est dire que la chaîne de valeur entière du commerce est en cours de redéfinition. Ainsi, comme Amazon et e-Bay, Google expérimente la livraison des achats à domicile, alors que les distributeurs classiques ont toujours vu « le coût du dernier kilomètre » comme un obstacle insurmontable au déploiement du e-commerce dans l'alimentation.

Le pourcentage des automobiles vendues sur Internet en 2016 en Chine atteint 5 % des transactions. Alibaba se prépare à remplacer les concessionnaires par un distributeur automatique constitué d'une tour parking verticale, au pied de laquelle les clients choisiront leur automobile avec leur smartphone et y recevront la livraison instantanément au moyen de quelques clics, avec options de crédit jusqu'à 90 % sur le portefeuille électronique Alipay.

JDcom, numéro deux du e-commerce chinois derrière la filiale d'Alibaba Tmall, dirigée par Richard Liu (né Liu Qiangdong), mise sur l'automatisation pour rivaliser : en septembre 2017, elle a ouvert à Shanghai le premier entrepôt entièrement automatisé. Pour ses livraisons, elle a développé huit modèles de drones, dont l'un peut emporter une tonne. Comme Amazon et Alibaba, elle teste des supérettes robotisées où les caddies se remplissent seuls et les paiements se font par reconnaissance faciale.

Comme la grande distribution classique monnaye auprès de ces fournisseurs ses capacités à attirer les consommateurs dans ses magasins, toutes ces entreprises procèdent à la « plateformisation » du commerce en valorisant leur capacité à capter la demande auprès de ceux qui souhaitent écouler leurs produits.

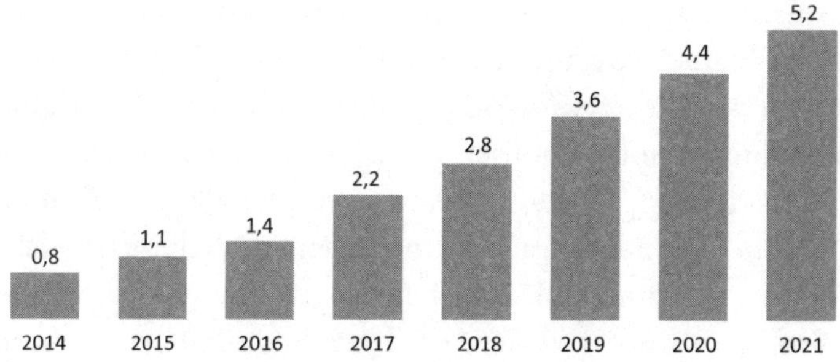

Figure 13 – Part en pourcentage des ventes alimentaires effectuées sur Internet aux États-Unis.

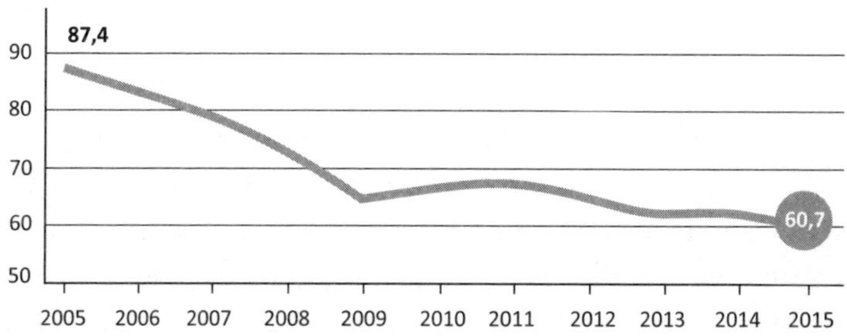

Figure 14 – Les grands magasins souffrent de la concurrence du Web. Chiffre d'affaires annuel des grands magasins en milliards de dollars.

En vingt-deux ans, Amazon, devenu numéro un mondial du commerce en ligne (45 % de part de marché aux États-Unis, 2 % pour Wallmart), a bouleversé tout le commerce de détail aux États-Unis. Parti de la vente des livres sur Internet, l'e-marchand a étendu son activité des produits électroniques à la mode, et prend pied en juillet 2017 dans le secteur alimentaire, en achetant pour 13,7 milliards de dollars la chaîne de 450 supermarchés Whole Foods, réputée pour ses produits biologiques. Si en 2016 Internet ne représentait que 1,4 % des achats dans ce secteur aux États-Unis, la proportion devrait atteindre 5,2 % des 700 milliards de dollars qu'il manipule annuellement aujourd'hui.

Amazon s'appuie sur des algorithmes qui collectent les tarifs proposés par ses concurrents afin de s'aligner sur le moins cher. Elle veut devenir *everything's store*, réussissant même à convaincre lesdits concurrents d'utiliser ses services. Dans ses entrepôts, Amazon développe l'automatisme avec plus de 45 000 robots au travail. L'entreprise a pour obsession de réduire les délais, de la prise de commande à la livraison du produit. La première livraison par drone a eu lieu en décembre 2016 à Cambridge, en Angleterre. Amazon pense à placer des plateformes sur des lampadaires urbains qui serviraient de port, de hub et d'entrepôt à sa flotte de drones, ou à des dirigeables volant au-dessus du village et remplissant les mêmes fonctions.

Mais elle n'est pas seule !

Revenons en Chine.

Le futur y a déjà commencé. Que ce soit dans une mégapole de 25 millions d'habitants comme Shanghai, ou dans les provinces les plus reculées, les Chinois payent avec leur téléphone grâce aux portefeuilles électroniques *We chat,* messagerie instantanée de Tencent, ou *Alipay* opéré par une filiale d'Alibaba. Le premier compte 963 millions d'utilisateurs actifs dont 600 millions utilisent le portefeuille électronique, et le second 520 millions. Le volume des achats en ligne par mobile est passé de 183 milliards de dollars en 2013 à 5 500 milliards en 2016 !

La clé du succès réside dans les codes-barres QR : votre smartphone peut en générer pour une transaction particulière, mais vous pouvez aussi imprimer votre code personnel pour recevoir des paiements. On peut ainsi voir un code QR attaché avec une pince à linge sur le tricycle d'un vendeur de patates dans la rue.

Les jeunes citadins – les vieux sont plus réticents – se sont convertis en masse. Ils scannent le code QR d'un vélo partagé, commandent un taxi grâce à Didi, leur déjeuner grâce à une application de *Baidu Waimai* pour livraison de repas express, font leurs courses à l'un des supermarchés connectés *Hema* (dépendant d'Alibaba) ou se font livrer en moins de trente minutes grâce au site *Tmall* (encore d'Alibaba)…

La reconnaissance faciale se répand rapidement car elle est peu coûteuse : une webcam équipée d'un logiciel simple suffit, on en trouve même des gratuits sur Internet. À la fin de 2017 un journaliste de la BBC s'est livré à un petit jeu avec la police de Gaiyang : il lui a confié une photo de lui et s'est perdu dans la foule. Sept minutes après, il a été interpellé[5]. En 2020, il y aura 2 millions de caméras sur le territoire.

On peut retirer de l'argent dans les distributeurs de China Construction Bank en montrant simplement son visage. Alipay, la branche financière d'Alibaba, essaie la méthode dans les supermarchés Herma où l'on peut ainsi faire ses courses sans téléphone ni portefeuille. Alibaba et JDcom travaillent ainsi sur un projet de supérettes entièrement automatisées et basées uniquement sur la reconnaissance faciale. Bientôt vous trouverez dans les magasins des écrans où seront affichées des publicités ciblées sur vous, car votre visage sera stocké, avec vos habitudes, quelque part dans le Cloud… Le ministère de la Sécurité publique a commandé à l'entreprise shanghaïenne Is Vision un système national de reconnaissance faciale, dont le résultat, obtenu à 90 % de précision, s'affiche en quelques secondes. Grâce aux cartes d'identité, tous les visages du pays sont disponibles.

Tout cet immense mouvement vient du smartphone.

Quelle amplification recevra-t-il de ses successeurs ?

Internet des objets

L'homme n'est pas seul à se surveiller, il n'est pas seul à être connecté : les objets qui l'entourent le sont aussi. Internet s'étend à des choses et à des lieux du monde physique que l'on connecte comme l'on veut à un réseau : c'est l'Internet des objets (ou IdO, en anglais « *Internet of Things* » ou *IoT*). Ainsi peut-on récupérer, stocker, transférer et traiter, sans discontinuité entre les mondes réels et virtuels, les données s'y rattachant.

Venu des États-Unis, l'Internet des objets s'est rapidement diffusé, créant des machines connectées à des serveurs capables

5. *Les Échos* du 6 juin 2018-06-14.

de les superviser. Ces machines peuvent être notamment des ordinateurs mis en réseau dans ce que certains ont nommé l'« Internet des machines ». Peu à peu des objets ont été modifiés, par exemple avec des puces RFID (*Radiofrequency Identification*), ou conçus pour « parler le protocole IP », devenant des « objets connectés », reliés à des serveurs centralisés et capables de communiquer entre eux, avec des réseaux de serveurs et avec divers acteurs, d'une manière de moins en moins centralisée.

Les objets de l'IoT sont adressables par Internet, par la technologie des puces RFID, par réseau sans fil LAN (local) ou par réseau WAN (grande distance). D'après le Stanford Research Institute, l'innovation qu'ils portent pourrait créer une rupture qui s'opérerait en quatre étapes : facilitation des inventaires et des expéditions (puces RFID-1) ; extension au domaine de la santé et à la surveillance (puces RFID-2) ; suivi de toute personne et objet par géolocalisation permanente (IoT-1) ; téléopération et téléprésence, surveillance et maîtrise des situations universelles (IoT-2).

Il est inévitable que l'objet devienne un acteur autonome de l'Internet, capable de percevoir, analyser et agir de lui-même selon les contextes ou processus dans lesquels il sera engagé. L'avènement de l'Internet des objets s'associe à celui des technologies ou méthodes de conception logicielle liées à l'Intelligence artificielle. Le couple « objet physique »/« intelligence virtuelle associée » qu'il soit embarqué, distribué ou hébergé dans le Cloud (*Cloud computing*) est alors nommé « cyber-objet ». La croissance rapide du nombre de smartphones et de connexions a créé un nouveau marché de ces cyber-objets au potentiel quasi-infini : en 2016, 5,5 millions de nouveaux objets sont connectés chaque jour dans le monde. Selon une équipe de l'ETH de Zurich, en dix ans (2015-2025) 150 milliards d'objets devraient se connecter entre eux, avec l'Internet et avec plusieurs milliards d'individus. Leur multiplication enserrera l'être humain dans un maillage d'informations personnelles dont il risque de ne contrôler ni la diffusion ni l'interprétation. « *Il faut se préparer à vivre sous surveillance*[6] ».

6. C. Bouée, *op. cit.*

Aucune communication sur Internet ne peut échapper à une intrusion. Toute donnée numérisée risque d'être exploitée dans le Cloud dont les serveurs sont localisés on ne sait où. Les dirigeants de Facebook ou de Google veulent et peuvent tout savoir sur toi, y compris ta consommation trahie par la liste de tes achats qui se trouve entre leurs mains.

L'aspirateur de la société américaine i-Robot est muni d'une caméra pour pouvoir retourner à sa base et s'y recharger. Les données qu'il amasse permettent de cartographier ton logement et d'envoyer sur ton smartphone un rapport d'activité. En juillet 2017, le patron d'i-Robot, Colin Angle, a évoqué devant les journalistes la possibilité pour sa société de vendre ces données à de grands acteurs du numérique. Google et Amazon pourront ainsi te proposer un haut-parleur si tu n'en as pas, ou des jouets si le robot a détecté la présence d'un enfant. Cette capacité d'analyser les données décrivant les domiciles de ses clients est placée au cœur de la stratégie de l'entreprise i-Robot. Elle a vendu vingt millions de ses aspirateurs, depuis leur lancement en 2002. Son chiffre d'affaires avoisine 800 millions de dollars. En 2016, les robots occupent 21 % du marché des appareils domestiques.

Le haut-parleur intelligent[7] Google Home Mini, qui équipe l'enceinte Google Home, est équipé d'un microphone, perçoit les questions qu'on lui pose et essaie d'y répondre. Un client, journaliste américain, a découvert qu'il écoute les conversations autour de lui et les transmet à Google. Les enregistrements sont analysés et stockés dans son immense base comme toutes les recherches effectuées sur Android. Des ingénieurs de Google peuvent les consulter en entrant le nom de l'utilisateur. Si les premiers modèles de l'enceinte ne sont pas capables d'identifier des voix, de nouveaux outils de reconnaissance vocale sont en cours de développement chez Google et Amazon, et permettront bientôt de savoir qui était là et qui parlait (ta petite amie ?...). En mars 2017, Amazon a dû fournir à la police de l'Arkansas qui travaillait sur un meurtre les enregistrements d'une enceinte Amazon Echo qui se trouvait au domicile de la victime.

7. Nicolas Sin, *Le Monde*, 14 octobre 2017.

Les enceintes intelligentes Echo et Alexa introduites par Amazon en 2014 et 2018 et déjà écoulées à des millions d'exemplaires, Home Pod d'Apple et Home de Google, commandées par la voix, donnent accès à quantité de services numériques grâce à leurs algorithmes d'IA : écouter de la musique, commander une pizza, conduire une recherche sur Internet. La requête est analysée dans le Cloud qui envoie la réponse à l'utilisateur. Alexa propose déjà 30 000 fonctionnalités et peut être intégrée à toutes sortes de produits pour les rendre commandables par la voix. Les ressources d'AWSL (branche Cloud d'Amazon) ont atteint 20 milliards de dollars par an en 2017. Installées dans votre salon, et munies d'un micro relié directement à Internet, ces enceintes écoutent vos conversations et sont capables de rendre compte à un auditeur extérieur de tout ce qui se passe chez vous. On vous prétend que cette intrusion ne se fait pas, mais c'est un fait que leur objectif n'est plus tant de distribuer de la publicité que de créer un canal complémentaire de recueil de données personnelles.

Comment ça marche tout ça ? Applications et plateformes[8] !

Une *application* est un logiciel ou un service conçu pour un usage précis. Word, Excel, Photoshop ou Google Chrome sont des applications. Pour réussir, elle doit être sensitive, c'est-à-dire profiter des utilisations qui en sont faites pour s'améliorer et s'aligner sur les pratiques de ses utilisateurs.

Une *plateforme logicielle*, souvent une application au départ, est un ensemble de ressources (données, algorithmes, méthodes) qui permet la naissance et le développement d'autres applications : Windows est une plateforme. Pour réussir, elle doit se dégager d'une logique de prestations fournies à d'autres entreprises, pour travailler directement avec la puissance de ses utilisateurs, d'où elle tire de nouvelles applications. C'est ce que

8. Inspiré de N. Colin et H. Verdier, *L'âge de la multitude*, Armand Collin, Paris, 2012.

fait Facebook, devenue le terreau d'une économie dont elle s'enrichit.

Grâce à des logiciels appelés API (*Application Programming Interface*), un développeur peut créer une application en intégrant le service rendu par la plateforme. Ainsi peut se produire une interconnexion entre le système d'information de la plateforme et celui de l'entité qui développe une application, processus qui a fait le succès de Macintosh, premier à faciliter la mise sur le marché d'applications s'appuyant sur les ressources de son système d'exploitation, ou, exemple encore plus probant, celui de Windows.

Certaines plateformes ont su devenir l'infrastructure d'une économie d'applications. Apple avec son App Store est une plateforme. Amazon est l'exemple emblématique de la transformation d'une application en plateforme : à l'origine application spécialisée dans la vente en ligne, Amazon a mis ses ressources à la disposition de tous les développeurs, créateurs et designers. Elle a pu ainsi consolider son emprise sur son cœur de métier tout en se diversifiant sur d'innombrables marchés connexes à forte marge, et en devenant plus performante que quiconque en matière d'hébergement de données et d'applications, de gestion de notifications en temps réel, d'envoi de messages électroniques, de calcul sur de grandes masses de données, etc. Et elle a utilisé cette infrastructure pour se positionner sur de nouveaux services tels que le *Cloud computing*.

L'entreprise qui opère une plateforme met des ressources à la disposition de celles qui opèrent des applications. Une plateforme permet aux créatifs du marché de développer des applications qu'ils iront vendre ensuite aux clients de la plateforme ; elle s'en remet ainsi à la foule pour employer ses propres ressources à la mise au point d'applications. Les grandes plateformes logicielles sont toutes issues de l'exploitation d'une application couronnée de succès. Réussir à faire naître l'une de l'autre est la clé de la croissance.

Faisons le tour : Amazon (nous l'avons dit) est une application, mais aussi une plateforme qui expose services et ressources sur le Web, y compris sur des marchés sans lien avec le commerce en ligne, son activité d'origine. Facebook est une application d'interaction entre amis, mais aussi une plateforme qui permet à des milliers de sociétés de l'intégrer à leurs applications ou d'y développer des applications. Apple vend des terminaux équipés d'applications, mais opère aussi une plateforme mise à la disposition de millions de développeurs qui utilisent les applications disponibles sur l'App Store. Microsoft a dépassé son métier de développeur d'applications pour proposer plusieurs plateformes sur son portail afin, entre autres, d'intégrer des ressources de son système d'exploitation Windows.

Si ces entreprises, auxquelles nous pouvons joindre Alphabet, possesseur de Google, ont obtenu la cotation la plus élevée des États-Unis, c'est qu'elles possèdent les constituants fondamentaux de l'économie digitale à savoir les systèmes opérationnels, les réseaux sociaux, les boutiques, les serveurs du Cloud, les infrastructures de transport et de marchandises : c'est dire qu'elles sont le chemin inévitable par où passe la vie de quiconque aujourd'hui, comme jadis les chemins de fer, les routes et les canaux.

Le succès d'une structure comme la plateforme provient de ce que l'essentiel de la valeur n'est plus déterminé par le capital ou le travail, mais par la contribution spontanée de la foule. La valeur principale est créée par les utilisateurs eux-mêmes, et il faut savoir la capter : il est plus confortable de s'approprier des contenus générés par les utilisateurs que de payer des équipes pour les créer. Les gagnants sont ceux qui mettent au point les stratégies les plus performantes de cette captation.

Comme le Wikipédia, dont 80 % des contributeurs sont anonymes, la propension à rendre le monde meilleur, très répandue dans la foule, a instauré une nouvelle forme de rapports économiques, non plus l'échange marchand ni le don, mais la contribution : « Si tout le monde apporte une pierre, pourquoi pas moi ? » Beaucoup des développeurs de logiciels libres ne cherchent ainsi pas de rémunération mais souhaitent partager une offre collective ; améliorer un code, rendre service à l'humanité – et c'est facile au temps de la technologie numérique. L'activité de ces bénévoles, indépendants des organisations verticales, peut être partiellement réinternalisée. C'est ce que nous appellerons la wikinomie au chapitre 6. Exemple : grâce à son App Store, Apple permet aux détenteurs d'iPhone de télécharger plus de 500 000 applications payantes ou gratuites. Si chacune a exigé une durée de développement de six mois, c'est l'équivalent du travail que peuvent accomplir 250 000 hommes en un an qui a été investi. Pour les rémunérer, il aurait fallu une dizaine de milliards de dollars. Apple prélève 30 % des recettes produites par leur exploitation ; la contrepartie procure l'accès aux dizaines de milliers de détenteurs de ses produits et ainsi Apple réalise plus de bénéfices avec la vente d'applications qu'avec celle d'iPhones : elle a transformé un téléphone révolutionnaire en plateforme d'application.

Dans leur ouvrage, Nicolas Colin et Henri Verdier[9] distinguent quatre stratégies d'interaction. *Capter l'activité de la foule* : une grande quantité de contenus se crée spontanément, soit grâce à l'activité créatrice des individus, soit grâce à l'empreinte de leur existence (et Internet en devient le réceptacle presque exhaustif). Savoir lire ces données, c'est la puissance moderne. *Accompagner la foule* : l'innovation qui transpire à l'extérieur des organisations peut être observée en direct, digérée et absorbée dans les produits de façon à conjuguer les forces des contributeurs et de la plateforme. *Stimuler la foule* : il est possible de démultiplier la puissance de la foule en lui donnant des choses à faire, en flattant son intelligence et excitant la créativité des utilisateurs. *Échanger avec la foule* : créer une multitude de rapports d'allégeance et d'amitié, entre ceux qui demandent et ceux qui reçoivent ou qui répondent. Ainsi se bâtit une communauté de contributeurs fidélisés non par une rémunération mais par les liens affectifs qui se renforcent entre eux à partir de leur interaction.

Le paradigme de la plateforme introduit une nouvelle organisation de la relation entre clients et fournisseurs. La plateforme n'est ni un client ni un fournisseur ; l'application n'est ni un client ni un sous-traitant. La transformation en plateforme illustre la démarche qui s'impose à tous dans l'ère numérique : l'ouverture vers l'extérieur.

---

9. Colin et Verdier, *op. cit.*

En attirant des concurrents potentiels sur sa plateforme, une entreprise capte des ressources nouvelles issues de l'activité de nombreuses applications : une plateforme est conçue pour capter la valeur créée à l'extérieur. Avec l'arrivée de la foule, de nouvelles associations de plateformes seront conçues pour utiliser sa puissance effervescente. Twitter en est un exemple. Son ouverture a permis aux utilisateurs d'inventer de nombreux usages et aux développeurs de réutiliser les ressources issues de ces usages au travers de nombreuses API mises à la disposition par Twitter. C'est la foule qui définit les formes d'usages de Twitter et donc détermine son avenir.

Au-delà il est une plateforme qui est par essence la plateforme de la foule, c'est Internet lui-même. Il y a une leçon à tirer de ce mariage des moyens d'information avec le commerce, à un niveau encore jamais atteint !

Le monde de l'open

L'innovation ouverte[10]

L'homme 4.0 que nous voyons émerger, c'est un individu ligoté par son addiction à l'usage du réseau, cerné par des objets censés l'aider. Il se veut indépendant, libéré des contraintes traditionnelles par la connexion universelle. Et à mesure que l'impact d'Internet sur sa personnalité grandit, son activité professionnelle veut s'épanouir sans rien devoir à personne. Ces outils qui lui deviennent indispensables, il veut les utiliser sans demander de permission : nous entrons dans l'ère de l'ouvert, de l'*open*, du *free*.

Les deux premières révolutions industrielles ont été dominées par le paradigme de l'innovation fermée : une organisation donnée pouvait concentrer ses efforts de recherche et développement en interne, sécuriser ses découvertes sous la forme de brevets et droits de propriété intellectuelle, puis en tirer une rente pendant

10. B. Tinq, *in* P. Lemoine, *op. cit.*

quelques années. Un contexte de progrès technologique linéaire et donc relativement prévisible a permis à ce consensus de se maintenir pendant la majeure partie du siècle précédent. L'accélération du rythme de l'innovation, l'essor de l'économie numérique et la généralisation des technologies de l'information remettent en question le règne des processus de R&D traditionnels.

Selon Henry Chesbrough, professeur à l'université de Berkeley, une organisation ne peut plus se permettre d'innover de façon isolée dans un monde connecté où les connaissances et les savoirs sont de plus en plus distribués à un nombre de plus en plus grand de personnes. Et il introduit le concept d'innovation ouverte : « *L'innovation ouverte est l'utilisation de flux de connaissances sortants et entrants pour accélérer à la fois l'innovation interne et le marché des usages externes de l'innovation* [...] *Le paradigme de l'innovation ouverte peut être compris comme l'antithèse du modèle traditionnel d'intégration verticale où les activités internes de la R&D conduisent à des produits développés en interne qui sont ensuite distribués par l'entreprise*[11]. »

La démocratisation d'Internet, l'expansion des réseaux sociaux, la baisse continue du coût de l'outil informatique et l'essor de nouveaux modes de travail n'ont depuis cessé de confirmer cette constatation. D'autant que des phénomènes de rapprochement ont eu lieu entre le concept d'*open innovation* et celui d'*open source* (« code source ouvert ») venu du monde du développement informatique. En quinze ans, les réseaux sociaux se sont imposés, les plateformes sont devenues des acteurs automatiques de premier plan, et les communautés de contributeurs ouvertes se sont multipliées en dehors du champ du logiciel. Le concept d'innovation ouverte dépasse alors la vision managériale de Chesbrough pour s'étendre à l'activité industrielle tout entière.

11. Henry Chesbrough, *Open Innovation: The New Imperative for Creating and Profiting from Technology*, Harvard Business School Press, 2003.

*L'*open source *dans le monde du logiciel*

C'est dans le monde du développement informatique que les modèles ouverts sont apparus. Des communautés de développeurs informaticiens opposées aux logiciels propriétaires se sont structurées pour, selon leurs propres termes, « rendre le pouvoir aux utilisateurs ». Un logiciel est dit « libre » si son utilisation, son étude, sa modification et sa duplication sont autorisées sur un plan tout à la fois technique et juridique, c'est-à-dire sans qu'il soit nécessaire de demander une autorisation ou de payer une licence. Ce qui est complètement ouvert, c'est la possibilité de créer une version indépendante du projet que l'on gère comme on l'entend.

Code *open source*

Sont donc *open source* les logiciels dont la licence respecte des critères précisément établis par l'*Open Source Initiative* : libre redistribution, accès au code source et création de travaux dérivés. Au sens strict, le mouvement du *free software* a été initié au début des années 1980 par Richard Stallman, alors informaticien au MIT, avec les lancements du projet GNU, puis de la *Free Software Foundation*. Les termes de « logiciel libre » et d'« *open source* » sont fréquemment utilisés de façon interchangeable, bien que leurs promoteurs se livrent à une guerre de mots.

Pour qu'un code source puisse être qualifié d'ouvert il faut qu'il soit compréhensible et lisible par un tiers, car écrit en suivant une méthodologie particulière de développement. Celle-ci passe par une phase d'écriture de commentaires au sein même du code source afin d'expliquer la manière dont le code sera interprété ou exécuté, ou expliquer certains choix de développement. L'*open source* permet souvent de disposer de nombreux choix de logiciels : des projets ayant la même fonction peuvent coexister. De plus, tout conflit concernant un logiciel peut être résolu en en créant un second basé sur le code source du premier.

Linux et le logiciel libre

Linux est un système d'exploitation associant des éléments essentiels du projet GNU au noyau Linux développé en 1991 par Linus Torvalds. Il a été fortement soutenu par IBM à partir de 2001. On peut dire que Linux est un enfant d'IBM. C'est dans le monde des serveurs informatiques que GNU/Linux, souvent utilisé pour remplacer d'autres systèmes de type Unix ou éviter l'achat de licences Windows, a eu le plus fort impact. La différence avec les autres systèmes d'exploitation réside dans sa nature libre, rendant les utilisateurs indépendants de tout éditeur et encourageant l'entraide et le partage. Il apporte les « quatre libertés » : utiliser le logiciel sans restriction, l'étudier, le modifier pour l'adapter à ses besoins, et le redistribuer sous certaines conditions précises. De nombreuses associations (*Linus Users Group*) cherchent à promouvoir GNU/Linux et les logiciels libres par des rencontres de démonstrateurs, de formateurs et même d'installateurs. Internet héberge de nombreuses communautés qui aident les utilisateurs dans leur apprentissage des bases du système.

Les logiciels libres sont développés de manière collaborative par des groupes indépendants et sont librement distribués. La séparation entre les développeurs et les distributeurs qui offrent des solutions prêtes à être installées par l'utilisateur final est une particularité du monde GNU/Linux. La diversité des distributions répond à des besoins variés. Elle offre la possibilité d'installer un système d'exploitation complet et d'accéder à de nombreux logiciels à partir d'un support simple comme une clé USB.

Google et Mozilla Fox

C'est en grande partie grâce aux logiciels libres, sur lesquels il a été bâti dès l'origine (Linux, MySQL et Python) et qu'il a contribué à améliorer en retour, que Google existe. Le logiciel libre lui permet de repérer des programmeurs talentueux, capables non seulement d'imaginer des solutions techniques, mais aussi de les mettre en œuvre. Pour les attirer, Google a créé un environnement de travail où sont encouragées l'innovation, les idées techniques et la participation aux projets *open source*.

Netscape Navigator, le premier navigateur commercial distribué à grande échelle, créé en 1994, avait le mérite d'être décliné par toutes les plateformes, Unix comme Windows, pour lutter contre les pratiques commerciales de Microsoft qui avait introduit un Internet Explorer gratuit puis intégré dans Windows 95. Netscape a créé la Fondation Mozilla en 1998, une organisation à but non lucratif. En 2004, Mozilla a mis sur le marché le navigateur Firefox, libre et gratuit, développé et distribué avec l'aide de millions de bénévoles grâce aux méthodes de développement du logiciel libre et à la liberté du code source. Mozilla a passé un accord avec Google pour mettre son moteur de recherche sur le navigateur Firefox. Tout en gardant Google pour l'Europe, Mozilla a pris pour moteur de recherche Yahoo! pour les États-Unis, Yandex pour la Russie et Baidou pour la Chine. Google verse trois cent millions de dollars par an à Mozilla. En juillet 2017, les parts de marché respectives appartenaient aux moteurs : Chrome de Google, 53,8 % ; Safari d'Apple, 18,8 % ; Firefox de Mozilla, 6,6 % ; IE+Edge de Microsoft, 9,6 %. Mozilla, c'est aujourd'hui douze cents employés et trente mille contributeurs qui ont chacun créé un morceau de code…

Google soutient la fondation Mozilla à travers un partenariat, car la mission de Mozilla – « préserver le choix et l'innovation sur l'Internet » – sert ses intérêts. Les internautes européens utilisant Firefox font des recherches sur Google et cliquent sur les publicités d'*AdSense*. Les revenus que Google en tire sont alors partagés avec Mozilla, ce qui permet à ce dernier d'avoir les moyens financiers pour améliorer les standards du Web et les logiciels qu'il édite. Le succès de ce montage pousse les autres éditeurs de navigateur Web à faire de même. En définitive, c'est Internet dans son ensemble qui bénéficie de ces améliorations et Google (ou d'autres) peut alors utiliser ces nouvelles possibilités dans ses produits grâce à son cycle rapide d'innovation.

Open data

L'*open data*, ou « donnée ouverte », est une donnée numérique dont l'accès et l'usage sont laissés libres. Elles proviennent le plus souvent du secteur public qui, après les avoir amassées dans le secret ou la confidentialité, a décidé de les « déclassifier » c'est-à-dire de les rendre accessibles à tous. L'ouverture de données produites en général par une collectivité, un service public, un institut de recherches s'inscrit dans une démarche de transparence et de participation des citoyens, comprise dans le mouvement de l'innovation ouverte. Par exemple, le programme européen Copernicus donne un libre accès aux données obtenues par le système spatial d'observation de la Terre Sentinel et la Belgique a créé la plateforme collaborative Terrascope pour les traiter au bénéfice du public.

La dynamique des acteurs dans le monde du logiciel[12]

Dans les dernières années, le monde de l'informatique a connu des initiatives libres et ouvertes de plus en plus nombreuses, parce que les outils peuvent être aisément manipulés par des individus. Dans le même temps, des phénomènes d'intégration verticale, dans le cadre de réseaux mondialisés, ont été amplifiés par l'usage du numérique, la centralisation de l'information et l'opulence des acteurs et de grands groupes sont apparus.

Tout cela fluctue : le phénomène du Web 2.0 a rendu du pouvoir à l'utilisateur final en lui permettant de contribuer directement en ligne de manière indépendante. Mais en même temps, la montée en puissance du Cloud apporte une puissance accrue aux plateformes qui gèrent les fermes de serveurs, Microsoft, Oracle, Facebook, Amazon ou Google. Émancipation des individus et renforcement des géants centralisés dans le même mouvement.

---

12. Paul Richardet *in* P. Lemoine, *op. cit.* p. 60.

Le modèle ouvert[13] *en dehors du monde logiciel*

Les termes *open* et *free source* n'étaient jusqu'à il y a peu de temps utilisés que dans le monde du développement informatique. Ils ont aujourd'hui envahi les domaines industriels (*open manufacture*, *open hardware*), artistique (*creative commons*), scientifique (*open access*), politique (*open government*), éducatif (*open campus*).

Le modèle ouvert s'oppose au modèle propriétaire, dominant dans l'industrie traditionnelle, et qui se caractérise par un accès des utilisateurs restreint par des barrières financières, techniques ou juridiques. Un modèle ouvert est au contraire un produit réel ou virtuel provenant d'individus qui restent libres de l'utiliser, de le modifier ou de le distribuer. De tels modèles touchent désormais la totalité des acteurs économiques.

Les modèles les plus libres s'affranchissent des questions monétaires et s'établissent sur la contribution non rémunérée de volontaires. Les organismes sont mus par une motivation militante d'accès libre à la connaissance. Wikipédia est un exemple de ce type contributif. D'autres organismes veulent utiliser le modèle ouvert dans un contexte marchand : ils souhaitent faire des bénéfices, pénétrer un marché et améliorer leur efficacité. Les ressources nécessaires à la constitution d'un actif ouvert sont alors financées par la vente de produits et de services. Les logiciels *open source* qui offrent des prestations de service d'intégration leur servent de modèle.

Il existe enfin des organisations qui développent des stratégies ouvertes, mais dont le cœur d'activité n'est pas de construire un actif ouvert, comme l'entreprise Tesla d'Elon Musk, fondée dans le but d'accélérer l'arrivée du transport « durable » et développer entre autres les automobiles électriques autonomes. En 2014, Musk déclarait : « *Si nous ouvrons la voie à la création de véhicules performants, mais qu'ensuite nous empê-*

13. D'après Louis-David Benyayer, « *Les open models sont en train de tout changer* », *in* http//creativecommons.org/licenses/by-sa/3.0/science www.openmodels.fr

chons les constructeurs de faire de même en protégeant notre propriété intellectuelle, nous agissons contrairement à nos objectifs. Tesla ne poursuivra pas ceux qui, de bonne foi, veulent utiliser notre technologie. »

La position peu traditionnelle de ce nouveau venu dans l'industrie de l'automobile montre bien que les entreprises que nous pourrions appeler « *New Age* » cherchent à construire et capter de la valeur, et pas seulement des bénéfices. Cette valeur peut être sociale, d'externalité, de construction d'image : elle sera transmise à des bénéficiaires qui la paieront ou en profiteront gratuitement.

Ainsi les modèles ouverts créent-ils des valeurs de nature différente. La valeur d'usage est très forte pour tous les individus qui utilisent ou consomment des ressources ouvertes. Des valeurs directes et transactionnelles sont accessibles aux entreprises qui utilisent une ressource ouverte, souvent moins coûteuse. La valeur peut être aussi stratégique pour les entreprises qui mettent en œuvre des démarches d'innovation ouverte et de plateforme : elles se placent alors très favorablement au sein d'un écosystème et l'organisent à leur avantage.

Crowd sourcing

Le terme *crowd sourcing*, calqué sur *out sourcing* (externalisation), peut se traduire par « production participative », ou « externalisation ouverte », distribuée à grande échelle. Il désigne une tendance émergente à mobiliser une collaboration de masse favorisée par le Web 2.0. Son créateur Jeff Howe l'a défini en 2006 : « *le* crowd sourcing *est un modèle en ligne et distribué de résolution de problèmes et de production* ». C'est de la wikinomie, c'est-à-dire que le rapprochement des professionnels et des amateurs provoqué par la diffusion des outils informatiques bon marché permet aux entreprises de tirer parti des compétences du public.

Donnons quelques exemples. Avec Stardust@home, la Nasa sollicite l'aide du public pour rechercher les impacts de poussières extraterrestres dans un bloc d'aérogel. Galaxy Zoo est un projet en ligne invitant les internautes à collaborer à la classification d'un million de galaxies à partir des images Sloan Digital Sky Survey. Telebotanica fait appel aux botanistes francophones pour améliorer et compléter les connaissances dans le domaine. Souvent les participants volontaires offrent généreusement leurs compétences, leurs données et leur temps, c'est le cas des Wiki – Wikipédia, Wikiversite, Wikispecies, Wikinews. Le service Volontariat en ligne des Nations unies, créé en 2000, attire par an douze mille personnes prêtes à servir des causes humanitaires en tant que volontaires en ligne ; 60 % viennent de pays en développement. Ils contribuent directement au travail des organisations de développement avec leur ordinateur, leur tablette ou leur téléphone portable.

Une ONG ou une autre organisation de la société civile, un Gouvernement ou une autre institution publique, une agence des Nations unies ou autre institution gouvernementale, telles sont les organisations qui recrutent des volontaires pour le service des Nations unies. Elles exécutent un programme ou des projets contribuant à la réalisation des objectifs de développement durable, et respectant les principes de la charte des Nations unies. Leur collaboration s'effectue en ligne, et le produit doit être publié via Internet. On ne demande pas aux volontaires d'être présents à un endroit donné.

Entreprises Internet

Les activités participatives ne sont pas limitées à des projets bénévoles ou généreux mais peuvent également créer des organismes destinés à gagner de l'argent. C'est ce que nous appellerons *entreprises Internet.*

Uber

La société Uber a été créée en 2009 sous le nom de *Uber Cab* par Garrett Camp, Travis Kalanick et Oscar Salazar qui, en voyage à Paris, n'avaient pas pu trouver de taxi. Elle a inventé et généralisé à l'échelle mondiale un service de voiture de location avec chauffeur, en concurrence avec les taxis traditionnels. Son système permet aux professionnels et aux clients d'entrer en contact direct, de manière instantanée, grâce à l'emploi massif de nouvelles technologies : haut débit, Internet mobile, smartphone et géolocalisation. Le client est localisé par son smartphone, sa tablette ou son ordinateur, ce qui permet au véhicule Uber le plus proche de le rejoindre rapidement. Le tarif est déterminé par un algorithme ; le paiement s'opère automatiquement par virement bancaire, 80 % de la recette allant au conducteur, 20 % à la société.

Le contournement des contraintes réglementaires, la mutualisation des ressources, la réduction de l'infrastructure (bureaux, services supportés, etc.), la maîtrise des outils numériques permettent des gains financiers importants. Basée à San Francisco, en 2017 Uber est valorisée à 70 milliards de dollars, mobilise un million et demi de chauffeurs et ses applications sont commercialisées dans six cents villes du monde. Son chiffre d'affaires la même année atteignait 9 milliards de dollars.

Uber a levé 11,5 milliards de dollars auprès de capital-risqueurs, multiplié les offres en proposant des services de courrier, de transport de colis, de livraisons de repas, tout en différenciant les modèles de véhicules, les tarifs et le type de chauffeur (professionnel, particulier régulier ou occasionnel). Partout elle a brisé les tabous et les habitudes, novatrice dans tous les domaines, y compris le paiement des impôts, dont elle se dispense. Elle s'installe unilatéralement comme une infrastructure incompatible avec les règlements locaux, et ses relations avec les villes commencent ou finissent par la guerre. Elle a été interdite à Berlin et à Hambourg en 2014, et à Londres en 2017.

Uber n'est pas une entreprise de transport, mais une plateforme technologique qui vend ses services à des autoentrepreneurs, ses chauffeurs, afin de les aider à développer leur entreprise. Les chauffeurs ne sont pas ses employés, mais ses clients, privés de congés payés ou de couverture maladie.

Sa réputation est exécrable, tant par les mœurs et pratiques de ses dirigeants que par son attitude de vilain petit canard dans le monde professionnel. Son patron et inspirateur Kalanick en a été éjecté en 2017.

La libre concurrence que défend Uber s'est partout heurtée à des accusations de pratiques déloyales, de *dumping* et de travail dissimulé. Depuis sa création jusqu'à 2016, elle a cumulé 161,9 millions de dollars de condamnations dans le monde. Elle suscite des émules, qui la combattent. En août 2016, elle a été forcée de fusionner sa filiale Uber China avec son concurrent local Didi Chuxing, la première société de véhicule avec chauffeur de Chine, et du monde, puisque revendiquant quatre cent millions d'utilisateurs. L'entreprise chinoise a adopté une stratégie d'expansion internationale en achetant des participations au capital des principaux acteurs du marché, l'estonien Taxify déjà implanté dans une vingtaine de villes européennes, Lyft aux États-Unis, Careem au Proche-Orient, Ola en Inde et Grao en Asie du Sud-Est. Elle ne se cache pas de vouloir ubériser Uber.

Taxify, créé en 2013 par le lycéen estonien Markus Villig, son frère et un ami venu de Skype (poids lourd de la tech estonienne), revendique 100 000 chauffeurs et 2,5 millions d'utilisateurs. Présent dans 20 pays, il casse les prix avec des tarifs 10 % inférieurs à ceux d'Uber, et s'attaque sans peur à Paris et à Londres.

L'*ubérisation* est un néologisme proposé en 2014 par Maurice Lévy pour définir l'adoption de ce mode de fonctionnement par une entreprise. Le fonctionnement d'un service ubérisé comprend des caractéristiques bien typées : plateforme numérique de mise en relation entre client et prestataire, réactivité maximisée par cette mise en relation directe, par proximité géographique, paiement du client à la plateforme qui prélève une commission, paiement du prestataire par la plateforme.

L'ubérisation s'étend à de nombreux domaines de l'économie : hôtellerie (Airbnb), transport de personnes (Blablacar), rénovation et dépannage dans le secteur du bâtiment. Elon

Musk propose une solution similaire pour le stockage de l'énergie domestique en crédit-bail. Google, après avoir racheté le fabricant d'outils domotiques NestLabs, pense également à une approche de ce genre pour l'amélioration des performances énergétiques d'un bâtiment, à partir des mégadonnées auxquelles il a accès. Fort intéressant est l'utilisation du concept dans des domaines traditionnels comme le droit : les plateformes Cma-Justice proposent la mise en relation entre avocats et justiciables.

Uber se proclame l'Amazon du transport. Elle est l'épitomé de l'innovation. Il faut en reconnaître les avantages : aux clients, il procure un service à faible coût, aisément accessible et instantané. Aux prestataires, il donne un statut de travailleur indépendant ou d'autoentrepreneur, où la relation employeur/employé est remplacée par une relation client/fournisseur. Le travail est souple, autonome et varié, et il est adapté à une économie mondiale appelée à connaître une croissance faible et un chômage structurel élevé.

L'ubérisation apparaît donc comme un mode d'emploi plus avantageux que les emplois précaires dont le nombre croît dans les pays avancés comme l'Allemagne, le Royaume-Uni, les États-Unis. L'Union européenne compte déjà 94 millions de travailleurs indépendants, deux tiers par choix, un tiers par nécessité. L'ubérisation devrait plaire à cette foule et donc s'étendre. Et les *business models* des grands groupes pourraient se voir remis en question par une multitude de *start-up* plus agiles et plus innovantes. Or la protection sociale de ces travailleurs indépendants et de ces employés de *start-up* éphémères est très insuffisante. Il est indispensable que le législateur élabore un système social protecteur adapté au siècle de l'Internet.

Blablacar

Blablacar, créé en 2004 par Vincent Caron, étudiant à l'ISTIA d'Anger sous le nom de co-voiturage.fr est un service communautaire qui met en relation des conducteurs et des passagers souhaitant partager un trajet et les frais associés. Les conducteurs publient leurs places disponibles et les passagers les achètent en ligne. La mise en relation entre usagers, gratuite au début, est devenue payante en 2011, au niveau de 20 % du prix du covoiturage. Avec vingt millions d'utilisateurs en 2015, Blablacar est le leader mondial du covoiturage. L'économie collaborative (*sharing economy*) qu'illustre Blablacar est un exemple radical de plateforme de la foule.

Open source hardware[14]

L'*open hardware*, ou matériel libre, consiste en la transposition des principes régissant l'*open source* (redistribution libre, accès au code source et possibilité de créer des travaux dérivés) dans le domaine de la production manufacturière d'objets matériels. Cette transposition est rendue possible par la commercialisation de machines numériques et l'essor des travailleurs indépendants.

Depuis quelques années, les outils du mode de production inventé par le monde de l'informatique ont débordé dans le domaine des produits matériels, le *hardware*. Un objet physique (ou plus exactement sa forme) peut être décrit par un ou plusieurs fichiers numériques : plans, schémas et fichiers 3D prêts à commander la tête d'une imprimante 3D ou d'une fraiseuse CNC. Le partage de ces fichiers sous licence libre, couplé à la disponibilité des outils de fabrication numérique permet de répliquer, améliorer et repartager les objets (voir p. 209).

Presque tous les secteurs sont touchés : composants électroniques (Arduino, Sparkfun), véhicules (Wikispeed, OS Vehicles, XYZ Cargo), drones (DIY Drones, Protei, Open ROV), machines-outils (Rep Rap et ses dérivés Laser Saur, *Open Source Ecology*), habitat (Wikihouse, Open Desk), textile (Open Wear, Open Knit), aérospatiale (Masker planes, Copenhagen Suborbital) – et même les ruches connectées (*Open Source Beehives*)…

---

14. B. Tinck, *in* Louis David Benyayen coordinateur, *Open models*, www.openmodels.fr, Paris, 2015.

Le passage de la production *open source* du logiciel (*software*) à la production *open source* du matériel (*hardware*) n'est pas trivial, bien qu'elles relèvent toutes deux d'un mode de développement industriel comparable à de nombreux égards (intensité de la R&D, complexité technique des produits, caractère stratégique du design).

Les principales différences sont les suivantes : la gestion d'une chaîne logistique impliquant de multiples fournisseurs est d'un niveau de complexité bien supérieur à l'intégration de fonctions logicielles développées sur place ; la manipulation d'un objet physique impose des règles de certification, de tests, de tracé et de processus qualité qui complexifient le parcours d'un produit *open hardware* par rapport à celui d'un logiciel libre.

La démarche *open hardware* bute sur deux difficultés. Contrairement au code informatique, qui est tout à la fois le produit fini et son propre plan de « montage », un objet manufacturé est distinct de ses informations de conception. Le matériel libre exige donc un travail de documentation qui s'avère souvent long et fastidieux pour les équipes projet. Par ailleurs, l'industrie est régie par des traditions organisationnelles héritées du siècle précédent, à tel point que la conversion aux méthodologies agiles venues du monde du *software* rencontre des résistances.

Vers un système de production postindustriel

Si l'*open source hardware* reste aujourd'hui un marché de niche au regard des pratiques industrielles traditionnelles, on peut imaginer qu'il suivra une trajectoire similaire à celle du logiciel libre, c'est-à-dire que son importance augmentera. Le secteur doit cependant tout inventer : trouver la place des certifications et des processus qualité, remplacer les brevets par un système acceptable de licences, développer des outils de financement, introduire des règles de comportement spécifiques à la culture DIY (*Do-It-Yourself*). Nul doute que la foule saura trouver des solutions à ces problèmes qui touchent tous à son comportement et ses pratiques. Aux acteurs traditionnels d'établir un mode de dialogue, de cocréation et de production avec elle.

Les grands groupes internationaux sensibilisés à l'innovation ouverte font aujourd'hui de plus en plus appel à des compétences externes pour la capter. On ne peut séparer cette tendance de l'externalisation croissante de nombreuses fonctions. Ainsi, General Electric, après avoir lancé en 2010 l'innovation ouverte à grande échelle, a récolté des idées et des projets d'individus et d'entreprises dans le domaine des énergies renouvelables, puis, en 2011, investi 140 millions de dollars dans 23 projets.

Si les grands groupes industriels ainsi que les Agences gouvernementales suivent cet exemple et apprennent à travailler avec la foule, elles parviendront à l'émergence de produits, à l'exemple d'IBM partenaire de Linux. L'open *hardware* et la fabrication distribuée portent les germes d'un système postindustriel dans lequel les biens seraient produits en majorité localement, tandis que les savoirs s'échangeraient librement à travers le globe.

L'industrie 4.0[15]

Le concept 4.0 émis à la foire de Hanovre en 2011 exprime la conviction que le monde se trouve à l'orée d'une quatrième révolution industrielle. Après le développement de la machine à vapeur, la mécanisation à partir du XVIIIe siècle, l'électricité à la fin du XIXe siècle, la nouvelle révolution reposerait sur l'usine intelligente caractérisée par une interconnexion des machines et des systèmes au sein des sites de production, mais aussi entre eux et l'extérieur (clients, partenaires, autres sites), puisque la connexion universelle est en bonne voie.

L'industrie du futur

L'industrie du futur correspond à un nouveau système technique. Il est fondé, de façon non exclusive, sur un ensemble

15. Académie des Technologies, *Rapport sur l'industrie du futur*, 2017.

de technologies, souvent nommées technologies 4.0, dont certaines sont déjà diffusées, mais de façon très hétérogène, dans les entreprises[16]. Cette vague nouvelle de technologies numériques (intelligence artificielle, Internet des objets, robots-cobots, simulation numérique, réalité augmentée, fabrications additives, etc.) a commencé à déferler et est appelée à transformer en profondeur l'industrie, à la redéfinir, à générer de nouveaux modèles d'affaires et de nouvelles formes d'organisation. Le système agrège l'industrie manufacturière, les industries de *process* et un pan important des services à l'industrie, les *High-Intensity Knowledge Services* (HIKS).

Le système présente les caractéristiques suivantes : un nouveau paradigme industriel se met en place, dont la première des caractéristiques est la disparition progressive des limites entre industrie (au sens classique) et services ; les données deviennent des matières premières d'une importance stratégique ; l'intelligence artificielle, associée aux data, ouvre des perspectives révolutionnaires pour l'humanité, donc pour les entreprises… ; l'industrie du futur fait une large place à la compétitivité hors prix comme facteur de succès des entreprises, ce qui appelle une modification de l'offre, de sa conception, de son design.

Dans de nombreuses entreprises, l'industrie 4.0 est déjà présente, mais partiellement seulement, soit parce que le secteur (l'industrie de procédés, par exemple) n'est concerné que par une partie des technologies 4.0, dont certaines sont déjà en place, et pour une partie de sa chaîne de valeur ajoutée ; soit parce que (les industries manufacturières, par exemple) des entreprises ont amorcé leur mue avec l'introduction de certaines technologies 4.0 mais qu'il leur faut du temps pour les intégrer, en généraliser les usages et se transformer.

Mais l'industrie du futur ne se réduit pas à l'industrie 4.0. Elle sera aussi impactée par la transition énergétique, par la

16. Intelligence artificielle (IA), *Big Data*, robots et *cobots*, Internet des objets, fabrication additive, simulation, réalité virtuelle et augmentée.

transition écologique, par de nouvelles avancées dans le champ des matériaux, plus loin par l'arrivée progressive à maturité de l'informatique quantique et des technologies nées de la convergence NBIC (nanotechnologies, biotechnologies, informatique et sciences cognitives), qui donneront naissance à de nouvelles activités, à de nouvelles entreprises. De toutes ces transitions et convergences, c'est la numérisation (au sens large) de la société et de l'économie en général, et de l'industrie en particulier, qui représente la plus immédiate et la plus universelle des *révolutions*.

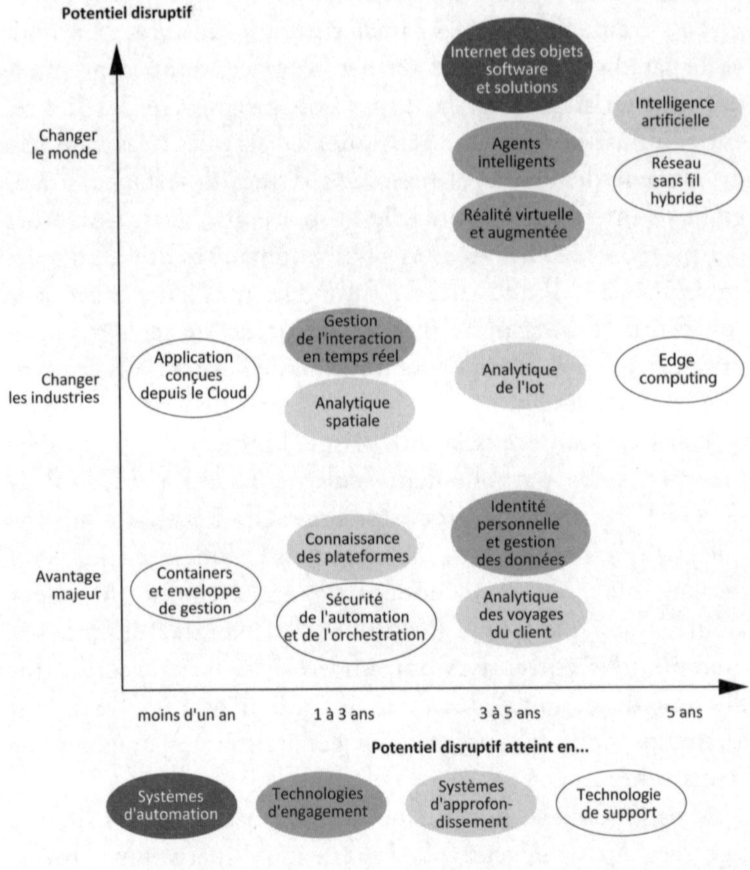

Figure 15 – Technologies qui ont émergé et leur potentiel disruptif ; même si ce dernier concept est discutable. Aperçu général, gradué dans le temps, des technologies évoquées et de leurs effets transformateurs.

Le nouveau paradigme est caractérisé par la disparition progressive des limites entre industrie (au sens classique) et services, des barrières entre producteurs et consommateurs ; par l'effacement progressif des frontières entre vivant et inerte, entre réel et virtuel, entre homme et machine ; par la fin de l'antagonisme entre sériel et individuel ; par la réduction des clivages entre professionnels et amateurs, etc.

Désormais, le service exige de l'industrie comme l'industrie crée du service. Des entreprises de services s'industrialisent (R&D, plateformes de production/logistique, SAV...). Des entreprises industrielles classiques se redéfinissent désormais en pourvoyeuses de solutions et de services associés. L'entrée de nouveaux acteurs de cette économie nouvelle dans l'industrie classique redessine le terrain de jeu concurrentiel et en modifie les règles.

De toutes les technologies qui fondent l'industrie du futur, deux méritent une attention particulière dans la mesure où leurs impacts humains et organisationnels sont des plus considérables : les données, leur production, leur analyse, et l'intelligence artificielle ; plus lourdes de conséquences peut-être que la robotisation qui inquiète aujourd'hui le grand public.

Les données deviennent des matières premières d'une importance stratégique. Avec les algorithmes associés, elles induisent de nouvelles activités, de nouveaux modes de pilotage des organisations et de gestion. La rupture vient du fait que toutes les industries, toutes les fonctions de l'entreprise sont aujourd'hui concernées. L'exploitation des *data* n'est pas en soit nouveau, c'est l'échelle, les capacités de leur traitement, la multiplication des usages qui sont nouvelles.

L'intelligence artificielle, associée aux données, ouvre des perspectives révolutionnaires pour l'humanité, donc pour les entreprises... De nombreuses études de prospective montrent la pénétration de l'IA dans les tâches humaines et ses effets potentiels, soutenue par des avancées impressionnantes dans ce champ scientifique et technologique. L'IA touche un nombre croissant de professions, et même celles que l'on disait épargnées au motif que leur part de créativité, de création, ou d'imprévisible y est prépondérante.

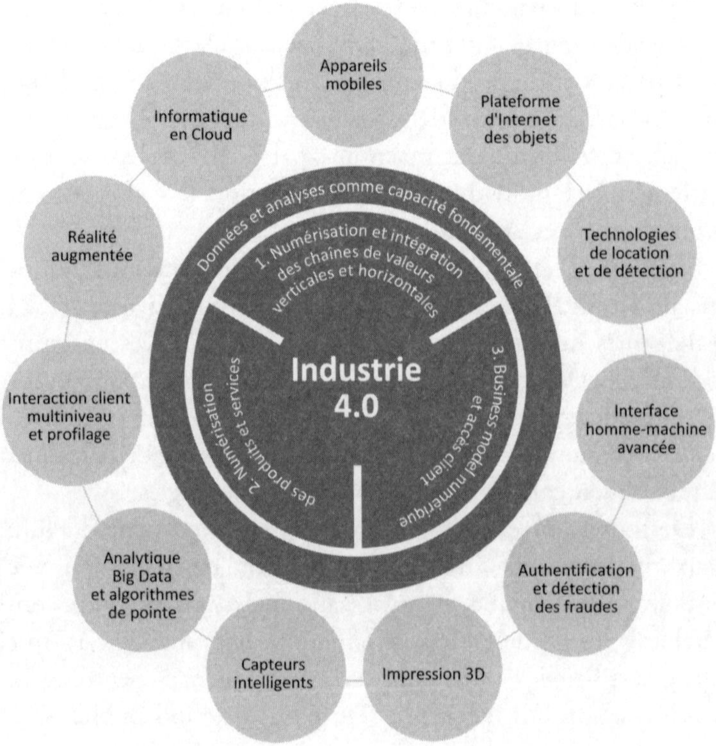

Figure 16 – Industrie 4.0 et technologies numériques.

L'usine intelligente

L'avenir, ce sont de petites usines automatisées, flexibles et connectées au monde : bref, intelligentes. L'industrie 4.0 correspond en quelque sorte à la numérisation de l'usine. Avec le recours à l'Internet des objets et aux réseaux virtuels servant à contrôler des objets physiques, l'usine intelligente se caractérise par une communication continue et instantanée entre les différents outils et postes de travail intégrés dans les chaînes de production et d'approvisionnement. L'utilisation de capteurs communicants apporte à l'outil de production une capacité d'autodiagnostic et permet ainsi son contrôle à distance comme sa meilleure intégration dans le système productif global.

En proposant des sites de production composés d'objets intelligents, communicants et liés dans un réseau lui-même relié à l'extérieur, la flexibilité de la production peut être accrue. Le consommateur final, de même que les différents partenaires, peuvent prendre une place dans le processus, permettant la personnalisation des produits et la modification de leurs caractéristiques en fonction des demandes ou des difficultés rencontrées par les fournisseurs, par exemple. Il est donc possible de proposer une production à la fois à grande échelle et personnalisée.

L'industrie 4.0 génère un flux d'informations constant et bien supérieur à celui généré par les modes de productions traditionnels. Ces informations doivent être échangées le plus rapidement possible avec les acteurs logistiques extérieurs au lieu de production. Le système RFID, par exemple, peut servir non seulement à tracer les produits dans une seule et même usine, mais aussi dans le monde entier. D'où l'importance de choisir un processus logistique capable d'échanger rapidement et en une seule fois les informations de l'entreprise productrice avec l'ensemble de ses prestataires.

Le recueil des données produites par les différents éléments de la chaîne de production permet également de produire une réplique virtuelle de tout ou partie de cette chaîne afin de générer des simulations de procédés ou de tests, mais aussi de permettre aux futurs ouvriers et techniciens de se familiariser avec des outils de travail et des procédures complexes ou encore de faciliter les réparations et la maintenance pour des non-spécialistes.

Les performances des simulations ont évolué pendant les cinq dernières années. Ainsi, aujourd'hui, certaines simulations de *process*, ou de flux de production, atteignent un niveau de robustesse qui en font de nouveaux outils d'aide à la décision. La modélisation des lignes de production, des espaces de stockage, de la transitique, ainsi que de toutes les règles d'organisation industrielle et logistique, permet de représenter virtuellement un site de production ou logistique. Et ceci avant tout investissement matériel.

L'industrie 4.0 représente aussi une volonté de répondre aux problématiques actuelles de la gestion des ressources et de l'énergie. Avec un système organisé selon un réseau de communication et d'échange instantané et permanent, on est à même de rendre cette gestion plus efficace en coordonnant les besoins et disponibilités de chaque élément du système de la façon la plus efficiente possible, alimentant par-là de nouveaux gains de productivité.

Le marketing intelligent : Big Data[17]

L'expression *Big Data* est apparue pour la première fois dans un article de *Nature*[18] daté de 2008, pour désigner une technique mathématique développée dans les années 2000 par Google et Yahoo ! consistant à chercher des modèles prédictifs dans une quantité immense de données à faible densité en information et à en extraire des faits nouveaux ou de nouvelles relations entre les faits : beaucoup de bruit, signal très faible.

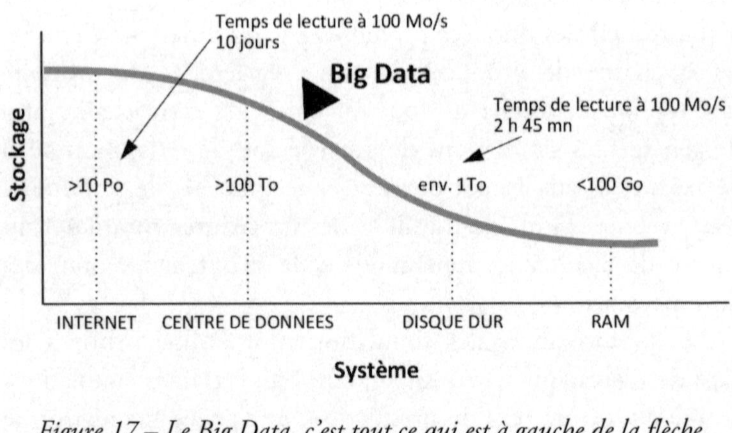

Figure 17 – Le Big Data, c'est tout ce qui est à gauche de la flèche.

17. Pirmin Lemberger, Marc Batty, Médéric Morel et Jean-Luc Raphaëlli, *Big data et machine-learning*, Dunod, Paris, 2015.
18. Nature, *Editorial*, 455, 1 (4 September 2008).

L'ère numérique est caractérisée, nous l'avons vu, par la croissance exponentielle de la création de données et des technologies qui permettent de les traiter. Le nombre des internautes dans le monde ne cesse de croître et, de 725 millions en 2004, il vogue vers les 2 milliards en 2017. À elle seule, la Chine en compte 720 millions, alors qu'une grande partie de la population n'est pas encore abonnée au réseau. De gigantesques volumes de données transitent toujours à travers le monde et la fluidité de leur circulation réclame des routeurs, des logiciels et des services. Loin de ralentir, le trafic accélère avec l'expansion de l'Internet rapide.

En 2011, 1,8 zetaoctet de données ont été créées (Zo = 10^{21} octets) ; en 2020, ce chiffre sera de 40 Zo, et l'estimation est certainement inférieure à la réalité à cause des nouveaux usages que l'on ne peut prévoir pour l'instant. Il faudra dix fois plus de serveurs informatiques pour les gérer. Aujourd'hui, à chaque minute, 350 000 tweets, 15 millions de SMS, 200 millions de courriels sont envoyés au niveau mondial pendant que des dizaines d'heures de vidéos sont mises en ligne sur YouTube, des centaines de milliers de nouveaux fichiers archivés sur les serveurs de Facebook. Si l'essentiel du volume d'information est aujourd'hui produit par des humains, des capteurs, peut-être cent cinquante milliards dans dix ans, prendront le relais. La nouveauté résidera dans le croisement de toutes les données en provenance des capteurs, du Web et de l'*open data*.

Cette accélération est due à un changement de nos habitudes. Smartphones et réseaux s'unissent pour introduire une consumérisation de l'informatique, encouragée par les Gafa et les BAT qui organisent un emploi toujours croissant de leurs services. Grâce à eux, l'augmentation du nombre des bits est accompagnée par la croissance d'une capacité à toujours mieux exploiter les informations déjà existantes comme celles qui apparaissent.

Le *Big Data* consiste à faire analyser ces vastes quantités de données par des algorithmes, pour peu que la capacité de calcul des ordinateurs le permette. Aux États-Unis, fonctionne depuis 2013 le centre de traitement de la National Security Agency

(NSA), capable d'analyser simultanément plus d'un yottaoctet (10^{24} octets) avec la mission d'intercepter, de déchiffrer et de stocker la totalité des communications mondiales.

Notre univers est désormais celui des données. On peut les regrouper en deux grandes familles. Dans la première se rangent les données d'ordre scientifique et technique : la digitalisation des processus industriels engendre des multitudes d'informations sur le fonctionnement des systèmes de production, les caractéristiques des produits, l'histoire de leur fabrication et leur destination. Ces données servent à connaître et surveiller le comportement et les performances des outils industriels. Dans la seconde famille, toutes les données fournies par nous-mêmes, au cours de notre vie quotidienne. Elles décrivent nos centres d'intérêt, nos opinions, nos relations avec les autres, nos réseaux professionnels et privé, les livres que nous lisons, notre santé, notre façon de conduire, ce que nous achetons, où nous sommes et où nous allons et surtout ce que nous allons faire et consommer demain.

Gafa et BAT veulent savoir ce que nous faisons et deviner ce que nous allons faire. Ils déploient pour y parvenir une grande créativité algorithmique. C'est cela le *Big Data* : données et algorithmes.

Il y a vingt ans, nous stockions nos fichiers sur des disques durs de quelques mégaoctets[19] (Mo). Aujourd'hui, la capacité de stockage a dépassé le téraoctet (To) et il n'est pas rare pour les entreprises et les organismes de recherche de manipuler des volumes supérieurs au pétaoctet (Po). L'importance de l'approche *Big Data* est l'association de la quantité la plus grande possible de données diverses liées de près ou de loin au phénomène ténu que l'on cherche à mettre en évidence, et l'on peut les corréler grâce à la puissance des ordinateurs disponibles. Combiner les informations sur la consommation de clients avec les logs de navigation sur les sites Web et les enre-

19. Le bit, unité de base, vaut 0 ou 1 ; 1 octet vaut 8 bits ; 1 Mo c'est un million, soit 10^6, d'octets. Le téraoctet vaut 10^{12} octets, le pétaoctet 10^{15} ; une image contient de l'ordre de10 Mo.

gistrements des discussions avec un centre d'appel, voilà le *Big Data*. Sa démarche caractéristique est la fusion d'informations structurées venant des bases de données avec des informations non structurées telles qu'enregistrements téléphoniques ou de localisation.

Par exemple, on souhaite établir un baromètre du climat économique, c'est-à-dire mesurer et décrypter quotidiennement le moral des chefs d'entreprise d'une part, l'humeur des particuliers de l'autre. On choisit dix mots-clés (emploi, endettement...) pour cerner le moral des ménages, et dix autres (perte, profit, investissements...) pour capter celui des entreprises. Un outil informatique aspire sur les réseaux sociaux tous les messages qui contiennent ces mots et décide si leur connotation est positive ou négative. Des centaines de millions de messages placés chaque jour sur Twitter, Facebook et autres sont filtrés et les apparitions de chacun des dix mots sont regroupées.

Le *Big Data*, c'est la solution pour traiter chaque individu comme un cas unique afin de le convaincre et de le mobiliser. L'enjeu consiste à percevoir ce que souhaite la foule tout en proposant une interaction individuelle avec chacun. Le *Big Data* permet cette prouesse : mettre en œuvre une nouvelle gestion des hommes qui fournisse aussi bien des corrélations multifonctionnelles que le déclenchement d'une dynamique strictement personnelle. Aujourd'hui il est possible par exemple de disposer d'un historique des vols accomplis par le passager d'une compagnie aérienne et de l'utiliser pour lui proposer pendant le voyage des films qu'il n'a pas encore vus, ou pour envoyer sur sa page Facebook la liste des titres de musique qu'il a écoutés à bord – et lui suggérer une nouvelle playlist appropriée à ses goûts. Grâce au *Big Data marketing*, le niveau de personnalisation possible est infini et les traitements individuels sont désormais accessibles aux services de masse ; les données perdues (comme les playlists écoutées lors d'un vol) sont valorisées.

Des entreprises pompent dans les réseaux des informations personnelles et les vendent pour qu'elles soient utilisées dans les campagnes électorales. Ainsi le cabinet de marketing politique Cambridge Analytica, créé par le principal soutien de Trump, le financier milliardaire Robert Mercer, prétend posséder des données intimes sur 230 millions d'Américains. Cette plateforme a irrigué de *fake news* le mouvement Brexit.

Caractères du Big Data

Le *Big Data* est caractérisé par les trois concepts suivants : *volume*, *vélocité*, *variété*.

En termes de volume, le paradigme est l'inverse de celui de l'échantillonnage pratiqué dans les études de marché ou de tendances électorales. Loin de restreindre la quantité de *data* utilisées, on observe l'univers entier, sans hypothèses préconçues puisqu'on ne laisse aucune donnée inemployée – on dispose d'une capacité de traiter des volumes quelle qu'en soit la taille. Un exemple est la corrélation établie par quelques traders entre l'apparition du mot *dette* dans les courriels et la tendance boursière : on peut prévoir la hausse quand la fréquence du mot est inférieure à la moyenne. Quelques-uns ont ainsi fait fortune…

En ce qui concerne la vélocité, la pertinence d'une mesure portant sur une donnée dépend souvent de sa fraîcheur ; comprendre qu'un client voudrait changer de fournisseur, détecter une fraude, pousser une enchère n'ont souvent d'importance que si l'action est surprise dans l'instantanéité. Amazon recommande des achats en temps réel à ses utilisateurs en se fondant sur l'historique de leur consommation, sur celle des personnes qui ont acheté le même produit ou d'autres en même temps. Cette recommandation doit être faite au moment où le client se pose la question d'acheter ou de s'abstenir. Envoyer une promotion sur portable ne présente de valeur que si on a pu localiser l'éventuel client. Il faut associer sa géolocalisation instantanée à l'outil de marketing. Dans le domaine boursier, le trader tire de sa vitesse un avantage sur ses concurrents.

Pour la variété, le *Big Data* se flatte d'opérer en recoupant des informations d'origines très diverses et en mettant en correspondance des données de nature éloignée. Un exemple en est le croisement du contenu d'un CRM (gestionnaire de la relation client), avec des données de géolocalisation et des communications extraites d'un réseau social, dont le rapprochement enrichira un profil d'utilisateur en le colorant d'éléments affectifs souvent liés au déclenchement d'un acte d'achat.

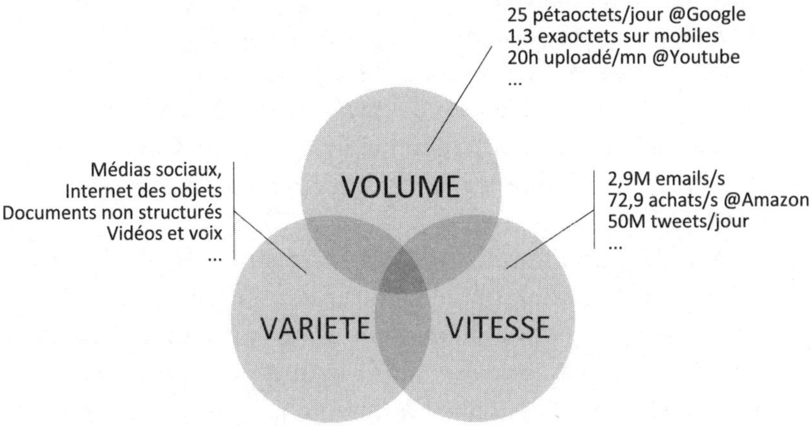

Figure 18 – Les trois V du Big Data.

Les outils du Big Data

Le *Big Data* comprend un ensemble d'outils analytiques travaillant dans un environnement matériel massivement parallèle, c'est-à-dire qu'il peut mener des milliers de tâches simultanées. Une plateforme de *Big Data* comprend les composants suivants : un stockage de données sous forme de fichiers (dit *Hadoop*) donc différent d'une classique base de données ; un moteur analytique à la recherche des données ; un outil de modélisation prédictive qui crée des modèles en analysant les données et suit leurs succès ou échecs ; un outil de traitement de flux en temps réel, qui détecte le pattern ou corrélations entre données entrant et données historiques ; un modèle de visualisation ; une gouvernance pour la gestion globale des données.

Le Cloud

« *Le Cloud est la capacité de pouvoir accéder à l'information disponible sur le Web ou à l'y ou déposer. Quand on utilise un espace de travail collaboratif comme Google Apps, que l'on stocke ses musiques sur Amazon, que l'on partage ses photos sur Facebook ou que l'on s'envoie des tweets, on utilise un Cloud*[20]. » Dans le monde professionnel, le Cloud représente la capacité à connecter son système d'information interne avec un Cloud privé ou public, c'est-à-dire son ordinateur ou les ordinateurs du monde entier.

La société de l'information est basée sur la fluidité entre acteurs : tout ce qui est relié à une adresse IP est connecté au reste du monde. Pour cela les données qui constituent l'information ne sont pas localisées sur un ordinateur, mais « dans la toile », chez Google, Facebook, Amazon ou d'autres à qui nous faisons confiance. Le Cloud, c'est donc l'espace d'échange et de partage de données. Jusqu'à récemment, les données des entreprises étaient stockées dans de nombreux entrepôts, ou *datamarts*. Par construction, ce modèle ne permet pas de croiser de façon dynamique des informations variées. Les entreprises ont donc été amenées à déployer des Clouds de données qui seront analysées avec des technologies de *Big Data* par les différentes lignes de métier, selon leurs besoins. Ainsi les opérateurs de télécommunication traitaient les informations de leur réseau de façon à connecter des données de vente et de marketing. Confrontés à l'évolution de leur marché, ils ont imaginé de corréler des informations relatives à la qualité de leur réseau avec les rumeurs de la blogosphère et les navigations

---

20. J.C. Cointot et Y. Eychenne, *La Révolution Big Data*, Dunod, Paris, 2014, p. 27.

sur leurs sites Web. La police de Memphis (Tennessee) prévoit les émeutes en croisant les données relatives aux jours de paie, aux types de population par quartier et aux rencontres sportives. Et elle n'est pas la seule à gérer la paix sociale avec le *Big Data*...

Conclusion

Les technologies numériques sont banalisées par l'*open source* et les grandes plateformes de *Cloud computing* : les grandes entreprises se font désormais moins concurrence sur la technologie (il en faut tout de même) que sur le design, l'expérience utilisateur, le modèle d'affaires et surtout – surtout – leur capacité à faire alliance avec la foule.

Loin de se poser en défi technologique, le Big Data bouleverse le monde de l'entreprise quelle qu'elle soit par son organisation, ses méthodes et ses modes de décisions souples et adaptés aux problèmes que posent la gestion de la foule. Il force les managers à muter en agents de l'innovation au service des équipes techniques qu'ils encadrent, et les techniciens à penser autrement.

Il y a une leçon à tirer de ce mariage des moyens d'information avec l'industrie, à un niveau encore jamais atteint[21].

Financement participatif

Le *crowdfunding*

De nombreux entrepreneurs ont créé leur société mais manquent de fonds (quelques dizaines de milliers d'euros) pour les investissements nécessaires à la phase d'amorçage. Comme leurs projets ne sont pas toujours jugés assez rentables par les

21. Nicolas Colin et Henri Verdier, *L'âge de la multitude*, Armand Colin, Paris, 2012, p. 13.

investisseurs institutionnels et les *business angels*, ils doivent trouver d'autres solutions pour se financer. Afin d'y parvenir, ils peuvent utiliser des plateformes qui permettent d'investir en capital, et d'acheter des actions d'entreprises en création. Pour les porteurs de projet en France, certaines plateformes de financement participatif vont plus loin que la seule levée de fonds, en permettant au futur entrepreneur de se constituer un véritable réseau social pour échanger, tester son idée et la porter à maturation (c'est le cas de *Z'entreprendre)* ; le financement participatif permet alors aussi bien d'éviter l'isolement des entrepreneurs, que de pallier la carence des modes de financement « classiques » dans cette période où les banques ne suivent plus les entrepreneurs français.

Le financement participatif ou *crowdfunding* est une expression regroupant tous les outils et méthodes de transactions financières qui font appel à un grand nombre de personnes afin de financer un projet. Ce mode de financement se fait sans l'aide des acteurs traditionnels, il est dit « désintermédié ». L'émergence des plateformes de financement participatif a été permise grâce à Internet et aux réseaux sociaux, complétant ou remplaçant la traditionnelle souscription.

Xerfi évalue à 1,6 milliard de dollars par an le poids du financement participatif aux États-Unis et à environ 945 millions d'euros en Europe. En France, les montants levés ainsi atteignaient en 2014 152 millions d'euros, soit près de deux fois plus qu'en 2013. Plus précisément, 88,4 millions d'euros ont été levés en prêts, 38,2 millions en don et 25,4 millions en *equity crowdfunding* (financement participatif en capital). Il faut noter de grands écarts concernant les montants moyens par levée selon le mode de financement. Si pour le don ou le prêt, une opération s'élève à quelques milliers d'euros, le total représente plusieurs centaines de milliers d'euros pour l'*equity crowdfunding*.

Les monnaies virtuelles ou cryptomonnaies : le bitcoin

Bitcoin est un système de paiement implanté sur Internet depuis 2009 par un personnage que l'on n'avait jamais vu avant et que l'on n'a jamais revu après, Satoshi Nakamoto, évanoui définitivement en 2010. Son unité de compte est le bitcoin limité à 21 millions d'unités et divisible jusqu'à la huitième décimale. Les transactions sont enregistrées sur les nœuds du réseau, puis dans un registre public appelé *blockchain*. Le système décentralisé fonctionne sans activité centrale ni contrôle fiscal, grâce au consensus de l'ensemble des nœuds du réseau. Il se joue des frontières.

La chaîne de bloc (*blockchain*) est un registre transférant par listes toutes les transactions effectuées en bitcoins depuis leur lancement en 2009. On peut considérer la chaîne comme un livre d'opérations. Le bloc d'origine en est la première page. Chaque nouveau bloc apparaissant dans le réseau contient une somme de contrôle (*hesh*) provenant du bloc précédent.

Toute personne peut devenir utilisatrice en téléchargeant et en installant un logiciel approprié sur le matériel de son choix, par exemple un smartphone ou un système informatique complexe. Une fois connecté, chaque utilisateur peut se créer un nombre quelconque de comptes et initier des transactions qui transfèrent des bitcoins depuis ses propres comptes vers d'autres. Les fonctions nécessaires à ces opérations sont incluses dans des logiciels appelés *wallets*. La fonction principale du système est d'inscrire les transactions dans le *blockchain*. Cette opération se fait en deux temps. Dans un premier temps, certains nœuds du réseau construisent un nouveau bloc en regroupant des transactions récentes sous un en-tête d'identifiant. Dans un second temps, chaque nœud ajoute ce nouveau bloc à la version locale de la chaîne des blocs. L'historique de toutes les transactions devient alors lisible sur tous les nœuds du réseau qui gère un exemplaire de la chaîne des blocs. Le seul moyen d'utiliser des bitcoins est d'enregistrer dans la chaîne des blocs des transactions qui font référence à des transactions antérieures.

Depuis 2014, d'autres cryptomonnaies sont apparues, Monero, Ethereum, Ripple ou Dash, douées de nouvelles fonctionnalités, parfois même adossées à des actifs tels que l'or. Plus de mille d'entre elles circulent désormais. Leur potentiel encore incertain pourrait s'avérer décisif dans l'e-économie.

Les avantages de la cryptomonnaie sont les suivants : une alternative concrète aux systèmes de paiement traditionnels ; la transparence : toutes les transactions sont publiques ; elle ne peut être contrefaite ni usurpée ; des frais de transfert nuls ; des transferts rapides en quelques secondes ; des transferts à tous pays sans restriction ; l'absence d'intermédiaires ; n'importe quel particulier peut transférer de la monnaie ; le stockage à distance ; l'anonymat.

Quant à leurs inconvénients : une faible utilisation par le grand public (150 millions de dollars en mars 2016 pour bitcoin) ; l'existence d'autres cryptomonnaies ; l'irréversibilité des transactions ; la sécurisation nécessaire contre des hackers ; la cryptomonnaie perdue est définitivement perdue ; elles sont interdites dans certains pays comme la Russie ; les lobbies bancaires y sont opposés et les combattent.

Peut-on imaginer un plus bel exemple de la créativité de la foule que cette invention d'une monnaie hors-norme par un fantôme ?

Il faut cependant reconnaître que de sa création jusqu'à une réaction des autorités américaines en 2013, Bitcoin a servi surtout à des réseaux criminels pour des opérations illicites ou à de la spéculation effrénée sur sa valeur.

La cryptomonnaie se présente ainsi comme un laboratoire d'innovations financières à l'échelle planétaire. Ainsi, un nouveau mode de financement, le « *Initial Coin Offering* » (ICO), permet à des *start-up* de lever des fonds rapidement grâce à des monnaies virtuelles, à mi-chemin entre l'entrée en bourse et le *crowdfunding*. Une *start-up* dévoile son projet, le chiffre et lance son appel. Au lieu de lever des fonds en faisant coter ses actions, elle émet sa propre monnaie virtuelle et la vend aux enchères : c'est cela l'ICO. Les investisseurs, s'ils sont séduits, participent à la levée en payant en cryptomonnaie, en échange de jetons (*tokens*) qui serviront à acquérir des produits ou des services lorsque la production aura commencé. Techniquement la monnaie est créée à partir du logiciel libre qui a permis la naissance du bitcoin. Son principe a été standardisé et élargi par Ethereum (qui a inventé sa propre monnaie, l'ether). Il est possible de créer une quantité précise de jetons, spécifique à chaque entreprise. Un ICO est l'équivalent d'une IPO (Introduction en bourse), mais sur la *blokchain*. Les investisseurs misent sur l'augmentation de la valeur des jetons comme sur celle des actions. L'opération est très risquée, car les projets ne sont souvent que des idées et les investisseurs n'ont aucun droit.

Le premier projet de ce genre date de juillet 2013. L'initiative suisse Ethereum, qui a financé la création de la *blockchain* Ethereum et de la cryptomonnaie ether, a marqué un tournant en levant 15 millions de dollars. Vitalik Buterin, Canadien d'origine russe né en 1994, qui habite dans les avions de la compagnie Cathay Pacific, est le père de cette initiative, une *blockchain* multi-usage définie comme un réseau de création de monnaie décentralisée. Combiné à une plateforme de développement de logiciels, Ethereum offre une gamme étendue d'applications fonctionnant comme elles ont été programmées, sans possibilité de pannes, de censure, de fraude ou d'ingérence.

L'éther, la cryptomonnaie qu'elle fabrique, a vu sa valeur flamber de quelque 100 à 800 dollars en février 2018. Les 98 millions de dollars en circulation sont déposés dans près de 25 millions de comptes anonymes. Les transactions quotidiennes dépassent 3 milliards de dollars. Chaque jour 20 000 nouveaux ethers sont fabriqués par les « mineurs » professionnels équipés de batteries d'ordinateurs qui mettent les transactions des utilisateurs sur la *blockchain*.

Grâce aux structures diverses issues d'Ethereum, des centaines de jeunes entrepreneurs lancent des opérations de financement participatif afin de créer des *start-up* Ethereum.

En 2016, les *start-up* de l'écosystème *blockchain* ont levé 330 millions de dollars par ICO et 140 millions de dollars par capital-risque. En 30 secondes, le 1er juin 2017, le projet américain Brave lancé par le cofondateur de Mozilla a recueilli 35 millions de dollars de cryptomonnaie pour développer un nouveau navigateur. Selon le *Wall Street Journal*, entre janvier et août 2017, 170 entreprises ont engrangé 2,36 milliards de dollars, soit vingt fois plus qu'en 2016. Les ICO ont permis dans cette période de lever des fonds comparables à ceux apportés par le capital-risque.

Notez la rapidité de l'évolution ! Le *crowdfunding* balbutie encore et les sommes en jeu sont pour l'instant insignifiantes. Mais d'autres inventions ne tarderont pas pour créer des méthodes de financement virtuel sur le Net, car des capitaux immenses sont disponibles et les investisseurs recherchent les occasions. Il y a une leçon à tirer de ce mariage des moyens sociaux d'information avec la finance, à un niveau jamais atteint.

Les tendances actuelles de la technologie[22]

Le monde ne se réveille pas soudain avec une nouvelle technologie révolutionnaire à sa disposition, prête à être utilisée par tous. L'adoption d'une innovation prend du temps. De la création d'une technologie à sa généralisation dans les usages, chaque innovation de rupture passe par une série d'étapes. D'après l'Institut de Conseil et d'Études technologiques Gartner, il y en a cinq : l'enthousiasme des débuts, les attentes démesurées, la désillusion, le retour en grâce et le succès. Ces étapes fondatrices accompagnent la maturité d'une innovation et reflètent sa perception par le public et les experts avant qu'elle réussisse à s'imposer.

---

22. Gartner, Rapport 2017.

Toutes les technologies aujourd'hui en cours d'implantation dans la vie quotidienne (le *Big Data,* l'informatique en Cloud, la 4G, la tablette tactile...) sont passées, à leur rythme, par ces différents stades de maturité et de « *buzz* ». Mais où en sont les technologies de demain, comme la *blockchain*, la réalité augmentée et virtuelle, le *machine learning*, les cryptomonnaies, l'impression 3D pour les particuliers, ou encore la poussière intelligente ?

En 2017, l'Institut classait les technologies émergentes en trois grandes familles. Tout d'abord, note le rapport, « *l'intelligence artificielle est partout* ». Le *deep learning* (ou apprentissage profond par réseaux neuronaux), le *machine learning* (ou apprentissage par la machine), les véhicules autonomes, l'informatique cognitive, les drones commerciaux, les interfaces de conversation ou encore les robots intelligents font partie des technologies qui suscitent les attentes les plus fortes de la part du public, des experts et des groupes industriels.

La deuxième grande tendance observée par Gartner est celle des technologies qui suscitent des « expériences immersives ». Certaines sont à peine émergentes, à l'image de l'impression 4D, des interfaces neuronales directes (interface de communication directe entre un cerveau et un dispositif externe comme un ordinateur), ou de l'homme augmenté grâce aux technosciences. D'autres sont plus proches de la maturité, comme la réalité virtuelle, la réalité augmentée ou la maison connectée. Enfin, la troisième grande tendance est celle des « plateformes digitales ». Ces technologies, comme la 5G, la *blockchain*, les plateformes pour l'Internet des objets, l'informatique quantique ou les applications sans serveur, sont appelées à révolutionner les usages existants, autant pour les particuliers que les professionnels.

Toutes les innovations actuelles entrent dans l'une de ces trois grandes tendances et façonnent l'économie et la société de demain. La réalité virtuelle, le *machine learning* et les drones commerciaux sont déjà proches de l'adoption générale.

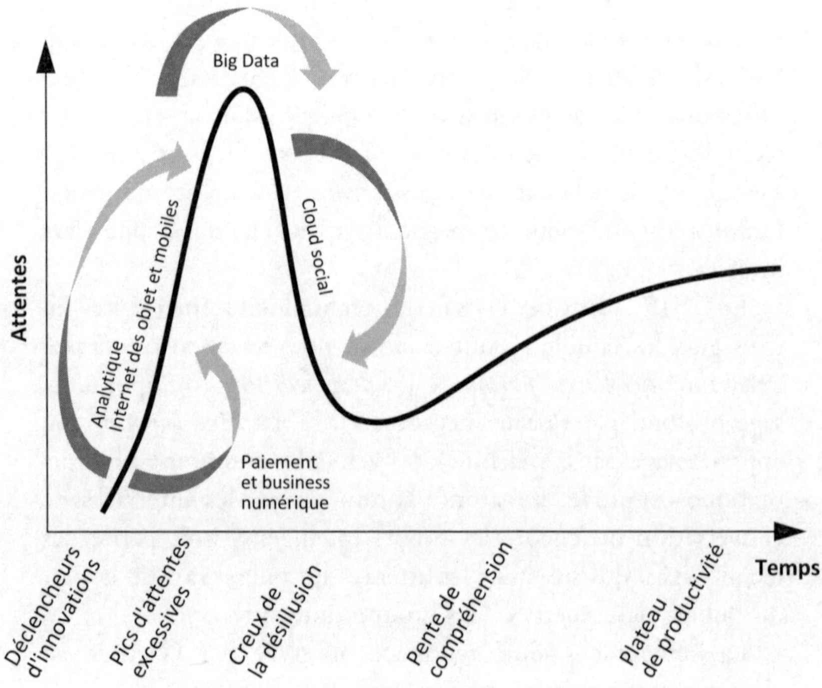

Figure 19 – La courbe de Gartner et ses cinq phases.

De nombreuses technologies progressent significativement sur la courbe d'adoption par rapport à 2016. La réalité virtuelle, par exemple, amorce la phase de descente grâce à la mise sur le marché de casques comme l'HTC Vive ou l'Oculus de Facebook. Cette technologie n'est toujours pas « grand public » (trop chère, pas assez d'applications), mais elle le sera dans deux à cinq ans, estimait Gartner en 2017, alors que l'année d'avant, il prévoyait qu'il lui faudrait « *entre cinq et dix ans* ».

Les drones commerciaux et le *machine learning* s'apprêtent également à quitter l'étape des « attentes excessives » pour entrer dans l'âge de raison, celui où l'on commence à percevoir des applications concrètes et des modèles économiques pérennes. Gartner estime qu'elles arriveront à maturité d'ici deux à cinq ans. Peut-être même avant pour les drones commerciaux, puisque Amazon compte effectuer des livraisons le plus rapidement possible.

Un long chemin reste en revanche à parcourir pour la poussière intelligente, l'homme augmenté et même la voiture autonome.

La courbe de Gartner permet également de mesurer la distance qu'il reste à parcourir pour certaines innovations de rupture avant qu'elles ne soient pleinement exploitables. Les véhicules autonomes, par exemple, figurent tout en haut du cycle, en plein cœur de l'étape dite des « attentes excessives ». Mais contrairement à d'autres innovations qui se partagent aussi l'attention des industriels et des médias (le *machine learning*, la maison connectée, la *blockchain*), Gartner estime qu'il faudra attendre encore plus de dix ans avant qu'elles ne puissent devenir grand public. L'intelligence artificielle générale (des machines capables de penser comme un être humain), l'ordinateur quantique, la poussière intelligente – des systèmes micro-électromagnétiques qui peuvent mesurer des données aujourd'hui inaccessibles – ou encore l'homme augmenté par les technosciences, restent coincés depuis plusieurs années au stade de l'enthousiasme. Leur potentiel paraît énorme, les médias s'en font le relais, mais les avancées technologiques ne sont pas assez rapides pour leur permettre de se lancer. Certaines font même du surplace de longue date, ainsi la poussière intelligente ou l'informatique quantique, qui en étaient quasiment au même point en 2005 qu'aujourd'hui. Mais il est sûr qu'un jour prochain, un Steve Jobs nous présentera un outil de rupture.

Conclusion

Le commerce, l'industrie, la finance, tous ces secteurs inventent une nouvelle relation avec la foule, dont la créativité nourrit leur croissance. Toutes les technologies dont nous avons esquissé l'évolution trouvent dans la foule une source d'externalité positive. L'alliance avec elle explique le rendement croissant des entreprises numériques. Dans l'économie traditionnelle, plus une entreprise est grande et plus elle a du mal à croître encore[23]. Dans l'économie de la foule, plus une entreprise est grande et plus est robuste l'exponentielle de sa croissance. La foule exsude la capacité des inconnus à s'emparer de positions dominantes dans l'économie numérique – avec une constante de temps de deux ans !

Devant cette mutation radicale de la société humaine, il faudra inventer de nouvelles institutions. C'est ce que nous proposons avec la Fédération, et nous invitons les créateurs de toutes sortes à en imaginer d'autres !

23. N. Colin et H. Verdier, *op. cit.*

Chapitre 3. L'espace devient une chose de la foule

De l'ingénieur au très grand public : la popularisation de GPS

Les services procurés par les moyens spatiaux, développés à l'origine pour des utilisateurs institutionnels en nombre restreint, ont été adoptés à l'orée du XXIe siècle par un très grand nombre de clients. Avant qu'ils aient été offerts, personne n'en ressentait le besoin, aucun moyen ne permettant de répondre à des demandes qui ont été créées par leur invention. Les offices météorologiques ne réclamaient pas de satellites, puisqu'ils ignoraient leurs capacités et ils les ont d'ailleurs longtemps refusés pour ne pas avoir à les payer.

Promue par les Agences spatiales, la diffusion directe de la télévision par satellites géostationnaires a longtemps été considérée comme un gadget d'ingénieur. Jusqu'en 1985, les satellites restaient peu performants, et les administrations n'ont alors pas su gérer les difficultés techniques rencontrées par le programme étatique franco-allemand TDF 1 et 2. En 1988, l'opérateur de télécommunications SES installé au Luxembourg lançait Astra. Jouant de la liberté, il introduisait des nouveautés que les États n'auraient pas tolérées, telles qu'un système sans marges techniques, simple et évolutif, l'utilisation de fréquences interdites ailleurs à la télévision et surtout l'intrusion d'une société privée dans une chasse gardée institutionnelle. Il a su profiter des progrès qui ont permis d'augmenter le nombre des canaux et la couverture, et ainsi d'engendrer une percée commerciale qui a fait baisser le prix des récepteurs d'un facteur dix.

Les opérateurs ont alors découvert que les réseaux spatiaux de diffusion directe engendreraient de gros profits, et ils se sont substitués aux Agences pour acheter et exploiter des satellites, au point que des entrepreneurs privés lancent aujourd'hui environ une quinzaine de satellites géostationnaires par an, servant deux bons milliards de clients, peut-être plus, sans aucune intervention étatique.

La localisation-navigation spatiale (GNSS, *Global Navigation Satellite System*) a suivi cette évolution. Au début, le système américain GPS, d'origine militaire et réservé aux militaires, exigeait une antenne de deux mètres de diamètre. La technologie a progressé, et pendant la première guerre du Golfe, les aviateurs américains ont inventé et utilisé des récepteurs de petites dimensions qu'ils ont attachés à leur genou. Le système est devenu accessible au grand public en 1999. Un effet de seuil est apparu dès le début des années 2000, quand l'offre de récepteurs à 200 dollars a rencontré le confort des automobilistes pour créer une niche. En 2005, le *Guide du Numérique* s'est intéressé pour la première fois aux boîtiers GPS autonomes pour voiture : il s'en est vendu cette année-là en France 250 000 exemplaires. En 2006, s'est produite une explosion que personne n'avait prévue, et les ventes ont atteint 1 200 000 exemplaires, cinq fois plus que l'année précédente. On estime qu'en 2017 un milliard de personnes utilisaient GPS.

Deux avancées techniques ont permis cette progression : l'inclusion d'un récepteur GPS sur les smartphones, ce qui permet à l'utilisateur de se localiser et d'être localisé, et la mise à disposition du public de cartes géographiques à haute résolution, qui fournissent, couplée au récepteur GPS, une visualisation de l'environnement et un suivi du déplacement.

Le secteur spatial de la localisation type GPS est resté un apanage étatique parce qu'il est onéreux et complexe : le système GPS comprend 25 satellites sur une orbite de 20 000 km d'altitude. S'y ajoutent des systèmes identiques fournissant les mêmes services : le russe Glonass (réservé aux militaires), le chinois Beidu (ne couvrant que la Chine) et l'européen Galileo dont le déploiement devrait être complet en 2019.

La communauté géodésique internationale a montré qu'un usage spécifique des signaux du GNSS permet d'atteindre une précision centimétrique, voir millimétrique. Le grand public, lui, se contente du mètre.

Mais ce qui nous intéresse ici, c'est que la médiation entre le produit d'origine satellitale et son utilisation par le grand public est venue du public lui-même, c'est-à-dire de quelques étudiants, les Néerlandais Peter-Franz Pauwels, Pieter Geeleen, Harold Goddijn et la Française Corinne Vigreux. À partir d'une petite entreprise de logiciels fondée en 1991 et dont le nom est devenu TomTom, ils ont lancé en 2002 le TomTom Navigator puis en 2004 le TomTom GO, premiers assistants de navigation portatifs qui fonctionnaient comme une carte routière interactive. Au signal de localisation GPS, l'appareil ajoutait des données photographiques obtenues soit par satellite, soit, et surtout, par une flottille d'automobiles qui parcouraient les rues et les routes et établissaient une banque de données. L'appareil présentait la route à suivre sur un écran tactile couleurs, avec une interface logicielle d'emploi aisé, conçue pour une plateforme Linux. Dès 2007, deux cent mille clients utilisaient ces produits de navigation dans seize pays en Europe et en Amérique.

TomTom, on s'en doute, n'a pas boudé le smartphone, avec en 2009 une application pour l'iOS d'Apple et en 2012 une autre pour Android. De 2004 à 2015 les PND (*Portable Navigation Devices*) de TomTom ont été vendus à 78 millions d'exemplaires. TomTom a su diversifier ses produits utilisés, en 2017, par huit cent millions de personnes. En 2016, l'entreprise employait plus de 4 700 personnes. Son avenir est menacé par les produits gratuits.

L'ascension du GPS s'inscrit parmi les records : il a fallu sept ans à la photographie numérique, six ans au baladeur MP3 pour atteindre des ventes annuelles d'un million d'exemplaires, il n'en a fallu que trois au GPS. Le coût du récepteur a baissé de 24 % entre 2005 et 2006, et quatre fois plus de modèles sont offerts d'une année sur l'autre, introduisant des innovations incessantes comme la liste des radars, des points d'intérêt touristique, des restaurants, l'infotrafic par union avec la bande FM et le téléphone portable. On en vient maintenant à la gestion des assurances automobiles à partir du relevé des parcours *via* GPS ! La logique du produit est désormais définie par le torrent de la communication sociétale.

La gestion de l'imagerie spatiale jusqu'en 2005

Un nouveau domaine des applications spatiales, qui semblait réservé lui aussi au monde étroit des spécialistes, est devenu en 2006 un marché de masse, celui de l'imagerie. L'introduction révolutionnaire des CCD[1] dans la technologie de l'imagerie spatiale à bord du *KH-11* américain lancé le 19 décembre 1976 a permis de recevoir des images au sol en temps réel sans avoir à récupérer des photographies argentiques prises en orbite en les faisant rentrer dans l'atmosphère, comme on le faisait depuis 1963. S'en sont suivis non seulement les accords de contrôle d'armements SALT-2 en 1979, mais aussi la reconnaissance de l'importance stratégique de la télédétection spatiale, gérée par des « organes » de renseignement comme la CIA.

En 1978, le gouvernement français proposa aux Nations unies la création d'une Agence internationale de contrôle des armements utilisant des observations spatiales. Les deux grands, l'Union soviétique et les États-Unis, seuls capables alors d'obtenir des images satellitales, firent enterrer l'idée. De telles images étaient réservées au renseignement ou à la recherche scientifique, sous un contrôle gouvernemental total. Les satellites civils américains *Landsat,* conçus pour la recherche scientifique, avaient alors une résolution de 30 mètres.

---

1. Composants appelés *charged coupled devices*, mis au point aux États-Unis au début des années 1970. Ils forment une matrice de petites cellules photoélectriques (plusieurs milliers). Ils sont aujourd'hui employés comme détecteurs dans les appareils photonumériques dont l'emploi a remplacé la photographie argentique classique.

La France créa une percée avec son programme civil *Spot*, complété par la création de la société Spot Image en 1982 chargée de la commercialisation des images, puis par le lancement régulier de satellites, de *Spot 1* lancé en 1986 à *Spot 5* en 2002, d'abord à 10 mètres puis à 2,5 mètres de résolution. Cette politique a introduit la gestion simultanée d'une composante institutionnelle et d'une composante commerciale. La composante institutionnelle a été renforcée par les satellites imageurs militaires, *Hélios 1* (lancés en 1995 et 99) et *Hélios 2* (lancé en 2004), par *Pleiades 1A* en 2011 et *Pleiades 1B* en 2012, puis par des satellites financés non plus par le contribuable à travers le CNES, mais par l'industriel Airbus DS, Spot-6 en 2012 et Spot-7 en 2014. D'autres États ont acquis une capacité d'imagerie spatiale : Inde, Chine, Israël, Corée du Sud, Japon, Algérie, Turquie, Royaume-Uni, Nigeria. Tout le monde s'y met.

En 2008, Astrium, depuis Airbus Defence and Space, a racheté les parts (41 %) de Spot Image appartenant au CNES et en est devenu majoritaire avec 81 % des parts (les autres se répartissent ainsi : 7,7 % à Telespazio, 6,7 % à Swedish Space Corporation, 2,7 % à l'IGN).

Dans le domaine militaire, la première guerre du Golfe, en 1991, a étendu l'emploi de l'imagerie satellitale du renseignement stratégique aux opérations. La télédétection spatiale, bientôt mariée dans un vaste réseau de communication avec l'imagerie provenant des drones ou des webcams, a été incorporée comme un ingrédient de base dans la doctrine américaine *Information Warfare*. Simultanément, les applications civiles à toutes sortes d'études environnementales ont émergé et n'ont cessé de croître.

En 2004, en dehors du domaine militaire, l'avenir de l'imagerie spatiale n'apparaissait pas clairement. Certains États, et non des moindres, qui l'avaient inscrite à leur programme, se demandaient pourquoi ils continueraient à payer le développement et la gestion de systèmes coûteux dont les utilisateurs, s'ils aimaient les produits, refusaient d'en payer le prix. Dans la ligne libérale de l'ancien Premier ministre britannique Margaret Thatcher, beaucoup de responsables estimaient que, si le marché existe, le client doit payer le coût réel ; s'il n'existe pas, les programmes doivent être interrompus. Mais si l'on parlait beaucoup de partenariat public/privé, il ne restait pourtant alors de réellement disponible que le financement public, les décisionnaires économiques étant persuadés qu'il n'existait pas de ressources commerciales permettant de payer l'infrastructure des imageurs orbitaux.

Aux États-Unis, la politique a varié. Après avoir soutenu des initiatives privées telles qu'Ikonos et *Digiglobe* en achetant des images produites par des opérateurs indépendants, le Gouvernement fédéral investit dans l'industrie afin de maintenir l'accès aux données : la deuxième génération des imageurs spatiaux « privés » a été financée par deux contrats de cinq cents millions de dollars signés avec les opérateurs Digital Globe et GeoEye. Ces derniers produisent aujourd'hui 70 % des images satellitales dans le monde.

Révolution : l'arrivée de Google Earth

Et ce qui devait arriver arriva : un fournisseur de services de communication, travaillant sur et par Internet, a rendu public l'emploi des images satellitales resté jusque-là aux mains des professionnels : en d'autres termes il a créé un besoin sociétal d'images, satellitales ou non.

Avec plus de 300 000 serveurs et 20 centres de données, le moteur Google réalisait alors près de la moitié des recherches sur Internet aux États-Unis, passant de 37 % en août 2005 à 47 % à la fin de 2006. Son bénéfice avait crû pendant la même période de 381,2 millions de dollars à 733,4. Son chiffre d'affaires avait atteint 2,7 milliards pour le seul troisième trimestre de 2006. Google répondait à un milliard de demandes par jour, interrogeant huit milliards de pages, avec un temps de réponse d'un cinquième de seconde.

Le succès de Google est dû à son offre double de moteur de recherches et de publicité, qui engendre de tels gains que la société peut investir dans une innovation déchaînée. Quand ses fondateurs Lawrence Page et Sergei Brin conçurent l'entreprise en 1997, d'autres moteurs comme AltaVista, Lycos ou Excite dominaient le marché, mais ils n'ont pas su rester dans la course. Google,

Yahoo ! et Microsoft occupent des milliers d'ingénieurs à parfaire leurs logiciels et ont dépensé des milliards de dollars à construire des réseaux pour répondre aux questions de la cybersphère.

Une société située dans Silicon Valley, Keyhole, spécialisée dans la cartographie interactive, avait développé en 2001 un logiciel pour transformer des images satellitales en cartes, adjoint à un service de télé-accès aux données. En octobre 2004, Google acheta Keyhole, coupla sa technologie avec sa propre infrastructure (services, recueil de données, taux de transmission et bande passante) et la puissance de ses serveurs, afin d'offrir au public des images à bas coût, associées à des voyages virtuels 3D.

En 2005 se succèdent la création de Google Maps (en février), service de cartographie en ligne, puis l'incorporation des images aériennes aux images satellitales (en avril), enfin le portail Google Earth (en juillet) qui offrait à tous les internautes des cartes interactives ou des calculs d'itinéraires, appelés Virtual Earth. Lancé sans publicité, Google Earth a connu un succès prouvé par des pics de douze millions d'appels par heure. Ses logiciels n'ont pas révélé de faiblesse. Après l'ouragan Katrina d'août 2005, Google Earth, s'excusant pour un délai d'accès de deux secondes, a rafraîchi des images de la zone dévastée, que des millions de clients ont consultées, certains plusieurs fois par jour.

Google Earth a rapidement été reconnu comme un excellent outil de visualisation par la communauté scientifique. Dans le secteur des sciences environnementales en particulier, le globe virtuel proposé permet de visualiser, sur un support unique et en trois dimensions, la topographie d'une zone, la répartition des nuages, la direction des vents, la couverture glaciaire ou encore la migration d'espèces animales. Google Earth n'est certes pas conçu pour remplacer les logiciels spécialisés de type SIG (systèmes d'information géographique) qui permettent de produire de l'analyse spatiale, de la cartographie etc., ou encore le globe virtuel World Wind mis au point par la Nasa. Néanmoins, s'inspirant de son succès, de nombreux acteurs ont décidé de moderniser leurs outils en ce qui concerne la visualisation : de nouvelles versions, plus faciles d'utilisation et avec des performances accrues, sont devenues disponibles en quelques mois.

La technique de diffusion massive par Internet conduit à une diminution du coût, provoquant, en dépit de gains unitaires très faibles, l'ouverture de nouveaux modèles économiques. L'ambition du portail Google Earth n'est pas de multiplier l'offre cartographique, qui n'est qu'une incitation, une méthode pour attirer le client et engendrer des revenus, mais de se poser comme un intermédiaire fournissant des services et des informations à des millions d'utilisateurs potentiels.

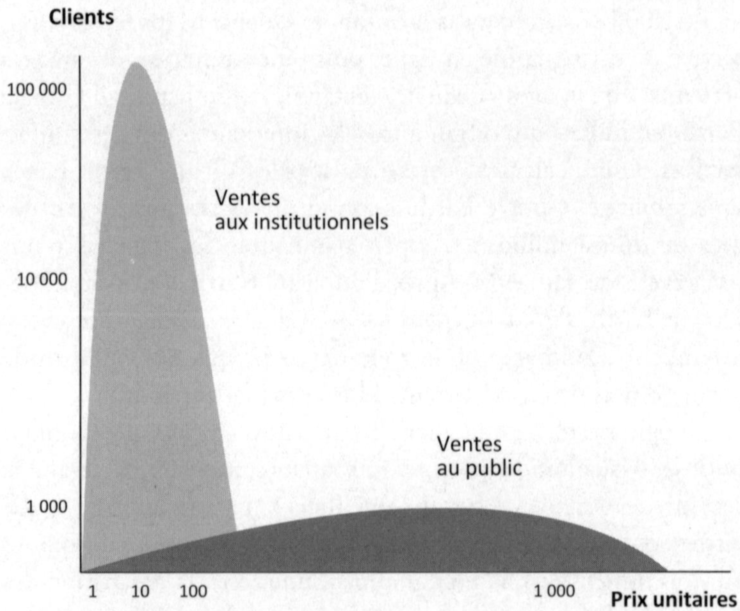

Figure 20 – Le nombre de clients en fonction de la valeur marchande unitaire d'une consultation montre la structure bimodale du marché avec le nouveau mode « pseudo-gratuit » créé par Google Earth. Il se dit que 400 millions d'appels avaient déjà été reçus par Google Earth dès l'été 2006. On peut comparer le marché de cent millions d'appels du public, amenant des revenus indirects (facturés aux annonceurs, pas aux utilisateurs !), estimés entre 0 ou 1 dollar l'appel, avec les quelques milliers d'achats d'images à 1 000 dollars par les clients professionnels traditionnels.

Que peut faire l'internaute avec Google Earth ? Bien sûr, il peut y localiser son village, comme sa maison, mais le logiciel regorge de fonctionnalités. Par exemple, on peut rechercher un type d'établissement (hôtel, restaurant, piscine, monuments, centre administratif...) dans une ville donnée et l'itinéraire pour s'y rendre, dans la plupart des pays du monde, avec plus ou moins de précision. Ces services ont dominé rapidement la simple notion d'accès aux images, réduisant celui-ci à devenir le moteur, pratiquement gratuit, d'une offre associée.

On a vu fleurir des *start-up* fournissant des services à partir de Google Earth. Des centaines de nouveaux sites composés à partir de plusieurs applications dites *mash-up* existent déjà, comme la carte des stations-service, des bons restaurants, des appartements à vendre ou des Hotspots wi-fi d'une région, et même des zones propices à l'apparition d'ovnis. Par exemple Biblemap.org indexe toutes les références géographiques de l'Ancien et du Nouveau Testament. Mapbuilder.net permet de centrer, zoomer, agrandir, modifier, commenter, légender les cartes Google et partager le résultat avec ses autres utilisateurs, avant de l'afficher sur un blog ou un site.

Le tout se prête à une interactivité non négligeable. Aux nombreux contenus proposés, le client peut ajouter ses propres informations sous forme de punaises ou créer images et cartes personnalisées qui seront, s'il le veut, mises à la disposition d'autres utilisateurs, *via* les nombreux blogs ou forums consacrés au logiciel. Des outils de dessin sont intégrés et permettent de tracer des trajets depuis les données Google Earth. Google SketchUp fournit les outils pour créer des bâtiments 3D. Ainsi l'emploi de l'image s'apparente-t-il aux jeux vidéo pour entrer dans l'intimité de l'individu. On est bien loin de la description des silos renfermant des missiles balistiques pour lesquels les programmes spatiaux ont été conçus. Mais si tout cela est gratuit, Google Earth y trouve largement son compte : Google aujourd'hui profite surtout du modèle « pages jaunes » qui en fait la première régie publicitaire des États-Unis.

Dès 2005, le *cash-flow* de Google Earth a excédé le *cash-flow* total des producteurs d'images satellitales depuis leur naissance.

Sa pratique doit être comparée avec celle de Spot Image, qui possédait 20 millions de scènes multispectrales de 60 × 60 km^2 à 10 mètres de résolution au début, 2,5 à la fin, et qui a dormi sur son trésor sans faire évoluer son modèle commercial.

Éperonné par l'irruption de Google Earth sur le marché de l'imagerie, l'Institut géographique national, fort des données Spot et de ses archives photographiques constituées grâce à sa flotte d'avions, a riposté par l'ouverture, le 23 juin 2006, du portail Géoportail afin de mettre à la disposition du public les données géographiques de référence de l'ensemble du territoire français. Il était mis en œuvre par l'IGN et le BRGM. Le Géoportail couvre le territoire français avec des données de même qualité et de même résolution partout, alors que Google Maps couvre le monde entier avec des résolutions variant avec l'intérêt du lieu. L'ouverture de Géoportail a été désastreuse, car la capacité des serveurs a été submergée par le nombre imprévu de visiteurs : dès la mise en ligne du site les demandes de connexion ont dépassé de cinq fois les estimations, avec des pics de 600 par seconde. Le temps de réponse était très long, l'accès limité, et le site souvent injoignable même en pleine nuit. Il a fallu multiplier les serveurs et les accès pour offrir un service à peu près acceptable à la fin de juillet 2006, en résolution maximale (50 cm par pixel).

L'anecdote illustre le retard pris par le Vieux Continent dans la compréhension de la mutation vers les données numériques : la France, *via* le CNES, a été la première avec Spot-1 en 1986 et Spot Image à commercialiser des images spatiales, alors classifiées par les militaires aux États-Unis et en Union soviétique. Mais elle a laissé cette activité vivoter, sans bénéfices et sans impact pour le public, et il a fallu que d'intrépides jeunes Américains, diplômés de l'université Stanford et non de l'École polytechnique, arrivent en vainqueurs sous l'impulsion de Google et ramassent les bénéfices pour qu'elle s'émeuve.

Murielle Lafaye, ingénieur au Centre spatial de Toulouse, m'écrit les remarques suivantes : « *Dès 2006, rassemblant des vues issues de photos aériennes et d'images satellitales de haute et très haute résolution, Google Earth a répandu des images aupa-*

ravant réservées au domaine du renseignement stratégique, les rendant accessibles gratuitement grâce aux nouveaux modèles économiques propres à la société de l'information. Ces modèles dits "à 360°", où tout peut se vendre à chaque étape de la fabrication de la valeur ajoutée, ont été appliqués avec succès à l'imagerie spatiale devenue un élément parmi un bouquet d'informations issues de sources variées. Dans le même temps, le développement des applications basées sur la connaissance précise et quasi-permanente de la localisation a accéléré cette révolution et a joué un rôle majeur dans l'autoformation des utilisateurs à la lecture et à la compréhension des images.

De fait, Google Earth nous a ouvert à une culture de "la Terre vue d'en haut", instantanée, qui s'est vulgarisée dans nos actes les plus quotidiens, modifiant notre perception du réel, notre vision d'un monde global et influençant notre perception des distances. Il a été un vecteur d'innovation et de nouveaux usages, facilitant le développement du crowdsourcing *et accélérant les capacités de mobilisation et de contributions citoyennes lors des catastrophes.*

Cet accès facilité à l'imagerie spatiale a également accéléré une évolution de la relation aux savoirs et aux experts. La capacité à se forger sa propre expérience d'utilisateur, couplée à la construction de savoirs collectifs, relativise le savoir exclusif des élites et des experts. Elle permet aux citoyens d'entrer dans le débat collectif et d'influer largement sur les décisions.

Google Earth a aussi fait évoluer notre relation à la possession en la diminuant au profit de la notion d'expérience utilisateur.

Si ces changements ont déstabilisé les acteurs traditionnels, le changement le plus important a concerné le modèle économique global puisque désormais "le gratuit rapporte gros". Ces nouvelles applications gratuites ont redéfini les exigences des utilisateurs en plaçant les attentes de performances du grand public à un niveau parfois plus élevé que celles des clients professionnels traditionnels, renforçant l'idée que le gratuit n'est pas synonyme de bas de gamme *et rendant inaudible l'argumentation de certains modèles traditionnels payants.* »

Conséquences

L'apparition d'un marché de masse transforme la gestion des applications de la technologie spatiale en introduisant des « grossistes en distribution » entre les produits spatiaux et les clients (exemple : opérateurs de télécommunication, portails de masse, vente en ligne) ; des modifications dans les équilibres entre fournisseurs de produits (agences spatiales et leurs dépendances) et les opérateurs de services, dont l'influence relative augmente tant avec leur capture de marchés nouveaux qu'avec la fréquentation de consommateurs potentiels inaccessibles par d'autres moyens.

L'irruption en aval d'un marché de masse, représentant une source de besoins sans précédents, impose la mise en place et l'utilisation de services fournis par des portails du type Google Earth ou Géoportail, et l'arrivée d'opérateurs fournissant ces services introduit de nouveaux acteurs spécialisés dans les études de marché, les simulations et les offres innovatrices.

La dissémination des données a remplacé leur production comme facteur principal de l'évolution de l'activité imagerie. Tous les acteurs (agences spatiales, institutions cartographiques, organisations commerciales, portails, sociétés de services) se sont repositionnés dans une situation mondiale où les données sont devenues accessibles gratuitement. L'arrivée de Google Earth, semblable à celle des journaux gratuits dans le domaine de la presse écrite, a créé cette rupture, à la surprise des spécialistes, qui avant 2005, espéraient gérer l'évolution en douceur sur une durée de dix à vingt ans.

Comme pour les satellites de télécommunication, les profits engendrés ont conduit l'industrie privée à s'emparer de l'imagerie satellitale d'une extrémité à l'autre de la chaîne et à remplacer le financement public hésitant. Des boucles courtes ont fait leur apparition. La Nasa a signé avec Google Earth des accords de coopération. Les agences spatiales (civiles et même militaires !) se trouvent devant un choix de fond : devenir les fournisseurs passifs de données à Google Earth, ou abandonner l'activité d'imagerie satellitale tout entière à des opérateurs privés, en suivant l'évolution passée des télécommunications spatiales. Des entrepreneurs financeraient alors le segment spatial et, à travers des portails comme Google Earth, deviendraient la source unique d'acquisition et de rafraîchissement d'informations géocodées. Cette évolution a été celle de l'Europe, où Airbus a financé ses propres satellites imageurs *Spot 6* et *7* pour vendre ses images par l'intermédiaire de Spot Image.

Nous voyons ainsi se transformer profondément l'insertion des technologies de pointe, y compris l'espace, dans l'activité quotidienne. La personne privée, disons l'amateur, émerge comme un acteur sur la scène mondiale, défiant grâce à Internet la prétention des hommes politiques et des experts en matière de stratégie.

Dans les années 2000, cette tendance est soudain devenue dominante. Ainsi du succès grandissant du médium participatif Web 2.0, grâce auquel tout citoyen devient actif et visible dans le monde entier. Les internautes peuvent fournir en 110 langues des données à l'encyclopédie en ligne Wikipédia, ou partager des images sur Flickr et des vidéos sur YouTube. En Corée du Sud, 41 000 reporters amateurs nourrissent le site d'information ohmynews.com qui compte deux millions de visiteurs par jour. Certains sites sont fréquentés par des dizaines de millions d'internautes.

La tendance ne fera que s'amplifier parce que les clients d'aujourd'hui sont les adultes de 2030 et les retraités de 2060, d'autant plus que, loi de Moore aidant, nos appareils électroniques tels que portables ou tablettes, demain des lunettes, verront leur vitesse, leurs performances et leurs connexions augmenter, aidant les communautés virtuelles à prendre de l'ampleur. Citons comme exemple inattendu les téléconférences organisées par plusieurs sociétés privées comme Amigo Latino entre des villes des États-Unis à forte population d'immigrés hispanophones, New York, Los Angeles, Miami, Chicago…, avec des cafés Internet dans huit pays d'Amérique latine et d'Espagne. Les immigrés qui n'ont pas d'ordinateur à domicile sont extrêmement friands de vidéorencontres familiales. Ainsi se répand jusque dans les masses défavorisées une culture, donc un besoin, de l'image. La tendance a été amplifiée par l'iPhone qui met l'image à portée de tous et qui rend ce besoin universel.

Monopole et compétition

De même que Microsoft a asphyxié Apple dans le domaine du traitement de texte, Google Earth pourrait asphyxier les autres portails fournisseurs d'images. Aujourd'hui il existe encore au moins, outre Google Earth, Géoportail, Nasa World Wind, Bhuvan (lié à l'Indian Space Research Organisation), Wikimapia… Qui les connaît ? En l'absence de systèmes de régulation, le plus fort élimine les petits ; Google Earth, possesseur d'une infrastructure écrasante et disposant d'un capital surabondant, travaille dur à l'enrichissement de ses services et, se souvenant de l'expérience Microsoft, a adopté une logique coopérative du style Linux qui devrait lui permettre d'imposer ses règles et ses standards. Arrogant pour imposer sa présence mais coopératif pour le développement des outils, Google Earth a établi son empire sur le marché mondial des images. Les États-Unis n'ont jamais caché leur résolution d'assurer, aidé de l'industrie américaine, le leadership dans le domaine des données de télédétection spatiale. Longtemps, ils ont considéré Spot comme un ennemi, avant que ce ne fût le tour de Galileo. Personne cependant n'avait imaginé que ce leadership se manifesterait au niveau du système de la dissémination des données. On voit bien que leur effort de suprématie porte avant tout sur la maîtrise de l'information, où ils sont passés maîtres.

L'évolution de l'imagerie spatiale est donc parallèle à celle de la localisation-navigation. Dans le royaume de la consommation de masse, la compétition garantit à la fois le développement d'une vaste panoplie de produits variés et une qualité de ces produits supérieure à celle qu'offre le petit commerce traditionnel. L'Union européenne a compris la nécessité de relever le défi de GPS en en construisant la réplique indépendante Galileo. Cependant les excellentes raisons avancées pour financer Galileo n'ont pas suffi à lui donner l'élan indispensable, et la lenteur de son progrès a démontré la difficulté qu'éprouve le secteur public européen à saisir les enjeux stratégiques et l'impact sociétal de la technologie moderne. Discuté depuis 2000, il n'est pas encore opérationnel en 2018 !

Quelques Européens entrevoient dans l'hégémonie prévisible du portail généraliste américain une situation potentielle de dépendance et un risque de monoculture. L'Union européenne a pris l'initiative du programme GMES (*Global Monitoring for Environment and Security*), appelé aujourd'hui Copernicus, pour fournir dans le futur des services de géo-information aux clients institutionnels européens à partir de données recueillies par des satellites de télédétection. Sa composante spatiale est confiée à l'Agence spatiale européenne. Constituée de plusieurs satellites de télédétection, elle était en cours de déploiement en 2017. Conçu avant l'apparition de Google Earth, Copernicus s'adresse principalement aux institutions telles que les administrations de protection civile, dans une perspective de dissémination très classique à partir de distributeurs commerciaux comme Spot Image. Cependant, à partir de 2017, l'Esa fait développer par VisioTerra le *Sentinel Vision Portal* qui présente une fusion des données d'images radar (Sentinel 1), dans le domaine visible (Sentinel 2), et des couleurs de l'océan, infrarouge thermique et altimétrie (Sentinel 3). Au public de le découvrir.

La compétitivité assurerait le progrès technique, la dissémination de données garanties de haute qualité, la redondance, la complémentarité et la protection contre la rétention unilatérale ou la dégradation des données. Mais en réalité qui peut entrer en compétition avec Google ? Il y a Google Earth, et puis voilà.

Impact sur les futurs systèmes spatiaux imageurs

Insistons : dans l'ère Internet, le moteur principal dans l'exploitation de l'imagerie spatiale ne résidera plus dans les capteurs orbitaux ou leurs performances, mais dans la gestion du flux d'information qu'ils produisent, conformément à la pratique des conglomérats modernes qui définissent leur stratégie à partir de leur gestion de l'information.

L'impulsion donnée par les innovations de Google Earth n'a pas seulement modifié la gestion des images décrivant les infrastructures, elle va dériver vers le temps réel et les évolutions rapides. La demande qu'exprime M. Tout-le-Monde, de voir à tout instant ce qui se passe sur Terre (un luxe aujourd'hui comme l'était le téléphone il y a trente ans, mais qui, comme le téléphone, sera perçu comme un droit d'ici trente ans) crée un besoin universel d'images satellitales à haute résolution et de rafraîchissement continu, à l'échelle globale. Un Anglais amateur de sports d'hiver veut connaître l'état des pistes dans le Tyrol quelques heures avant de monter dans l'avion, et consulte les pages jaunes du portail le plus convivial. Cet exemple que l'on peut étendre à une infinité d'autres domaines montre que les Agences spatiales, civiles ou militaires, ne se trouveront pas à l'origine de ce nouveau marché, mais seront remplacées par les fournisseurs de services, qui engendreront de nouveaux besoins. Non, Google Earth n'est pas une mode. La demande d'imagerie sera assez robuste pour justifier un système d'observation couvrant le globe entier à des intervalles de temps rapprochés. L'exigence du client pourra être classée sous les trois rubriques : communiquer avec tous, tout le temps (téléphones portables et Internet) ; savoir où l'on est et où l'on va (GPS et information géographique) ; voir tout et tout le temps (Google Earth).

Tout signifie couverture globale et immédiate, puisque l'échelle de temps d'un client de Google est l'heure ou le jour, certainement moins que la semaine. Le consommateur réclamera un zoom infini à bas prix, dans l'espace et le temps. D'où la définition du marché : couverture globale complète, résolution spatiale inférieure au mètre, résolution temporelle meilleure qu'un jour.

L'enthousiasme pour Google Earth semble montrer que ses offres engendrent un marché principalement intéressé par l'information sur les zones urbaines denses, où les capteurs spatiaux devront être complétés par des capteurs aériens ou des réseaux de webcams. Ce marché conduit au déploiement d'un système spatial qui peut se décliner sous deux formes.

Soit une constellation virtuelle de satellites imageurs : les opérateurs de satellites de télédétection, tout en restant indépendants et menant des programmes non coordonnés, s'entendent sur les spécifications, les standards, les intercalibrations et un processus de reconnaissance-acceptation, afin de rendre compatibles leurs satellites, du moins en ce qui concerne leurs produits, offerts sans que l'utilisateur se soucie de leur origine.

Soit une constellation réelle d'imageurs, produits en masse à des prix assez faibles pour que l'injection de capitaux étatiques ne soit plus nécessaire.

La logique d'ingénieur est en train d'être remplacée par une logique financière, imposant des infrastructures et des procédures simplifiées : système cellulaire de télécommunications à l'échelle globale, mêlant des infrastructures terrestres et spatiales intégrées dans un service transparent capable d'envoyer à tout endroit sur Terre un flux de plusieurs dizaines de Mbit/s ; au sol, grilles de calcul permettant le traitement et la distribution de l'information par de nombreux centres dispersés sur la planète.

Un tel système spatial offrira-t-il une solution aux besoins du marché de défense et de sécurité ? Devant la situation actuelle, bouleversée par les innovations introduites par Google et par GPS, la communauté des utilisateurs de moyens spatiaux dans les domaines du renseignement, du contrôle d'armement et de la défense devra réanalyser ses projections du futur. Si l'on admet que le concept de défense doit être englobé dans celui plus large de sécurité incluant les menaces environnementales, les risques naturels et la gestion des risques, l'imagerie spatiale devrait être considérée comme une ressource banale parmi d'autres, fournie par un portail commercial. Beaucoup de besoins militaires pourront être satisfaits par une offre du « marché » provenant d'opérateurs du style Google Earth, par exemple le renseignement « global » et la géographie « générale ».

À côté de produits qui sauraient, bien que d'origine « civile », fournir une valeur « militaire », existent cependant des besoins spécifiquement militaires et sécuritaires : la réactivité et la sélectivité, le référencement précis dans le temps et l'espace à moins de vingt-quatre heures, de même que la garantie d'intégrité ne seront sans doute jamais fournies par un portail commercial optimisé pour le grand public. Une spécificité des besoins militaires réside dans la très haute résolution (décimétrique) que

Google Earth ne pourra pas facilement obtenir et offrir. Une autre provient de la préférence fréquente des militaires pour des cibles situées dans des zones à faible densité ou exotiques, quand les données disponibles sur Google Earth sont centrées sur les villes. L'exigence principale des utilisateurs militaires est l'identification de la source d'information et sa validation, ce dont le client habituel de Google Earth ne se soucie pas. On peut donc prédire que des arguments très sérieux seront présentés par les autorités militaires pour maintenir l'existence d'un secteur réservé.

Même si ces arguments risquent de perdre de leur force avec l'amélioration des produits fournis par les portails commerciaux que nous considérons comme certaine et rapide, ils conduisent à imaginer un noyau dur défini par des spécifications militaires, comme c'est le cas pour les satellites de télécommunication. Rappelons que pendant la seconde guerre du Golfe en 2003, 80 % des transmissions des forces américaines ont emprunté des satellites de télécommunication civils. On peut se demander s'il ne serait pas suffisant de développer une méthode sécurisée d'utilisation des portails, comme il existe des moyens sécurisés d'utiliser Internet. Beaucoup de satellites pourraient servir à la fois les civils et les militaires, mais la chaîne d'acquisition de l'information serait différente. En Europe, le Centre spatial de Torrejon pourrait représenter la base du centre de renseignement européen nécessaire à la mise sur pied et à la poursuite d'une politique étrangère et de renseignement commune, et, dans ce cadre, permettre de développer une stratégie pour la mise en place de portails nécessaires à la sécurité et à la défense. C'est sur ce point, bien plus que sur les infrastructures de systèmes spatiaux, que devrait s'exercer la créativité technique et politique dont l'Europe de la Défense a besoin.

La foule s'apprête à remplacer les Agences

Les satellites imageurs, qui ont fait la fierté des Agences civiles et militaires, deviennent une production de la foule. L'arrivée de leurs constellations est rendue possible par la miniaturisation des composants, et présente les énormes avantages d'un temps de revisite très court et d'une couverture totale du globe en temps réel. Une foule de *start-up* accompagnées de puissants industriels établis mettent en place plusieurs de ces constellations aux performances et aux caractéristiques variées.

Souvent à résolution métrique, elles pourraient être opérationnelles à l'horizon 2020. Tout y serait nouveau : les dimensions des satellites réduites à quelques centimètres dans la lignée des Cubesats, les instruments qu'ils porteraient, une optique rajeunie par l'emploi de télescopes articulés et par celui de senseurs complémentaires dans les domaines infrarouge ou infrarouge thermique, l'accès à l'orbite par grappe ou au moyen de petits lanceurs éventuellement privés, l'emploi d'intelligence artificielle dans les systèmes, mais surtout le traitement des données et des images par *Big Data,* bref *une ubérisation de l'espace* (voir chapitre 2).

Le premier exemple de constellations dans ce nouveau mode est prévu par un grand industriel, sans intervention aucune de la puissance publique : pour concurrencer l'offre de l'américain Digital Globe, avec ses satellites Worldview III et IV (résolution 31 cm), Airbus DS prévoit de compléter sa flotte d'imageurs, qui en compte déjà dix (SPOT, Pléiades…) par les quatre Pleiades Neo, premiers satellites commerciaux à utiliser le système de relais optique Space Data Highway, à lancer en 2020. Le système fournira avec ses quatre satellites au moins deux visites quotidiennes de tout site contre une seule pour les deux Pleiades Neo actuels. D'une masse de 750 kg chacun, les Pleiades Neo seront lancés par paires en 2020 et 2022 par des Vega-C au CSG. Chaque satellite, très agile, fournira des images d'une résolution de 30 centimètres couvrant un demi-million de kilomètres carrés par jour. Grâce aux communications laser à très haut débit (1,8 Gbts) et au positionnement des relais en orbite géostationnaire, 40 téraoctets par jour seront transmis en temps quasi réel. Des images alimenteront la plateforme en ligne One Atlas, offrant aux clients un accès immédiat aux données et aux analyses, avec corrélation avec les images optiques et radar des archives d'Airbus, pour des applications aussi bien commerciales que gouvernementales et sécurisées. Le marché ne se limite plus à l'imagerie, mais s'étend vers la génération de produits analytiques, combinaison de données issues de différents types de capteurs et de plateformes.

Développé dans le cadre d'un partenariat public-privé entre l'ESA et Airbus DS, le système Space Data Highway, ou système de transmission de données européennes (EDRS, *European Data Relay Satellite System*), est également utilisé par les satellites Sentinel du programme Copernicus. Pour faciliter l'accès à l'information, le segment sol proposera des outils de *machine learning* et d'analyse automatique. Les Pleiades Neo seront entièrement financées, produites, opérées et exploitées par Airbus DS. Reste à voir s'ils résisteront commercialement dans la compétition avec les constellations multiples que la foule s'apprête à mettre en orbite.

Deuxième exemple, toujours sans intervention publique, mais développé cette fois par une *start-up* : directement du producteur au consommateur, la société de Seattle Space Flight Industries (SFI), née en 1999, lancera à partir de 2019 la flottille Black Sky, composée de 60 microsatellites, pesant de 50 à 75 kg en orbite basse héliosynchrone (400-700 km). Doués d'une résolution d'un mètre, ils assureront une revisite de chaque lieu sur Terre avec une périodicité inférieure à l'heure. Les images accessibles sur Internet seront adressées à des outils d'analyse et à des banques de données ainsi qu'aux réseaux sociaux. Les particuliers pourront en obtenir pour moins de 90 dollars. Thales Alenia Space apporte à SFI son savoir-faire dans les constellations acquis avec Iridium (81 satellites), Global Star (78) et O3b (20). Telespazio pilotera la commercialisation des images. Le temps réel permettra d'offrir un service à une chaîne de supermarchés qui souhaiterait connaître l'affluence dans ses magasins grâce à l'observation de taux de remplissage des parkings, ou d'offrir la surveillance des voies de chemin de fer à une société comme la SNCF. On verra au chapitre suivant l'accélération inouïe donnée aux constellations d'imageurs par la vogue du *New Space*.

Mais il n'y a pas que les satellites qui se privatisent. Le réseau au sol de réception des signaux le fait aussi. Les satellites de télédétection, avec leur imagerie à haute résolution, leurs radars à synthèse d'ouverture ou leurs spectromètres hyperspectraux engendrent des quantités de données si grandes que les stations-sol ne parviennent à en recueillir qu'une fraction.

Bridgesat, une *start-up* née en 2015, nourrie par l'incubateur de Boston Allied Minds spécialisé dans la commercialisation des produits de la R&D gouvernementale a commencé la construction d'un réseau de dix stations-sol de communication laser avec les petits satellites en orbite basse. Les liaisons traditionnelles en bande S fournissent une capacité de l'ordre de 50 à 100 Mb/s, alors que les lasers de Bridgesat offriront 10 Gb/s. Après avoir levé 6 millions de dollars en 2017, Bridgesat prévoit l'entrée en service de son réseau complet en 2019.

L'idée est à la mode. Pour exploiter une flottille de Cubesats imageurs, la petite entreprise Analytics Space de Boston construit un réseau laser sur un principe différent : les données sont transmises de satellite à satellite par liaisons radiofréquences jusqu'à l'un d'eux qui émet à son passage sur une station de réception laser. Un démonstrateur est attendu.

Cette évolution technique aboutira au résultat qu'une carte complète de la Terre avec une résolution décimétrique sera disponible chaque jour, obtenue seulement quelques heures plus tôt, créant d'énormes besoins en traitement et analyse. Le directeur de la National Geospatial Intelligence Agency (NGA), Robert Cardillo, qui dispose de quinze mille employés pour fournir au gouvernement américain les produits géographiques et géodésiques dont il a besoin, a déclaré en août 2017 que son Agence devrait embaucher huit millions d'analystes pour traiter le flux d'imagerie géospatiale dont elle disposera dans cinq ans, car ce flux aura été alors multiplié par un million…

Pour résoudre ce problème, la NGA songe à rendre publiques ses données accumulées dans le secret depuis des années afin de permettre à des sociétés commerciales de développer les outils devenus indispensables pour les traiter : elle échangerait ses données contre des outils dans une surprenante coopération avec la foule.

Comme 99,9 % du flux n'est pas classifié, ce sont en effet des *start-up* qui développent les algorithmes et les applications *Big Data* en train de devenir indispensables, mais elles ne veulent pas s'encombrer des contraintes liées au secret des organismes de renseignement. Ceux-ci devront donc s'adapter à un cadre ouvert, oublier la notion de secret et travailler avec des entreprises, des inventeurs, des universités, des étudiants sans habilitation – le secret livré à la foule ! Il leur faudra faire face à une foule disposant des plans détaillés des centrales nucléaires, entre autres !

La tendance s'accélérera, car les besoins vont croître et devenir colossaux avec l'arrivée de l'automobile autonome, prévue à grande échelle vers 2030, puisque le parc mondial de véhicules sera géré en temps réel par une combinaison de données spatiales, cartographie et localisation. Autonome ? Oui, par rapport à toi, son propriétaire ; pas par rapport aux constellations spatiales !

Et enfin, comme pour la géolocalisation GPS, la médiation avec le public, la transformation des données en un produit industriel pourrait passer entre les mains d'entreprises privées et de petits opérateurs.

En voici un modèle assez extraordinaire, OpenStreetMap (OSM), qui défie avec succès les acteurs dominants dans le domaine de la cartographie grâce à la communauté des contributeurs, et qui permet de proposer au public des fonds de cartes sans limitations de droits. Les fondateurs ne sont pas des informaticiens, mais des passionnés d'un sujet spécifique (les oiseaux, les restaurants, les lieux ouverts aux handicapés, etc.). On est là dans le *crowdsourcing* à l'état pur.

OpenStreetMap est un projet qui a pour but de constituer une base libre de données géographiques (permettant par exemple de créer des cartes sous licence libre), en utilisant le système GPS et d'autres données libres. Il a été créé en juillet 2004 par Steve Coast au University College de Londres. Par l'utilisation de moyens informatiques basés sur Internet qui permettent l'intervention et la collaboration de tout utilisateur volontaire, OSM offre une contribution à ce qu'on appelle la néogéographie, dont les outils composent le GeoWeb.

Ce mot désigne le mélange du Web 2.0 avec tout ce qui est lié à l'information géographique, notamment les SIG (systèmes d'information géographique) et la géomatique. Cette notion, définie comme « *une organisation par l'espace de l'information sur Internet à travers un géoréférencement direct ou indirect sur la surface terrestre* », a suivi la création des outils de cartographie en ligne, tels que Google Maps, OpenStreetMap, Bing Maps…

Steve Coast a constaté que l'agence cartographique publique de son pays, l'Ordnance Survey, conserve les droits de reproduction à son profit, alors qu'elle est financée par ses principaux utilisateurs, les contribuables britanniques. La situation est identique dans la quasi-totalité des États, exceptés les États-Unis. La mise en ligne de certaines données n'autorise pas une publication libre, puisque la reproduction, la réutilisation ou la modification sont presque toujours soumises à des restrictions importantes.

En présence de ces prétentions monopolistiques, l'activité déployée par OpenStreetMap s'inscrit dans le courant de la culture libre, qui préconise les logiciels les plus ouverts possibles. Nombre d'utilisateurs souscrivent à l'idée d'empêcher l'appropriation définitive par des organismes commerciaux de biens dont l'ensemble de la communauté a besoin.

Grâce à OpenStreetMap, tous les internautes naviguant sur le Web peuvent contribuer à la création et à la numérisation de cartes à la manière de Wikipédia. Des éditeurs permettent de les réaliser en ligne en se basant sur un fond d'images satellitales. Elles sont complétées par des données provenant de récepteurs GPS. Il suffit de définir un itinéraire et de positionner le récepteur GPS en mode enregistrement, puis de le restituer sur le serveur de données d'OpenStreetMap situé au Royaume-Uni et géré par la fondation du même nom.

Deux principaux types d'outils informatiques sont utilisables : les logiciels d'édition de rendu de cartes qui servent à élaborer les couches de la carte mondiale principale et de ses dérivés, et les éditeurs de carte qui servent à modifier les couches existantes. Ces logiciels sont tous sous licence libre et s'accommodent de plateformes multiples (GNU/Linux, Mac, Windows...). Ils sont développés sur un mode collaboratif. Les données numériques accessibles aux cartographes OSM pour la création de leurs cartes sont d'une part les traces GPS enregistrées par les utilisateurs et d'autre part des données images placées dans le domaine public aux États-Unis et en France. Les produits sont des cartes routières comprenant des éléments figurés de manière plate, et des cartes du relief avec courbes de niveaux. Au début de 2013, le millionième contributeur participant à la réalisation de la carte mondiale librement accessible et utilisable a été enregistré.

La dynamique de l'interaction entre les grands industriels et les petits nouveaux n'obéit pas à des lois simples, comme le montre le financement. Google soutient Mozilla, ce qui l'aide dans sa concurrence avec Microsoft et Oracle. IBM a participé à la naissance de Linux. Les Grands ne souhaitent pas développer eux-mêmes des concurrents de leurs produits phares, alors que les petites organisations libres et ouvertes peuvent se mobiliser sur des tentatives peut-être hasardeuses. Facebook n'a pas de *moonshots*[2] ; l'entreprise préfère acheter. Ainsi les Grands disposent-ils, à l'extérieur de leur propre organisation, d'un vivier d'innovation dans la nature des produits, les modes d'organisation, l'identification des besoins. Les initiatives libres et ouvertes jouent ainsi un rôle essentiel dans le recyclage des idées, des services et des technologies. Cependant Paul Richardet[3] s'interroge : « *On peut se demander s'il ne manque pas un nouvel échelon de médiation et de concertation pour canaliser et distribuer les droits et les devoirs, les flux financiers, les relations sociales et de travail... Entre le chaos volontaire et joyeux de la* libre culture *et*

2. Voir p. 152.

3. Sous la direction de P. Lemoine, *Rapport au gouvernement. La transformation numérique de l'économie française,* Creative Commons, Paris, 2014.

l'état d'exception absolue de la NSA, où se trouve la nouvelle règle du jeu ? Qui seront les acteurs de la médiation entre les individus libres et les méta-organisations ? »

La réflexion sur ce sujet nous a menés au concept de Fédération, qui nous entraînera peut-être à son tour vers d'autres horizons...

La révolution géospatiale

Peu de jours ne s'écoulent sans l'annonce d'une nouvelle capacité géospatiale, une constellation de plus, une application permettant une meilleure exploitation des données fournies par la télédétection ou la création d'entreprises nouvelles, entièrement dévolues à la compréhension de l'agriculture, de l'océan ou des infrastructures. L'émergence de ces capacités est nourrie par l'expansion des communications mobiles, l'approche « analytique » des données, le *Cloud computing* et le *machine learning* autant que par le développement de plateformes satellitales et la combinaison de capteurs qu'elles permettent : nous vivons une révolution géospatiale.

Comme nous le verrons aux chapitres suivants, à ces tendances techniques s'en ajoute une autre qui a les mêmes racines, l'arrivée de nouveaux acteurs, l'arrivée de la foule. Comment les Agences spatiales, qui ont jusqu'à présent assuré le progrès, mais seulement du point de vue technique, comment les gouvernements, doivent-ils réagir devant cette révolution à laquelle ils devraient attacher une grande importance, à cause de l'autre révolution qui nous frappera d'ici dix à quinze ans comme une avalanche, l'irruption de l'automobile sans conducteur ?

Jusqu'à présent, les gouvernements n'ont pas réussi à anticiper des événements considérables comme la déclassification et la commercialisation des images. On a écrit[4] que l'Administration américaine avait eu un comportement schizophrène, essayant de favoriser la Défense au lieu de s'adapter à un monde de plus en

---

4. Kevin M. O'Connell, *The geospatial Revolution*, Space News, 3 juillet 2017.

plus transparent. Il en a été de même pour la gestion française de nos investissements spatiaux avec l'incapacité, nous l'avons vu, de créer un portail à la Google Earth, et surtout l'utilisation restreinte des données obtenues par les satellites Helios[5]. La voie à suivre n'est pas le contrôle et la rétention des données, mais l'innovation, la transparence et le soutien des initiatives de la foule.

Aux États-Unis, la NGA a montré une ouverture par son document de 2015, *Commercial GEOINT Srategy*, approuvé par la NGA et la NOAA. De toute façon, nous verrons plus loin que les forces du marché et la créativité de la Silicon Valley continueront à saper les vieilles méthodes de contrôle et de secret. Il faut s'attendre à voir la stratégie spatiale dans le monde de plus en plus dominée par l'action, la pensée collective et les pulsions de la foule.

Conclusion

Google se révèle ainsi être un agent culturel de première grandeur, qui agit directement sans médiateur au niveau de la foule entière. La multitude se déplace désormais grâce à l'Espace, grâce à GPS qui bientôt sera l'élément cérébral incontournable de l'automobile autonome. La multitude communique grâce à l'Espace, grâce à son iPhone connecté bientôt à une constellation. La multitude se distrait grâce à son poste de télévision, grâce aux signaux qui passent par un satellite géostationnaire. La multitude connaît le globe dans ses recoins les plus reculés grâce à Google Earth. Bientôt la multitude fera ses achats grâce à l'e-commerce connecté par des milliers de satellites. La vie publique et la vie privée de chacun seront connues des services de sécurité et de police renseignés par les algorithmes du Net.

5. Jacques Blamont, *Introduction au siècle des menaces*, *op. cit.*, p. 286-287.

Chapitre 4. New Space[1]

L'Espace a été imaginé, proposé, voulu et créé par des scientifiques, avec des buts scientifiques, dans le cadre de l'Année géophysique internationale (1957-1958). Et c'est une immense réussite ! Depuis le lancement de Spoutnik le 4 octobre 1957, toutes les sciences de l'Univers ont subi une révolution : astronomie, géodésie, géophysique, météorologie, climatologie, hydrologie, glaciologie… Cet impact de l'Espace sur la science ne fait que grandir avec le progrès technique dont bénéficient les satellites : par exemple, la moitié des paramètres qui décrivent le changement climatique se mesurent avec des moyens spatiaux.

Se sont ajoutées à ces objectifs initiaux des applications dont la portée les dépasse : les télécommunications, y compris la télévision directe, la localisation, la météorologie, la gestion des ressources naturelles par télédétection, le recueil de données, l'assistance pendant les catastrophes… et surtout l'art de la guerre, lui aussi transformé.

Tout cela repose sur des systèmes automatiques, c'est-à-dire sur l'électronique, et la loi de Moore gouverne l'Espace comme elle gouverne l'Histoire. Mais dès le 12 avril 1961, une composante de nature différente s'est imposée dans l'esprit de la foule comme l'essentiel de l'espace : un homme a été placé en orbite. La politique s'en est aussitôt mêlée : la compétition entre

1. Je suis particulièrement reconnaissant à mes collègues du CNES Alain Dupas, Murielle Lafaye et Gilles Ragain dont j'ai utilisé les excellentes études internes sur les sujets traités dans le chapitre, allant parfois jusqu'à emprunter leurs propres termes.

l'Union soviétique et les États-Unis s'est incarnée par l'envoi d'Américains sur la Lune entre 1969 et 1972. Depuis, de nombreuses missions habitées ont été conduites par les États-Unis, la Russie et la Chine, et la station spatiale internationale ISS tourne en permanence autour de la Terre. S'y succèdent des spationautes de diverses nations à la satisfaction de leurs compatriotes. C'est le prix que paient les Agences spatiales pour rester populaires, alors que l'immense importance des applications passe inaperçue.

L'ordre paraissait régner dans le domaine spatial, qui fournit des services indispensables au fonctionnement de notre civilisation, selon des concepts et des méthodes élaborées au milieu du siècle dernier. Soudain la conjonction de trois facteurs, la volonté du gouvernement américain de faire baisser les coûts, l'arrivée de jeunes entrepreneurs milliardaires et la révolution numérique a fait souffler un vent nouveau au début des années 2000. Ce vent nouveau, c'est le *New Space*. Une fois de plus, les États-Unis imposent leur *leadership* par leur maîtrise de l'innovation. N'oublions pas que parmi les vingt universités classées selon leur excellence par le groupe de Shanghai, dix-huit sont américaines. Et qu'on ne me dise pas que le classement de Shanghai ne reflète pas la réalité…

Une volonté de l'État américain de réduire les coûts de l'accès à l'espace

Dans les années 1960, les Américains disposaient pour lancer leurs satellites de deux filières, Atlas et Delta. Chaque lancement coûtait plusieurs centaines de millions. Naquit l'idée de diviser le prix par un facteur dix au moyen d'un système habité qui serait tiré des dizaines de fois par an, le *shuttle*, ou navette. L'Administration voulut s'imposer l'usage exclusif de la navette à partir de 1980. Tout en connaissant deux échecs qui coûtèrent chacun la vie à sept astronautes, l'engin se révéla en fait dix fois plus cher que les lanceurs classiques : avec un budget de l'ordre de cinq milliards par an, la Nasa parvenait à en lancer deux ! Et se retrouva, après la catastrophe Columbia en 1986, dépendante des Russes pour la mise en orbite de ses astronautes.

Devant l'augmentation constante du coût des programmes chaque jour plus complexes, les budgets de la Nasa et du Pentagone permettaient de moins en moins de conduire des missions ambitieuses. Leur volonté de réduire les coûts se traduisit par la mise en place de programmes adaptés à cet objectif, à savoir le remplacement des Agences gouvernementales par des entreprises privées.

Ce passage de la gestion étatique totale de l'Espace à une gestion semi-commerciale a été impulsé par le Congrès qui a voté les crédits nécessaires dès 2005 pour COTS (*Commercial Orbital Transportation Service*) et publié en 2010 le *Space Act*, une déclaration de *Policy and Purpose* (politique et objectifs) : « *L'Administration recherche et encourage au maximum du possible l'usage commercial de tout l'espace.* »

Cela signifie que les lanceurs avec leur technologie, les capsules habitées et toute la logistique associée sont transférés du Gouvernement au secteur privé.

La Nasa a dépensé (jusqu'en 2016) 5 782,6 millions de dollars dans six programmes : 891 millions dans COTS pour le développement de systèmes de lancement ; 3,4 milliards dans *Commercial Resupply Service* pour accès à la Station spatiale internationale (ISS) ; 365 millions dans *Commercial Crew Development* pour compléments aux systèmes habités (deux phases) ; 1,1 milliard dans *Commercial Crew Integrated Capabilities* ; 29,6 millions dans *Certification Products Contracts.*

Les contrats sont allés à sept contractants : Orbital, SpaceX, Blue Origin, Boeing, Paragon, Sierra Nevada, United Launch Alliance. Simultanément, l'organisme chargé d'introduire l'innovation dans le département de la Défense américain, la Darpa, a mené entre autres le programme *Responsive Space* pour soutenir le développement des télécommunications chez SpaceX.

Un vrai partenariat public-privé s'est mis en place pour soutenir l'expansion des activités habitées dans l'espace, du même type que celui qui permit le développement des chemins de fer aux États-Unis. La Nasa, en offrant un marché institutionnel garanti à l'industrie privée, donne à celle-ci la capacité non seulement de servir ses propres besoins, mais aussi de créer des marchés nouveaux, donc d'inventer un nouvel avenir, une nouvelle croissance pour les activités spatiales, en éperonnant la compétition avec les industriels déjà établis.

La volonté de développer le secteur spatial privé s'inscrit dans la ligne d'une croyance sincère en les vertus du marché pour faire émerger des innovations portées par des industriels que motive l'appât du gain. L'Administration américaine n'en perd pas pour autant de vue des objectifs étatiques majeurs, l'établissement d'une *Space dominance* (domination mondiale dans le domaine spatial) et d'une *Cyber dominance* (domination mondiale dans le domaine virtuel), deux domaines soutenus sans faille par la classe politique des États-Unis pour affermir leur leadership mondial.

Pour atteindre ces objectifs, l'Administration américaine a investi 83 milliards de dollars dans des plateformes spatiales (lanceurs et satellites) et les technologies hypersoniques entre 2011 et 2017, dont plus de la moitié au travers des trois sociétés Lockheed Martin, United Launch Alliance, et Boeing. SpaceX occupait la quatrième place en 2017, en tête des entreprises du *New Space* recevant des contrats étatiques.

L'arrivée de jeunes entrepreneurs milliardaires

La création d'un secteur spatial privé a reposé sur l'émergence de nouveaux acteurs, des jeunes gens à la culture hollywoodienne, qui avaient fait fortune en créant des entreprises liées à Internet, déçus par une « conquête spatiale » arrêtée à leurs yeux après Apollo, et désireux de voir reprendre les grands projets d'exploration humaine du Système solaire. Nombre de jeunes gens aux États-Unis partagent cette frustration, mais les créateurs du *New Space* ont en commun d'être devenus très riches grâce à leurs prouesses industrielles.

De grandes sociétés du Web comme Google ou Facebook voient dans les nouvelles technologies le moyen de conforter leur croissance. Le besoin de toucher des populations jusque-là dépourvues d'Internet et la rapidité de transmission qui augmente la valeur de la publicité diffusée sur leurs supports deviennent des arguments pour des financements sans précédent.

Une étude de 2016 révèle que plus de treize milliards de dollars ont été investis aux États-Unis entre 2006 et 2015 dans les *start-up* spatiales créées dans cet intervalle. Le phénomène s'accélère : les deux tiers de ces montants ont été investis dans les cinq dernières années. L'année 2015 a connu un volume d'investissements de 2,3 milliards de dollars provenant d'une cinquantaine de sociétés de capital-risque (*venture capitalism*) L'engouement semble financier. Ces gens croient qu'ils peuvent gagner de l'argent avec l'Espace, ce qui est bien nouveau.

Le nombre total de *start-up* du domaine spatial ayant reçu des financements a atteint en 2017 (73) un nouveau record par rapport à 2015 (65) et une augmentation d'un tiers par rapport à 2016 (55). Les États-Unis continuent d'être le leader des investissements privés dans le domaine spatial avec plus de 7 milliards de dollars investis depuis 2009.

Le lien avec des technologies de l'information offre des perspectives d'avenir pour des systèmes spatiaux jusqu'ici perçus comme dépourvus d'horizon économique ou industriel. D'après une étude de la Nasa de 2016, « *L'intérêt du* venture capitalism *est lié aux développements technologiques qui permettent à des satellites miniatures de produire des images de moyenne et haute résolution, à l'existence d'occasions de lancements de plus en plus fréquents pour ces satellites et à l'intérêt croissant de l'utilisation de processus analytiques de type* "Big Data" *pour le traitement des données de surveillances variées (par exemple pour l'agriculture, le domaine maritime ou l'activité minière) et pour le renseignement financier et commercial*[2]. »

L'un de ces spéculateurs a bien résumé l'attitude de ses collègues « *Les investisseurs individuels ont un intérêt personnel pour l'espace. Je me place parmi ces gens-là, mais cela reste un facteur secondaire… J'ai investi parce que c'est une nouvelle source de revenu et non par volonté de monter le côté spatial en épingle.* »

2. X. Pasco, *Le nouvel âge spatial,* CNRS Éditions, Paris, 2017.

Cette attitude éclaire la mise en place dans la Silicon Valley de réseaux de financement qui ont profondément pénétré le tissu industriel.

Un nouvel écosystème se forme qui cherche à prendre le relais d'un volontarisme public poussif, avec des acteurs tels que Google, mais aussi des sociétés nouvelles dont le *business model* repose sur la collecte de données, leur traitement et leur distribution rapide à des clients heureux de recevoir des informations fraîches et ciblées. Ces sociétés appuient leurs projets sur des technologies à bas coût dont elles essaient de démontrer qu'elles peuvent être utilisées dans l'espace. Cette approche est l'inverse de la pratique d'entreprises du *New Space* comme Blue Origin ou SpaceX où l'on cultive l'excellence, entièrement repensée et rénovée il est vrai. Il existe donc non pas *une* doctrine *New Space* mais un foisonnement d'idées, d'entrepreneurs, de situations, un public divers, une *foule*.

Et la foule impose sa culture gafanomique à l'espace. *Penser global* sur une Terre où chacun peut devenir un utilisateur, c'est-à-dire un client. Gérer le client et non le produit, lui vendre du temps gagné. *Penser écosystème* et acheter des concurrents ou des partenaires pour les agrandir et les favoriser. *Penser talents*, embaucher les meilleurs, jeunes de préférence, et éliminer sans pitié les moins bons. *Penser audace*. Penser *moonshot*. Un *moonshot* est un projet ambitieux, en rupture, entrepris sans souci ni de la profitabilité ni du bénéfice à court terme, mais aussi sans une analyse complète des risques et des bénéfices potentiels.

L'annonce d'une prise de participation de Google dans SpaceX traduit la rencontre entre deux écosystèmes, le numérique et le spatial. SpaceX a besoin de nouveaux clients pour accroître le nombre de ses lancements et justifier la réutilisation de ses lanceurs. Le mariage se fait aussi dans l'utilisation des méthodes issues du monde numérique par les acteurs spatiaux : maîtrise des logiciels, du *Big Data*, du *Cloud*. L'Espace entre dans l'économie des Gafa et les entraînera bientôt vers des *moonshot*.

Faisons connaissance aux deux figures emblématiques du *New Space*, Elon Musk et Jeff Bezos. Nous aurions également pu citer Richard Branson, patron de Virgin Galactic, dont le lanceur suborbital s'est fracassé en octobre 2014 entraînant la mort d'un homme.

Elon Musk

Elon Musk, né en 1971 à Pretoria, est un capitaliste et entrepreneur naturalisé canadien puis américain et aujourd'hui installé à Los Angeles. En 1995, il interrompt son doctorat en physique commencé à Stanford pour cofonder Zip2, éditeur d'un logiciel de contenu en ligne destiné à aider les entrepreneurs. En 1999, il vend cette société à Compaq pour 341 millions de dollars et fonde la banque en ligne X.com. En 2001 X.com devient Paypal qui appartenait à une entreprise de paiement en ligne acquise en 2000. En 2002, Paypal est vendu à e-Bay pour 4,5 milliards de dollars.

Devenu riche, Musk fonde en 2002 SpaceX (*Space Exploration Technologies*) dont il est le *chief executive officer*. SpaceX, basé à Hawthorne en Californie, développe et produit des lanceurs spatiaux en profitant du programme COTS de la Nasa. Si Musk a commencé par dépenser, pour fonder SpaceX, plus de 120 millions de ses propres dollars et 200 millions de ceux d'un de ses amis, le patron de Founders Fund, son entreprise a été sauvée en 2008 par un contrat de la Nasa s'élevant à 1,6 milliard de dollars pour 12 lancements vers l'ISS alors que le palmarès de SpaceX était maigre, trois échecs et un seul succès avec le petit Falcon-1, et que Falcon-9 n'était pas encore prêt. En 2015, la Nasa a débloqué 2,6 milliards de dollars pour SpaceX (et 4,2 milliards pour Boeing) pour reprendre les vols habités vers l'ISS. Mais la Nasa n'est pas le seul investisseur : les *business angels*, les *venture-capitalists,* très souvent passagers virtuels du vaisseau *Enterprise* de la série télévisée Star Trek, puisent volontiers dans leur poche profonde (*deep pocket*) pour appuyer les ambitions des promoteurs de *New Space*.

Les lanceurs de SpaceX, Falcon-1 puis Falcon-9, utilisent un assemblage de moteurs Merlin simples et fiables, rappelant de très loin l'ancêtre V2 puisqu'ils fonctionnent au kérosène et à l'oxygène liquide. Ils ont été développés par le brillant ingénieur Tom Mueller, surnommé le « Prince », seul à échapper aux colères de Musk, manager d'une dureté impitoyable. Magnifique succès de ces engins devenus en 2017 les plus utilisés dans le monde. Grâce à SpaceX, les États-Unis se sont placés en tête du nombre de lancements pendant le premier trimestre 2017 (9 SpaceX, 3 Atlas 5, 1 Delta 4, pour 39 tirs réussis dans le monde). En 2017, SpaceX a procédé à 18 lancements de Falcon-9 dont 5 où le propulseur principal de l'engin a été récupéré au sol et deux d'entre eux ont été réutilisés pour un autre lancement ! Les deux tiers de son carnet de commandes sont composés de vols institutionnels payés au prix fort par le gouvernement américain.

À la mise au point des lanceurs Falcon s'est ajoutée celle des capsules Dragon-1 lancées par Falcon-9, pour le transport d'équipement jusqu'à l'ISS. SpaceX a signé avec la Nasa un contrat prévoyant 20 missions jusqu'en 2019 plus 6 missions supplémentaires jusqu'en 2024. L'entreprise doit gérer le développement du Dragon-2 en retard de deux ans et la mise au point du très gros lanceur BFR (*Big Fucking Rocket*).

L'esprit qui règne à SpaceX, devenu un grand succès, est celui des *makers.* Des jeunes gens acharnés y travaillent quatre-vingts heures par semaine sous la houlette de vétérans chevronnés venus de la Nasa. L'organigramme est plat et les fabrications groupées sur un seul site. Musk a un besoin pathologique de tout faire en interne. La réussite en 2015 de la récupération du premier étage et, en janvier 2017, de son réemploi quasi instantané (le lendemain… pour bientôt peut-être ?) pourrait faire de Falcon-9 un des lanceurs les plus utilisés. En octobre 2017, l'entreprise a récupéré 18 premiers étages de Falcon-9. Le Falcon-Heavy regroupe 3 Falcon-9. Son premier tir, le 6 février 2018, a été un succès retentissant : deux des propulseurs sur trois ont été récupérés. Le défi n'était pas simple : il faut allumer 27 moteurs à la fois pour décoller. L'engin peut placer 64 tonnes en orbite basse, et 54 en cas de récupération (Ariane-5, 26 tonnes). Musk avait dit que le lancement serait un succès si l'engin parvenait à quitter la rampe sans la détruire.

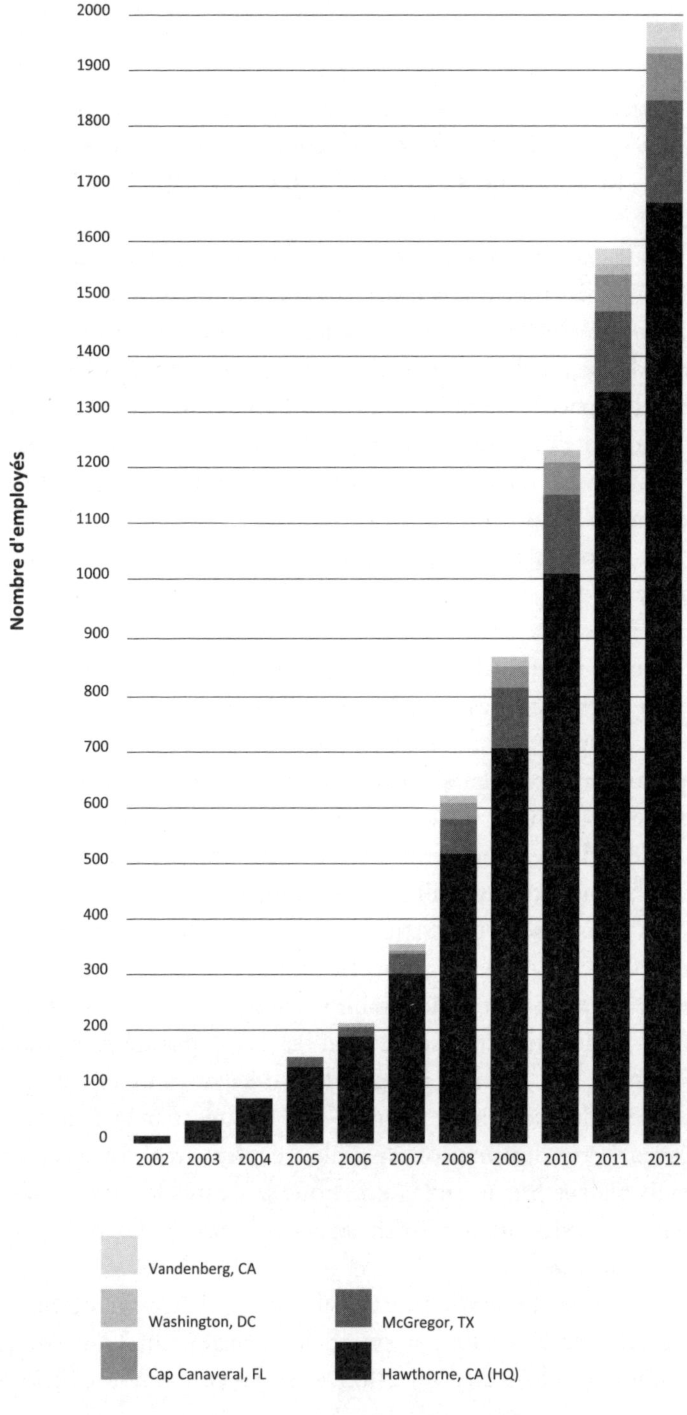

Figure 21 – Croissance de l'emploi chez SpaceX. Croissance entre 2004 et 2014 : 42 % ; nombre d'employés en mai 2015 : 4 400.

Mais… Falcon-Heavy n'a pas de marché commercial ! Il faudra que SpaceX l'invente. L'engin ne sera pas *man rated*, c'est-à-dire qu'il ne servira pas à des vols habités. Mais alors à quoi ?

Les États-Unis alignent ainsi trois projets de lanceurs lourds, le SLS de Boeing, financé par la Nasa pour des vols planétaires aujourd'hui indéterminés, qui pourra emporter 130 tonnes en orbite basse, et dont le premier vol est prévu en 2019 ; le futur BFR de SpaceX capable de porter 150 tonnes en orbite basse est attendu pour une date indéterminée (la date annoncée de 2019 n'est pas tenable) ; le New Glenn de Blue Origin qui sera prêt en 2020 (45 tonnes en orbite basse).

Ne sommes-nous pas confrontés à un accès de folie des grandeurs qui pourrait conduire à l'éclatement de la bulle New Space ?

Musk, nourri de culture spatiale hollywoodienne, veut envoyer des hommes sur Mars en 2024. Il recrute : « *Vous voulez mourir ? Nous nous en chargeons pour cinq cent mille dollars.* » Il paraît dans plusieurs films et aurait inspiré le personnage de Tony Stark dans la version 2008 du film *Iron man.* L'opérateur aux idées numériques veut aussi révolutionner tous les moyens de transport, en particulier l'automobile.

Il a secoué sept industries avec la création de Paypal, Tesla, Solar City, Hyperloop, The Boring Company, Neurolink et SpaceX : paiement, automobile, énergie, ferroviaire, travaux publics, éducation et espace (ouf !). Il a suffoqué le public en utilisant le vol inaugural du Falcon-Heavy pour envoyer vers les astéroïdes sa voiture rouge Tesla habitée par le mannequin Starman en combinaison spatiale, le plus gros coup de com' jamais réalisé. Sur le tableau de bord se trouve le message *Don't panic,* référence au roman de science-fiction le *Guide du voyageur galactique*[3].

Le maître du marketing est-il aussi efficace en matière de production ? En 2008, il prend le contrôle du Constructeur automobile Tesla créé en 2003 et se lance dans le développe-

3. Douglas Adams, 1978, *The Hitchiker's Guide to the Galaxy.*

ment de la voiture électrique. En février 2018, sa capitalisation boursière s'élevait à 56,7 milliards de dollars, autant que celle de General Motors et deux fois plus que Renault qui a livré 3,76 millions de véhicules en 2017, alors que Tesla fabrique peu de voitures et accumule les pertes. Musk prétendait en produire un million par mois, il n'est sorti d'usine que 101 000 véhicules en 2017 et Tesla doit 3 milliards de dollars. À la fin de 2017, quelque 700 salariés ont été licenciés pour performances insuffisantes.

Tesla investit aussi dans le domaine du véhicule autonome, la Googlecar. Musk parle aussi de développer le train hypersonique Hyperloop et, grâce à sa société Neurolink, de créer l'homme augmenté au moyen d'implants cérébraux capables de connecter nos neurones à Internet. Accédant mentalement à Wikipédia, l'homme lutterait à armes égales avec l'intelligence artificielle. Les perspectives ouvertes par ses efforts successifs en R&D continuent à attirer les investisseurs vers celui qu'ils croient le constructeur du futur. On se dirige vers une bulle…

Le constat d'Elon Musk est que la grande industrie (automobile ou spatiale) n'a pas décidé d'abandonner les modèles obsolètes et de basculer vers un modèle alternatif (moteur à combustion ou lanceur non récupérable). Il faut donc favoriser l'émergence de nouveaux acteurs. En pratiquant l'aventure et renonçant à ses brevets, Tesla favorise l'apparition et le développement de la concurrence, mais surtout se donne la possibilité d'élargir le volume global du marché. Il vaut mieux avoir 50 % d'un marché annuel d'un million de voitures que 100 % d'un marché de dix mille.

Le patron de SpaceX associe directement progrès technologique et progrès humain, et fait de l'exploration perpétuelle une quête ontologique. Il rejette une stratégie de simple survie de l'espèce humaine et insiste sur le seul objectif qu'il assigne à SpaceX, la colonisation de Mars. Toutes ses entreprises affichent cet objectif à long terme et lui consacrent d'abondantes ressources.

SpaceX a annoncé le 28 février 2017 avoir conclu un contrat pour envoyer, avant la fin de 2018, deux touristes vers la Lune. Il s'agira du premier vol privé en orbite autour de notre satellite naturel et donc du retour des Terriens à sa proximité. Les touristes voyageraient à bord de la capsule Dragon-2 propulsée par le Falcon Heavy. D'autres sociétés privées ont déjà mis des amateurs en orbite. Le 28 avril 2001, Space Adventures a organisé le voyage du millionnaire californien Dennis Tito, âgé de 60 ans. Il décolla depuis Baïkonour à bord d'un vaisseau russe Soyouz en direction de l'ISS, où il passa six jours. L'homme d'affaires déboursa 20 millions de dollars pour cette fantaisie. Six autres touristes l'ont imité : deux Américains, une Américano-Iranienne, un Américano-Hongrois, un Sud-Africain et un Canadien. Chacun aurait déboursé entre 20 et 25 millions de dollars.

Musk est atteint de technolâtrie. Et il a des adeptes : 4 221 100 inscrits au compte twitter de SpaceX. Son slogan : « *Nous vivons actuellement dans une simulation virtuelle.* » Pas si virtuelle que ça : la fortune de Musk nommé par Forbes en 2013 *Businessman of the Year* est estimée en 2017 aux alentours de 17 milliards de dollars et SpaceX valorisée à 21,2 milliards.

Comme Apple, Elon Musk ne vend pas seulement des produits mais il entend promouvoir le rêve qui les accompagne. Il est donc le héros de la jeunesse mondiale.

Jeff Bezos

Né en 1964 à Albuquerque au Nouveau-Mexique, Jeffrey Preston Bezos est un investisseur américain. Diplômé de Princeton en 1986, il travaille dans plusieurs entreprises financières à Wall Street. En 1995, il fonde à Seattle la librairie en ligne Amazon et en 2000 Blue Origin pour promouvoir le tourisme spatial. En 2013, il rachète l'influent journal *Washington Post* pour peser sur la classe politique. En 1999, *Time Magazine* l'a élu « personnalité de l'année » et en 2014, la confédération syndicale internationale l'a nommé « pire patron sur Terre ».

Aujourd'hui, Bezos est l'homme le plus riche du monde, possédant une fortune évaluée (en août 2017) à 90,5 milliards de dollars. Il détient 17 % des actions d'Amazon dont la valeur boursière est estimée à 490 milliards, soit trente fois Carrefour et deux fois Walmart. Amazon a révolutionné l'art du commerce. Partie comme librairie en ligne, l'entreprise offre aujourd'hui dans son catalogue la quasi-totalité des biens de consommation, de l'épicerie à la mode, de la musique aux objets électroniques, jusqu'au stockage informatique. Amazon détient aussi 50 % du marché mondial du Cloud.

Proposant un catalogue de 400 millions de références, la livraison gratuite à partir de 35 dollars d'achat et un service client très efficace, l'abonnement *Prime* offre aussi accès à un service de streaming de films comptant 80 millions de clients. La stratégie d'Amazon s'appuie sur des algorithmes qui collectent les tarifs des concurrents et offrent des produits moins chers. Dans ses entrepôts, Amazon déploie 45 000 robots et investit dans l'innovation et en particulier dans l'intelligence artificielle.

L'entreprise expérimente une supérette dont les caisses sont remplacées par des capteurs et des caméras. Obsédée par la réduction du délai de livraison, elle s'est dotée d'une flottille d'avions, a créé son installation portuaire à Cincinnati, gère une partie du transport maritime de ses containers, construit sans cesse de nouveaux entrepôts automatisés et robotisés. *Prime* offre déjà une livraison en deux heures dans une trentaine de villes, dont Paris.

Depuis qu'à cinq ans, il a vu Apollo XI se poser sur la Lune, Jeff Bezos a été marqué par l'Espace. Cet enthousiaste de la série *Star Trek* souhaite construire des stations spatiales. En 2000, il a créé l'entreprise Blue Origin installée dans une ancienne usine de Boeing à Kent dans l'État de Washington, et qui compte aujourd'hui 800 employés. Il y investit un milliard par an de ses dollars personnels. Son lanceur New Shepherd a effectué un vol suborbital à 100 kilomètres d'altitude le 23 novembre 2015 et trois depuis. En novembre 2016, Blue Origin a réussi la récupération d'un New Shepherd intact. Un lanceur orbital de grandes dimensions, le New Glenn doit entrer en service en 2020. Son premier étage comprendra 7 moteurs BE-4, méthane et oxygène liquide. Son développement commencé il y a sept ans devrait s'achever à la fin de 2018. Le second étage utilise le moteur BE-3 à oxygène et hydrogène liquide.

Comme Musk, Bezos prétend envoyer des hommes sur Mars, avec son Super New Glenn, encore sur la table à dessein. Déjà le New Glenn est un défi difficile pour une entreprise qui peint des tortues sur ses lanceurs car, d'après elle « *tout est lisse, et lisse est rapide* » (*smooth*). L'objectif de Bezos est non seulement le tourisme spatial, mais aussi l'établissement de colonies comptant des millions de gens dans l'espace. Blue Origin, devenu excellent dans le domaine de la propulsion, dispose de deux pas de tirs, au Texas et à Cap Canaveral, et envisage de construire une usine à Huntsville en Alabama pour y fabriquer son moteur BE-4 destiné au New Glenn et au Vulcan d'United Launch Alliance, si cette entreprise l'adopte.

En juin 2017, Jeff Bezos a défié le public en annonçant sur Twitter où il s'exprime volontiers : « *Je cherche des idées... je veux consacrer mon action philanthropique à aider les gens ici et maintenant* ». On avait vu en mars 1961 le nouveau président John Kennedy, assommé par un double revers simultané, l'invasion de Cuba et le vol de Gagarine, crier dans les couloirs de la Maison Blanche : « *Qu'on m'amène quelqu'un avec une idée, ne serait-ce que le concierge !* » Quelqu'un proposa la conquête de la Lune, à la déception de JFK qui dût s'en contenter. Gageons que parmi les quarante-cinq mille réponses reçues par Bezos, il s'en est trouvé d'originales, car ce n'est pas à un familier du sérail, mais à la foule que s'est adressé wikinomiquement le milliardaire.

Contrairement à Elon Musk le visionnaire, le financier Jeff Bezos prétend seulement vouloir faire de la Terre un meilleur endroit pour vivre et répète qu'il n'est pas obnubilé par Mars, bien qu'il en parle. C'est que comme son rival, il est un technolâtre à la culture hollywoodienne.

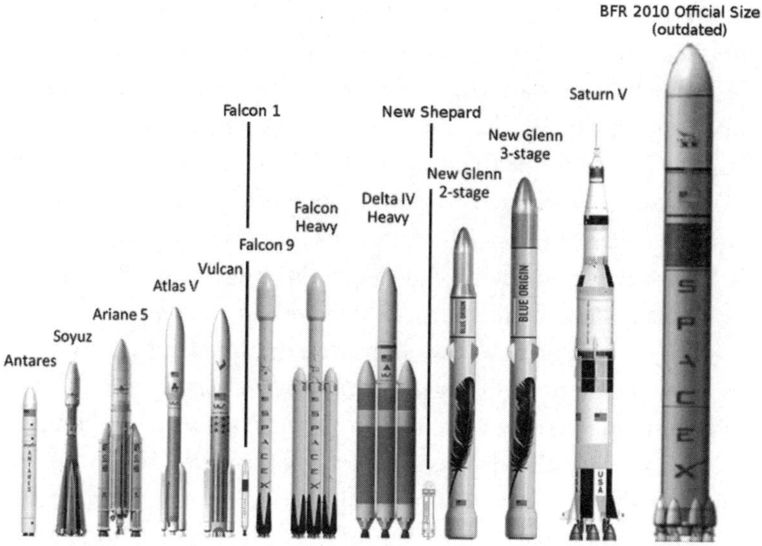

Figure 22 – New Space : Les Falcon et New Glenn sont les enfants de l'esprit maker capturé dans des entreprises quasi traditionnelles.

L'un et l'autre vivent à la « *New Frontier* » une « *destinée manifeste* » – expression américaine relative à l'expédition de Lewis et Clark de 1803 à la recherche du passage du Nord-Ouest.

La foule

Elon Musk, Jeff Bezos, et leurs riches collègues ne sont pas seuls. Il existe en Californie toute une population qui se reconnaît en eux. Les acteurs du *New Space* partagent certains codes reconnaissables. *Ils veulent changer le monde* : les nouveaux arrivants veulent apporter quelque chose de différent, quelque chose qui révolutionnera les façons de faire et d'être, et qui laissera d'eux une empreinte durable. *Ils donnent l'image de « good guys »*, leur façon de communiquer est étudiée de façon à se démarquer des acteurs traditionnels, en les ringardisant si possible. *Ils veulent aller vite* sur le marché, avec des temps de développement très courts, et devenir rentables dès le premier investissement. *Ils ne sont pas spécialistes* du domaine spatial, appliquent les processus de production de secteurs grand public (TIC, automobile) et s'entourent (ou pas) d'experts issus des Agences et/ou de l'industrie spatiale. *Ils maîtrisent les technologies numériques* du Cloud et du Big Data, et pensent pouvoir les mettre à profit pour l'activité satellitale, en particulier pour le stockage et le traitement de la télémesure image, la qualité image, la gestion de leur constellation de satellites. *Ils sont soumis à une forte pression* de la part des fonds de capital-risque qui exigent une rentabilité rapide sous deux à trois ans. *Ils n'hésitent pas à changer le positionnement* de leur business pour atteindre un point de rentabilité, sous peine de disparaître. *Ils ne veulent pas payer d'impôts.*

Pour concrétiser sa volonté de voir entre autres se développer un tissu de fournisseurs de services d'observation *low-cost* pour l'orbite basse, la Nasa peut ainsi disposer d'un relais auprès des acteurs du *New Space* pour peu qu'ils trouvent des « briques de base » leur permettant de fonctionner selon leurs codes.

L'impact de la transition numérique

Le rapport au gouvernement français de 2011, préparé sous la direction de Philippe Lemoine[4], cite parmi les neuf effets du numérique deux qui concernent le spatial : la ressource nouvelle que constituent les données et les algorithmes ; les acteurs de la filière numérique dont l'influence s'est accrue lorsqu'ils sont passés du rôle de fournisseurs d'outils (matériel) à celui de bâtisseurs de solutions (logiciels), puis à celui d'opérateurs de systèmes d'information et de réseaux sociaux.

Or l'Espace est un système d'information et il devient capable de fournir des quantités énormes de données. La donnée spatiale est devenue un enjeu du numérique. Servi par la révolution numérique, l'Espace va la servir à son tour en mettant en place des applications que la miniaturisation engendrée par la loi de Moore lui permettra. Le *New Space* dans les domaines des satellites se traduit par l'apparition des constellations, poussée par une nuée de jeunes entrepreneurs qui veulent égaler les

4. P. Lemoine, *op. cit.*

prouesses des Musk et des Bezos. Les constellations apparaissent dans deux domaines, l'observation de la Terre et l'extension d'Internet, en attendant d'autres.

Les satellites imageurs

Poursuivant la doctrine du *New Space* qui a connu un brillant succès avec la mise au point de la desserte de l'ISS par des acteurs privés comme SpaceX, Blue Origin ou Sierra Nevada, la Nasa et le Département de la Défense américain (DOD) étendent le concept aux satellites et soutiennent le développement d'un écosystème entrepreneurial pour l'observation satellitale.

Les besoins accrus de la Défense qui utilise les images, les innombrables applications civiles de la télédétection et l'expansion de la clientèle individuelle *via* Google Earth, ont transformé l'observation satellitale de la Terre en un business manipulant des milliards de dollars. Si plusieurs pays se sont dotés dans les dernières années d'une capacité d'imagerie spatiale, l'entreprise américaine Digital Globe domine le marché avec aujourd'hui cinq satellites opérationnels en orbite : WorldWiew 1, 2, 3, 4 et GeoEye recueillent à eux seuls plus de données que tous leurs concurrents réunis. Par son contrat dit *Enhanced View* avec la NGA, Digital Globe est devenu le fournisseur principal d'imagerie spatiale à l'Administration américaine, civile et militaire. Acquise en 2017 par la branche établie aux États-Unis de l'entreprise canadienne MDA, déjà acheteuse de Space Systems Loral et opérateur de Radar Sat-2, Digital Globe espère quadrupler son temps d'observation sur les zones sensibles avec son programme World New Legion à lancer à partir de 2020, pour 600 millions de dollars.

Les Américains sont talonnés de près par les Européens. Airbus DS prévoit de compléter sa flotte d'imageurs, qui en compte déjà dix, par les quatre Pléiades Neo[5]. On peut estimer que des satellites lourds, seuls capables d'atteindre la résolution centimétrique, fabriqués par la grande industrie classique, main-

5. Voir chapitre 3 p. 139.

tiendront leur présence dans la panoplie des imageurs. Mais une autre tendance se fait jour, adaptée à la philosophie et aux moyens du *New Space*. La plupart des satellites imageurs sont placés sur une orbite héliosynchrone qui permet d'observer tout le globe. Mais plusieurs jours s'écoulent entre deux survols d'un même site et si l'on veut établir une surveillance permanente, il faut recourir à une flottille de plusieurs satellites, assez nombreuse pour constituer une constellation. C'est seulement dans les années 2010 que les flottilles d'imageurs sont apparues.

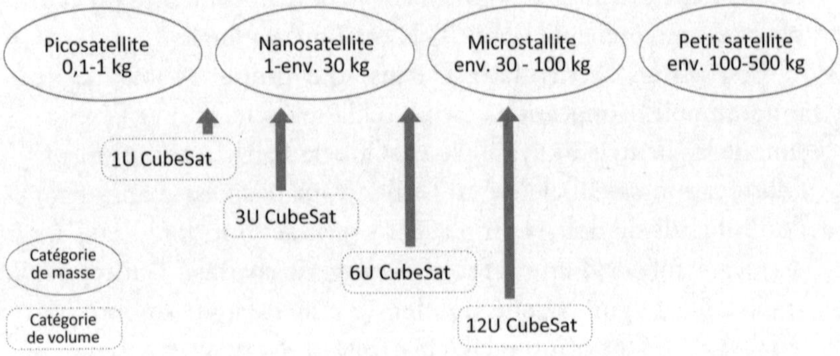

Figure 23 – Nomenclature des petits satellites.

Aux États-Unis, la Nasa et le DOD, avec l'appui des *venture capitalists* et la perspective de commandes publiques de la NGA, ont déjà réussi à faire émerger des acteurs commerciaux privés sur l'ensemble de la chaîne de valeur correspondante, du secteur manufacturier jusqu'aux services. À la fin de 2016, l'administration Obama a fortement soutenu ce développement par son initiative « *Harnessing the Small Satellites Revolution* » grâce à l'affectation au programme de 100 millions de dollars venant du DOD et de 30 millions venant de la Nasa, s'ajoutant à un effort de la NGA. Dès janvier 2017, la Nasa a lancé un appel d'offres et choisi aussitôt une série de satellites Cubesats 6U proposée par Tyvak Nanosallite Systems.

Les Cubesats sont des nanosatellites conçus en 1999 par la California Polytechnic State University et l'université de

Stanford. Ils sont constitués de modules cubiques appelés U, mesurant 10 × 10 × 11,5 cm. La masse de chaque module ne dépasse pas 1,33 kg ; on peut empiler plusieurs cubes comme des Lego. La version 3U, assez populaire, pèse au maximum 4 kg. *Plusieurs start-up* comme Isis Space aux Pays-Bas se sont spécialisées dans la vente de nanosatellites au format Cubesat.

Figure 24 – Un Cubesat et la main de l'expérimentateur.

Le budget des Administrations consacré à l'achat d'images provenant de ces nouveaux acteurs est en augmentation. Ainsi vers 2020, les États-Unis devraient disposer d'une surcapacité d'observation alliant la très haute résolution (décimétrique) avec Digital Globe, et le temps de revisite très court à résolution métrique avec diverses constellations. Dans le même temps d'autres pays, tels la Chine, la Corée du Sud, l'Espagne, la Russie suivent la même voie. En 2016, on comptait 33 projets de constellations d'imageurs proposés depuis 2006, dont 9 avaient vraiment démarré, et en juin 2017, ce nombre avait crû jusqu'à 43. Les instruments couvrent toute la gamme de la télédétection : optique dans le visible, radar, hyperspectral, infrarouge, radio occultations, GPS… À l'horizon 2020, 13 projets pourraient être opérationnels (4 pour les États-Unis, 2 pour le Canada, 3 pour la Chine, 3 pour la Russie). Les entrepreneurs et les venture-risqueurs, persuadés qu'il y a de l'argent à gagner en diffusant des images pour des services innovants avec des *business models* nouveaux, sont nombreux à emboîter le pas à l'Administration.

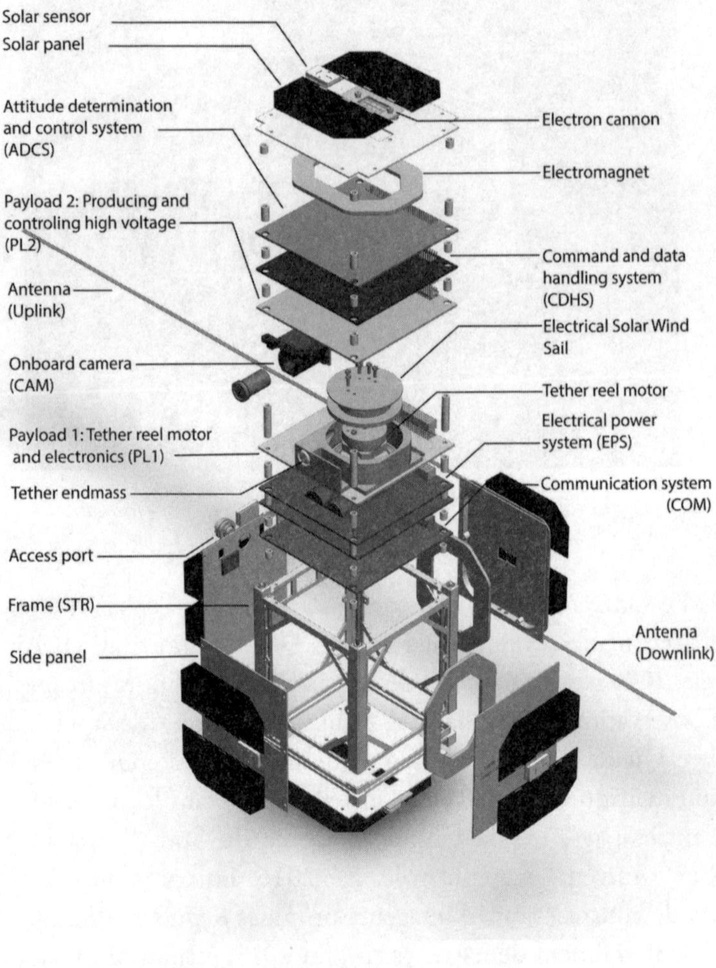

Figure 25 – Éclaté d'un Cubesat.

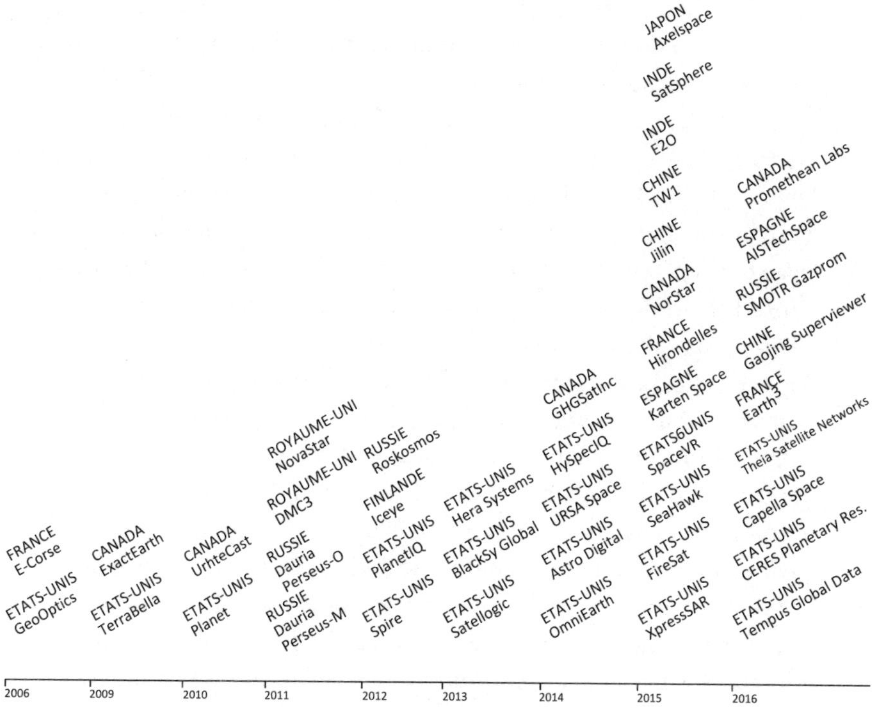

Figure 26 – Chronogramme des 43 projets annoncés OT + AIS + GPS + RO (2006-2016) (source CNES DIA/IP)

Comme les investissements ont été faits depuis de nombreuses années, les nouveaux entrants ont accès à des « briques de base » qu'ils peuvent acheter, aussi bien plateformes que charges utiles de toutes sortes. Ils peuvent aussi assurer les opérations de leurs constellations, ou les externaliser, ou même s'en affranchir : les Dove de Planet ne sont pas mis et maintenus à poste, mais dérivent. Ils font de leur bas coût un élément clé de leur communication.

On peut même prévoir que les images seront gratuites, puisque leur exploitation sera assez rémunératrice. Le modèle Gafa montre la voie, fondé sur la publicité, l'analyse des clics, la revente des analyses et l'utilisation à fond d'Internet, du Big Data et du *Cloud computing* : l'augmentation des capacités de calcul et des centres de traitement massif de données permettra de vendre des services performants, réactifs, délivrant les bonnes informations au bon moment et au bon endroit.

Sont identifiés comme secteurs rentables la recherche du pétrole, l'agriculture, l'occupation des sols, le tourisme, la météorologie, la gestion des risques naturels et celle des crises, l'environnement. On note une tendance grandissante des nouveaux venus à entrer dans les domaines des traitements et de l'interprétation des données (dits *analytiques* dans le langage du renseignement). De petites entreprises se créent pour développer, valoriser et commercialiser des algorithmes d'aide à la décision, plutôt réservés jusqu'à présent à la géo-intelligence militaire. Citons aux États-Unis Descartes fondée en 2014 par des ingénieurs de Los Alamos, Orbital Insights à Palo Alto en 2013, Remote Sensing Metrics en 2010, Map Box en 2010… L'usage civil de ces produits se répand, utile au moment des catastrophes ou pour le suivi des pollutions, car les constellations fournissent des données rafraîchies, en temps quasi réel, mais il faut développer des robots Internet pour traiter les données engendrées, et c'est à quoi ces jeunes gens excellent.

En Europe, le marché de l'observation spatiale a fait émerger de nombreuses *start-up*. Leurs satellites peuvent se fabriquer pour 20 000 dollars, pourtant ce n'est pas le *hardware* qui les intéresse principalement, mais la performance de nouveaux outils d'analyse de données, souvent issus de l'intelligence artificielle, et qui leur ouvre de vastes horizons commerciaux. Les entrepreneurs peuvent proposer le suivi de flottes de navires ou de camions, de populations déplacées, de migrations d'animaux, d'inondations, d'installations industrielles… ou du nombre de visiteurs sur le parking d'un supermarché. À chaque client, un service personnalisé, agriculteurs connectés, sociétés d'assurances, ONG, gouvernements…

Il n'en reste pas moins qu'il faut maîtriser la technologie spatiale bord, le métier d'intégrateur de satellites, la gestion en orbite avant la récupération des données et leur traitement. Une foule est là encore prête à s'y mettre. Ainsi Space Flight Systems, créé en 1999 pour la fabrication de Cubesats, s'est adjoint un département, Space Flight Networks, pour offrir des opérations de réception de la télémesure des constellations lancées par des tiers. Son réseau de trois stations devrait s'étendre à douze pour réduire le temps d'attente des données à environ vingt minutes.

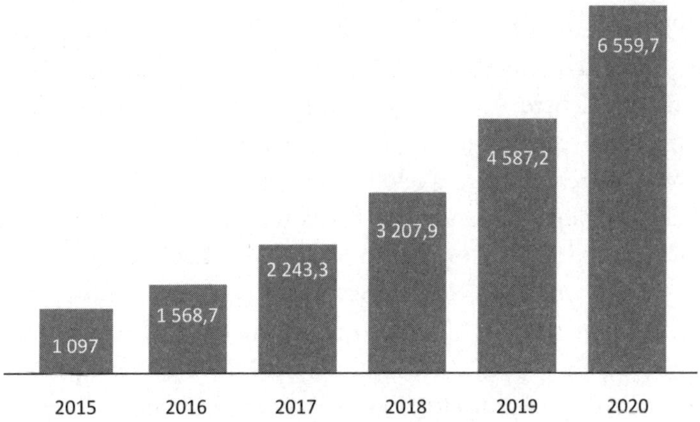

Figure 27 – Prévisions des investissements dans les petits satellites (2015-2020) en millions de dollars.

Skybox Imaging

Cette société fondée en 2009 s'est proposé de constituer une flottille de vingt-quatre petits satellites d'observation d'un coût réduit mais de hautes performances. Rachetée pour 500 millions de dollars par Google en 2014, puis par Planet Labs en 2016, elle a déjà mis en orbite ses douze premiers satellites. C'est un de mes grands échecs que d'avoir passé une journée entière chez Google à Mountain View le 7 février 2008 (je voyais trop loin ; c'était il y a déjà longtemps et *New Space* n'existait pas encore) pour tenter de les convaincre de créer une flottille de satellites imageurs en collaboration avec le CNES et Astrium (depuis Airbus DS) et de m'être entendu répondre que Google Earth ne s'intéressait pas au temps réel… alors qu'ils ont repris l'idée pour acheter Sky Box Imaging rebaptisé Terra Bella. Mais ils ne sont toujours pas convaincus : en 2017, ils l'ont revendu à Planet. Google préfère le rôle de client à celui d'investisseur, gardant seulement des droits prioritaires sur les données recueillies par Terra Bella.

Planet

Planet Labs (devenu Planet en 2017) est une entreprise de San Francisco fondée en 2010 par trois ingénieurs de 30 ans, venus du Centre Ames de la Nasa localisé à Mountain View. Frappés par l'apparition d'iPhone, ils se sont demandé pourquoi ne pas mettre en orbite quelque chose qui utiliserait la technologie de l'extraordinaire gadget. Dans un garage, ils ont créé une société, épaulés par leur patron Simon Worden, l'extraordinaire général, directeur de Nasa Ames Research Center (il m'a causé une des plus grandes joies de ma vie en me recevant à Falcon Air Force Base près de Colorado Springs en 1994 pour me remercier de ma participation à la mission lunaire Clementine du DOD : il a fait jouer la *Marseillaise* à mon entrée dans la base…). Aujourd'hui, Will Marshall, l'un des fondateurs, en est le PDG.

Appliquant une philosophie-projet issue du monde informatique, Planet Labs utilise des composants sur étagères pour fabriquer des satellites CubeSats à très bas coût, excusés s'ils tombent en panne. Les microsatellites de Planet Labs, appelés Dove, sont orientés dans les trois axes par capteurs magnétiques, senseurs d'horizon, solaires et stellaires. Ils ne disposent pas de propulsion mais utilisent pour modifier leur orbite la friction atmosphérique sur leurs panneaux solaires. Muni de caméra du type Webcam, un Dove collecte dix mille images par jour de résolution métrique 3 à 5 mètres, couvrant deux millions de kilomètres carrés. Chaque image contient quarante gigabytes. La communication en bande S à un débit de 115 kb/s se fait avec douze stations sol. Planet Labs vend des images nettoyées, mais a jusqu'à présent reculé devant le traitement et l'interprétation.

Des grappes de Dove sont placées sur une orbite héliosynchrone basse (360-500 km) par des lanceurs qui ont été successivement américains, indiens, japonais ou russes, y compris la Station spatiale internationale, avec, il est vrai, deux échecs mais qu'importe, le Dove n'est pas cher. La durée de vie en orbite est limitée à trois ans – mais qu'importe… Depuis les premiers prototypes, lancés en 2013, de nombreux Dove ont suivi, jusqu'au record de 88 à la fois sur le lanceur indien PSLV en février 2017. Ainsi a été bâtie une constellation qui est la première à offrir une couverture globale fournissant des images quotidiennes de tout endroit sur la Terre. Le grand nombre de satellites, donc le rafraîchissement à vingt-quatre heures en tout point, est la marque du système Planet, qui en gère pour l'instant 189 en orbite entre 370 et 500 km d'altitude. La Russie est entrée dans la course avec 72 nanosats placés sur orbite le 14 juillet 2017 par un Soyouz puis Glavkosmos a utilisé deux Soyouz en décembre 2017 pour en lancer 40 autres.

Une autre solution est le largage à partir de l'ISS. Planet a été un grand utilisateur de cette pratique. Nanorack, l'entreprise qui a mené la plupart des lancements de nanosats à bord de l'ISS, prépare pour 2019 le placement d'un sas capable de lancer plus de nanosats que le module japonais utilisé jusqu'à présent.

En 2015, Planet Labs a acquis BlackBridge qui exploitait cinq satellites Rapid Eye de 150 kg, fournissant des images de résolution 1 mètre. En 2017, l'entreprise a acheté Terra Bella à Google, pour fournir Google Earth en images. Terra Bella disposait de 7 satellites de résolution 70 centimètres. La NGA a signé des contrats avec Planet pour la fourniture d'imagerie de vingt millions de dollars en 2016 et quatorze en 2017.

Depuis 2010 Planet a levé 183 millions de dollars chez des *venture capitalists,* emploie 450 salariés, n'est pas encore rentable et sa valeur en bourse dépasse 1 milliard de dollars. Les fondateurs ont promis de ne pas devenir riches, mais d'inventer de nouveaux projets dans lesquels investir s'ils le deviennent. La surveillance de tout et n'importe quoi est un domaine infini.

Urthe Cast et DMC3

La compagnie canadienne Urthe Cast opère des instruments à partir de l'ISS, démarrant par des caméras construites par le laboratoire anglais RAL (Rutherford Appleton Laboratory) puis en 2013 avec deux radars SAR. En 2015, elle annonce son intention de lancer une constellation de 8 paires de satellites (un imageur de résolution 50 centimètres, et un SAR bande X de résolution 1 mètre doublé d'un SAR bande L de résolution 5 mètres, par paire). Une plateforme orbitale, équipée pour le Big Data, reçoit et relaie vers le sol les données d'un écosystème attirant les investissements de tous, invités à développer des *apps*.

DMC3 a permis à la Chine de disposer d'un premier système commercial d'observation. Il s'agit d'une coopération avec le Royaume-Uni qui a commencé en 2011 par l'achat de trois satellites à DMCii, filiale de SSTL (université de Surrey) pour 110 millions de livres. Ils ont été lancés en 2015.

Les relais Internet

Le remplacement prévu vers 2020 de la génération 4G des télécommunications par la 5G crée un marché. Un des objectifs des Gafa dans le spatial est la maîtrise de la diffusion d'Internet, y compris l'Internet des objets et notamment des objets mobiles. Apple comme Google ont cherché à construire leur propre réseau souvent avec des moyens exotiques comme les ballons stratosphériques de Google. Mais la solution sera vraisemblablement spatiale. Les quatre milliards de gens qui ne disposent pas aujourd'hui d'un accès à Internet sont la cible visée par la plupart des opérateurs et des fabricants de minisatellites.

Ainsi le vibrion américain Greg Wyler, né en 1981, milite en faveur de la réduction de la fracture numérique. Après l'éphémère Terracom, spécialisée dans les télécommunications africaines, fondée en 2002, il crée en 2007 à Jersey l'opérateur de satellites de télécommunications O3b Networks avec pour partenaires Google, la banque HSBC et John Malone, magnat de la télévision câblée. L'entreprise sera rachetée en 2016 par l'opérateur SES pour 730 millions de dollars.

Le service d'Internet à haut débit est assuré par une constellation de 16 satellites construits par Thales Alenia Space dans ses usines de Cannes et de Rome. La constellation O3b est placée en orbite équatoriale à l'altitude de 8 063 kilomètres avec une visibilité de 45 minutes par passage. Cette orbite, avec une période de 288 minutes (5 orbites par jour) permet un passage au-dessus du même point de l'équateur toutes les 6 heures. Elle est stable et ne nécessite qu'une correction par an. Chaque satellite, dérivé des Globalstar de seconde génération, est équipé de deux fois dix liaisons en bande Ka avec un débit de 1,25 Gb/s. La constellation a été initialisée par trois lancements Soyouz de quatre satellites chacun, à partir du Centre spatial guyanais le 25 juin 2013, le 10 juillet 2014 et le 18 décembre 2014.

SES va lancer les deux dernières grappes de satellites O3b de première génération, ensuite, en 2021 les satellites O3bmPower. Car SES et Boeing réinventent O3b pour un marché en expansion rapide : SES a choisi Boeing (au grand dam de Thalès Alenia Space) pour réaliser la nouvelle génération avec un bond dans les performances qui pourrait amener à une révision de sa politique géostationnaire. En 2017, SES a commandé sept satellites pour sa nouvelle constellation O3bmPower ; ils ont été conçus pour un marché de la connectivité que SES estime à 3,3 zetaoctets/an (3,3 milliards de téraoctets/an à l'horizon 2021), avec 4,6 milliards d'internautes et un trafic généré à 50 % par l'Internet des objets. La charge utile numérique assurera une couverture composée de plus de 4 000 faisceaux indépendants. Les sept satellites O3bmPower, d'une masse d'environ 1,2 tonne chacun, seront déployés par trois ou quatre lancements sur la même orbite équatoriale circulaire (à 7 825 kilomètres d'altitude) que les premiers O3b à intégrer dans le système. D'après le PDG de SES, Karim Sabbagh, « *Nous offrirons le premier système capable de fournir tout type de connectivité avec une capacité de plusieurs téraoctets par seconde* ».

En 2014, Greg Wyler quitte O3b pour fonder One Web (d'abord World Vu), avec l'objectif de fournir aux particuliers un accès haut débit à Internet grâce à une constellation de 900 satellites, dont le coût individuel est réduit à un million de dollars par l'effet d'échelle découlant du nombre d'engins commandés. Virgin Group et Qualcomont décidé d'investir dans OneWeb, et Wyler a réussi à lever cinq cents millions de dollars qui deviendront 1,7 milliard en 2017 grâce à Softbank. Il lui faudra en trouver encore.

Les satellites OneWeb seront assemblés par la coentreprise Airbus DS-OneWeb à Exploration Park en Floride, près du Centre Spatial Kennedy. Les dix premiers exemplaires seront fabriqués à Toulouse. Ces satellites sont des microsatellites de 150 kg émettant chacun 16 faisceaux en bande Ku. Ils seront placés sur une orbite quasi polaire d'altitude 1 200 kilomètres par 21 lancements d'Arianespace utilisant Soyouz entre 2018 et 2020, dont un premier avec dix satellites d'essai, puis vingt autres, emportant chacun 32 satellites. Il y a déjà 900 satellites de diverses origines sur les orbites visées. On va se bousculer…

Pour assembler et livrer 900 satellites en deux ans, est construite une usine où les compétences issues de l'automobile et de l'aéronautique se marient selon les principes du *lean manufacturing*. La production en série sera assurée par 36 fournisseurs français, anglais, canadiens, américains, russes et espagnols. La ligne d'assemblage (deux satellites par jour) se compose de 25 stations entre lesquelles les éléments du satellite lui-même sont déplacés par des véhicules autonomes. La réalité augmentée permet de limiter la documentation nécessaire. Des outils intelligents sécurisent les opérations, comme des réseaux géolocalisés qui ne s'activent que pour serrer les bonnes vis dans le bon ordre. À la fin de chaque opération une caméra compare le résultat aux modèles de référence et signale les éventuels défauts. La majorité des opérations concerne des interfaces de la connectique entre des éléments préparés à l'avance. La chaîne intègre des stations d'essais afin de contrôler le fonctionnement de l'alimentation solaire. À terme, la durée de fabrication d'un satellite, à partir du déstockage de ses composants jusqu'à sa sortie de chaîne prêt à être lancé, ne prendra qu'une semaine.

En août 2017 a été lancée la production de modèles de qualification. La production des dix premiers modèles de vol a démarré sans qu'ils aient eu à subir d'essais de qualification. À la fin 2017, la production en masse a commencé à Exploration Park. La chaîne de Toulouse sera conservée en réserve pour produire des satellites *low cost* pour d'autres clients. Ainsi l'entreprise Earth Now, issue de l'incubateur Intellectual Venture, prévoit de lancer une constellation d'une centaine de satellites destinée à fournir des services vidéo en temps réels (20 images par seconde en couleurs) de la totalité de la surface de la Terre. Airbus est un des principaux financiers puisque les satellites dérivés de la plateforme One Web seront fabriqués sur les lignes de production toulousaine et floridienne pour un coût de 1 million de dollars chacun. Les lancements se succéderont toutes les trois semaines. La constellation comprendra 648 satellites au début et sera portée à 882 avec les doublons en orbite. L'accès à Internet des quatre milliards de personnes qui n'en disposent pas encore sera atteint en 2027. Ces satellites sont conçus pour une durée de vie de cinq ans alors que le déploiement de la constellation complète en prendra trois. OneWeb devra donc travailler à financer sa deuxième génération avant même d'avoir achevé de déployer la première.

La production en masse par un grand groupe industriel de taille mondiale, le premier constructeur aéronautique, entre-t-elle dans le cadre du *New Space* ? Les Gafa n'y participent pas, Wyler est un électron libre attiré par la France et son action se déroule loin de la Silicon Valley. Mais l'important est qu'issu de la foule, il contamine la grande industrie de l'esprit gafanomique. Quelles seront les conséquences de cette alliance de l'organisé et du désorganisé ?

La création d'O3b par Greg Wyler a conduit à la mise au point par Thales Alenia Space de satellites qui sont les précurseurs des Leosat de conception pratiquement identique. Leosat Enterprise, fondée à Washington DC par deux ingénieurs de Schlumberger, Cliff Anders et Phil Marlar en 2013, ne s'intéresse pas aux multitudes non connectées, mais s'adresse aux amateurs de large bande et délais de routage court, à savoir les grandes entreprises, les établissements financiers et les instances gouvernementales. La société développe Leosat, une constellation de 78 satellites en orbite polaire répartis en six plans à 1 400 kilomètres d'altitude. Elle fournira des communications point à point, utilisant des liaisons par laser de satellite à satellite jusqu'au dernier destinataire avec un débit compris entre 50 Mb/s et 1,6 Gb/s, montant même parfois jusqu'à 5,2 Gb/s. Les promoteurs du projet ne le voient pas comme une constellation de satellites, mais comme une constellation de routeurs qui se trouvent être des satellites. Chacun de ces routeurs est lié avec les quatre satellites adjacents. Après le lancement de deux démonstrateurs en 2020, la constellation sera déployée vers 2022. Son coût est évalué à 3,5 milliards de dollars.

Intervention dans l'espace

Les constellations ne sont pas seules à engendrer du nouveau dans l'espace !

L'évolution des composants, le développement de nouveaux algorithmes, l'arrivée de l'intelligence artificielle, du *Big Data* et du *Cloud* peuvent transformer les opérations spatiales. De même que les Gafa ont imposé la récupération des premiers étages des lanceurs, la réparation en orbite des satellites en panne ou âgés va peut-être devenir une entreprise banale. Depuis longtemps la Darpa travaille à son projet Phoenix de sauvetage d'un satellite par un satellite.

Citons un exemple prometteur. La société Orbital ATK, jadis Orbital Sciences, une entreprise créée en 1982 par David Thompson, l'Elon Musk des années 1980, et récemment rachetée 2,2 milliards de dollars par Northrop Grummann, a, elle aussi des lanceurs, tels que Pegasus, Minotaur, Antares… et créé Cygnus, un transporteur d'équipements jusqu'à l'ISS au moyen de leur Antares, qui a rempli en juin 2017 sa septième mission de ravitaillement. Elle travaille sur un système de rendez-vous, d'opérations de proximité et d'arrimage (RPOD) permettant la détection, la poursuite et l'approche finale vers un satellite client, en collaboration avec plusieurs Centres de la Nasa, dans le cadre du protocole « *Collaboration for Commercial Space Activities* », partie du *Space Act Agreement* (SPA) de 2014. La commercialisation des activités de service en orbite sera menée par Space Logistics LCC, filiale d'Orbital ATK, au moyen du satellite démonstrateur MEV-1 (*Mission Extension Vehicle*) muni d'une plateforme GeoStar sur laquelle est implanté un RPOD. Le lancement de MEV-1 est prévu pour 2018. Sa mission en 2019 est d'étendre de cinq ans la vie d'un satellite Intelsat et d'effectuer ensuite de nombreux accostages pendant sa vie estimée à quinze ans.

Après les lanceurs réutilisables, les satellites réparables !

Les tendances du *New Space*

Le *New Space* se caractérise par deux aspects complémentaires : d'une part, la transformation des activités traditionnelles par l'utilisation de nouveaux *business models* et d'organisation, inspirés des entreprises de la Silicon Valley, et par l'émergence de nouveaux acteurs impulsant des partenariats public-privé. D'autre part, l'émergence de petits systèmes spatiaux individuels ou en constellation qui traduit directement la loi de Moore et l'accélération qui s'ensuit dans les NBIC (nanotechnologies, biotechnologies, technologies de l'information et de la communication, technologie cognitive).

Les *start-up* du *New Space* ou les grandes sociétés déjà établies dans l'Espace adoptent de nouvelles méthodes d'ingénierie système et de production, importées des industries de l'information et en particulier du logiciel (développement agile, fabrication *lean*) ; d'où une réduction des coûts au-delà de ce qu'introduiraient les technologies NBIC.

Le *New Space* se situe au cœur de la révolution du *Big Data*, qui est l'une des composantes principales de l'économie numérique en croissance exponentielle. L'approche du *Big Data* dans l'espace consiste à modifier et à diversifier l'offre de données, soit en multipliant les sources (très grand nombre de petits satellites munis de capteurs aux performances variées et évolutives) ; soit en permettant aux clients potentiels, qui ne sont pas tous identifiés au départ, de faire leur marché dans cette abondance croissante de données, en imaginant leurs propres applications et en utilisant la puissance et l'intelligence des algorithmes de traitement de *Big Data*.

Le *New Space* se construit à partir de l'iPhone tel qu'il féconde l'imagination des jeunes nouveaux acteurs : Steve Jobs ne savait pas quelles utilisations apparaîtraient, mais il comptait sur la créativité du marché, et il ne se trompait pas puisque des centaines de milliers d'applications ont été développées pour faire du smartphone un outil universel.

Peut-on se livrer au jeu des prévisions ?

New Space *et la révolution dans les télécommunications sans fil*

L'approche *New Space* permettra aux systèmes spatiaux d'accompagner la révolution dans l'industrie numérique apportée par la nouvelle génération de téléphones sans fil 5G. La nouvelle technologie, prévue pour devenir opérationnelle au début des années 2020 multipliera par mille les performances de la technologie actuelle 4G (100 en débit et 10 en densité d'information). Elle transformera les usages (Internet des objets, voitures autonomes, *streaming* remplaçant l'accès aux contenus audio et vidéo, et.)

Un immense réseau, Starlink, de plus de quatre mille satellites en orbite basse (une extension du projet One Web) proposé par SpaceX permettra de fournir la couverture *anytime* (100 % du temps garanti), *anywhere* (pas de zone blanche), à faible temps de latence (de l'ordre de dix millisecondes) demandée par la connectivité mobile universelle. SpaceX a obtenu une licence d'exploitation pour un premier ensemble de 4 425 satellites, dont la moitié devrait être en orbite d'ici 2024, la totalité en 2027. Deux satellites expérimentaux (Tintin A et B) ont déjà été lancés en 2018. SpaceX prévoit de compléter ce premier ensemble avec 7 570 satellites. Le coût de déploiement des quelque 12 000 petits satellites s'élèverait à 10 milliards de dollars. Exigeant l'équivalent de 80 lancements d'Ariane en trois ans, un tel projet dominerait l'activité spatiale dans le monde : aujourd'hui quinze à vingt satellites géostationnaires sont lancés par an, et six Ariane-5 tirées. L'arrivée prévue de la 5G amène les constructeurs à proposer dès aujourd'hui de telles constellations à l'exemple de One Web, les quatre mille satellites de SpaceX et les 80 Geosat de Thales Alenia. On peut croire que SpaceX n'utilisera pas Ariane mais ses gros lanceurs Falcon Heavy ou leurs successeurs.

Mais les constellations ne vont pas tout faire. Les satellites géostationnaires seront impactés par la 5G et par le *New Space* : assemblage en orbite, maintenance par des robots comme le Phoenix de la Darpa, etc. Le *streaming* exigera des débits très supérieurs à ce qui est disponible actuellement. Des satellites plus lourds pourraient apparaître au cours des années 2020 : aujourd'hui six tonnes, demain quarante en géostationnaire ?

La grande question de l'industrie spatiale est posée : pour gérer la problématique des constellations, faudra-t-il des organisations de grandes dimensions semblables à celles qui gèrent l'industrie automobile, comme fait Airbus pour One Web, ou une multitude de petites entreprises comme Planet – ou bien, la foule ?

New Space et les besoins de lancement

Il existe un décalage croissant entre le prix de fabrication des petits satellites dont nous voyons venir la marée montante et celui du lancement. Les solutions de lancements partagés avec des passagers secondaires (*piggy back* ou *ride share*) ne conviennent pas aux grandes constellations, mais doivent être réservées aux projets moins ambitieux tels que les microsatellites pour universitaires. La société Planet estime à 10 000 dollars le prix d'un Cubsat 3U et à 100 000 celui d'un 27U. À comparer avec le prix du lancement, cent fois supérieur. Dans l'esprit du *New Space*, plusieurs entreprises essaient de développer des lanceurs adaptés aux petits satellites à la mode.

Rocket Lab, une société américano-néo-zélandaise essaie de mettre au point son Electron capable de mettre 150 kg en orbite héliosynchrone. Un premier tir le 23 mai 2017 a échoué à la suite d'un mauvais fonctionnement de l'étage supérieur ; elle a levé 150 millions de dollars. *Vector* procède par étapes pour la mise au point de son lanceur dont le premier essai, limité à deux kilomètres d'altitude, a eu lieu avec succès le 2 mai 2017 ; elle a levé 31 millions de dollars. *Virgin Galactic* veut lancer son petit Launcher-one à partir d'un Boeing 747 qu'il a acheté – l'entreprise est riche et peut se payer cette fantaisie. Les modifications de l'avion sont terminées, mais on ignore quand le premier essai aura lieu. *Stratolaunch*, soutenu par Paul Allen, cofondateur de Microsoft, se concentre sur le développement de ce qui sera le plus grand avion du monde, avec ses 117 mètres d'envergure. Il portera le petit lanceur Pegasus XL d'Orbital Sciences, que depuis 1990 la Nasa a utilisé 43 fois pour lancer 94 satellites. Trois Pegasus XL peuvent être largués de cet avion lors du même vol. Stratolaunch ne manque pas de financement. *Cube Cab* envisage d'utiliser à partir de 2018 pour le lancement de satellites 3U l'avion Lockheed F 104 Starfighter pour un coût unitaire de 25 000 dollars. La fabrication des satellites pourrait ne demander que deux ans. Le délai entre la commande d'un vol et la mise en orbite ne devrait pas dépasser trente jours.

Cloud IX de son côté pense à un lancement à partir d'un ballon. *Firefly Aerospace* situé à Cedar Parks au Texas va mettre au point un lanceur léger. Employant 120 salariés, il a effectué quelque 150 essais de moteurs. Le lancement du premier modèle est prévu pour la fin de 2019.

Aucun de ces projets ne présente un *business plan* crédible, mais nous sommes dans le *New Space* où tout peut arriver, même l'impossible.

En dehors de l'éventuelle constellation Google-SpaceX qui disposerait du lanceur Falcon Heavy de SpaceX, le déploiement de constellations 5G risque de se heurter à l'absence de lanceurs à un prix abordable : seul le vieux (et vénérable) lanceur russe Soyouz permet à Arianespace de répondre à la demande de One Web, réseau encore petit par rapport aux constellations futures. On peut s'attendre à voir les développeurs de New Space, SpaceX et Blue Origin, apporter de nouvelles solutions. La réponse de l'Europe à New Space a été le programme Ariane-6 dont l'objectif est de diviser par deux le coût d'un tir Ariane-5. Elle ne garantit pas la survie de l'industrie européenne des lanceurs. Le réemploi du premier étage, longtemps déclaré impossible ou non rentable par les spécialistes est maintenant en passe d'être imposé par le succès de SpaceX et Blue Origin. Arianespace ne disposera pas d'un lanceur de ce type avant 2025. Les projets mort-nés de lancement par avion devraient être réétudiés en Europe.

New Space et les missions habitées

Missions en orbite terrestre

La Chine construit sa propre station qui devrait fonctionner vers 2020. Le 19 octobre 2016, à 393 kilomètres d'altitude, le Vaisseau Divin (*Shenzhou 11*) s'est amarré au Palais Céleste *Tiangong 2* et deux hommes du Grand Vide (« taïkonautes ») ont commencé une mission de 33 jours dans ce prototype d'avant-poste orbital chinois.

Première étape, pour la Chine, dans l'exploration planétaire : construire une station en orbite terrestre. Après la retraite de l'ISS, les Chinois aimeraient assez être les seuls à en disposer et ainsi se positionner comme *la* grande puissance technique et industrielle du siècle à la place des États-Unis. Ils devraient bientôt assembler en orbite la version définitive qui pourrait accueillir des taïkonautes dès 2022.

En ce qui concerne la gestion de la station internationale ISS (financée par les États-Unis qui y ont contribué pour plus de cent milliards, la Russie, l'Europe, le Canada, le Japon), les Américains ont annoncé qu'ils cesseraient leur soutien fédéral en 2025. Il faudra alors inventer la manière de le passer à un management privé, et peut-être le confier à SpaceX ou Biglow.

La vision américaine du futur est le passage à des stations privées exploitées par des opérateurs commerciaux. Déjà la plateforme Bartolomeo, développée dans le cadre d'un partenariat privé avec l'Esa pour placement à bord de l'ISS en mai 2019, offrira 12 emplacements à des charges utiles de 125 kg. Elle fournira aux opérateurs privés un moyen rapide et économique d'accès à l'orbite. On espère attirer des entrepreneurs industriels. La gestion des expériences à bord sera confiée à des robots sans lien avec les astronautes présents. Au-delà d'une utilisation réservée comme aujourd'hui à des expériences scientifiques limitées, des interventions ponctuelles comme la réparation d'autres satellites ou des essais de qualification d'équipements ou de système, l'évolution *New Space* permet d'espérer que le rêve des années 1960 et 1970 d'une activité économique telle que la production de cristaux, de fibres, d'alliages légers ou de vaccins renaîtra avec l'objectif affiché par la Nasa de « déployer toute la puissance de l'économie américaine en orbite basse ».

Mais, surprise, à côté des grandes puissances qui n'arrivent pas facilement à financer une station habitée, voici venir la foule !

La société Axiom Space, basée à Houston, dirigée par Michael Suffredini, ancien responsable du programme ISS de la Nasa, espère placer en orbite les premiers éléments de sa station spatiale en 2020. Elle consisterait en six modules qui rejoindraient séparément l'ISS et y seraient assemblés en une station indépendante, qui accueillerait sept astronautes. Elle se détacherait de l'ISS juste avant son décommissionnement prévu entre 2024 et 2028, pour former une base indépendante habitée par des astronautes dans le cadre de missions de deux mois soutenues par les États qui le désireraient mais aussi par des touristes, particuliers prêts à débourser des fortunes pour un séjour de dix jours. Cette première station spatiale privée deviendrait un centre de fabrication.

Axiom discute avec Made In Space qui a fabriqué les deux imprimantes 3D déjà placées à bord de l'ISS et négocie également avec Bigelow Aerospace, une entreprise basée à Las Vegas, laquelle prévoit de lancer ses propres stations spatiales en orbite terrestre et sur la Lune. Axiom doit trouver 2 milliards de dollars pour son projet. Si l'on prévoit que la Chine voudra disposer d'une station spatiale aux objectifs encore nébuleux, aucun intérêt n'est montré, en dehors des États-Unis et donc du *New Space*, pour ce genre d'activité.

Missions d'exploration

Les programmes de la Nasa privilégient le placement en orbite lunaire en 2025 de la station Lunar Orbital Plateform Gateway, avec comme objectif l'accueil d'une mission habitée de 30 jours. Les premiers contrats seront attribués en 2019.

Les projets de la Nasa associent des petites sondes issues du *New Space* aux projets d'exploration humaine qui reposent eux-mêmes sur des partenariats public-privé avec des sociétés du *New Space*. Par exemple Bigelow et ULA veulent placer en 2022 leur module gonflable en orbite lunaire basse pour servir d'entrepôt. S'ils y investissent des centaines de millions de dollars, ils espèrent une participation de la Nasa à la hauteur de 2,3 milliards de dollars. À l'autre extrémité du spectre, de très petites sondes en forme de Cubesats (Bio Sentinel, Lunar Flashlight, New Earth Asteroid Scout) sont prévues comme passagers secondaires de la mission EM-1 du nouveau gros système américain SLS-Orion destiné à l'exploration planétaire.

Quatre entreprises ont publié des plans pour le développement d'atterrisseurs sur la Lune (Astrobotics, Masten Space Systems, Moon Express et Blue Origin). Cette dernière présente le cargo spatial Blue Moon pesant plusieurs tonnes, encore sur le papier. La plus avancée, Astrobotics, offre des services d'emport de charges utiles. L'entreprise a annoncé en 2017 le vol inaugural de son « alunisseur » Peregrine pour 2019. Des accords ont été signés avec des partenaires de six nations pour financer la mission de ce démonstrateur visant à transporter 35 kg de charge utile pour le prix de 1,2 million de dollars par kilo. Emportant un terminal de communications laser, la sonde devrait envoyer un Gb/s de données depuis la Lune, ce qui permettrait de réaliser des vidéos haute définition et des expériences de réalité virtuelle sur notre satellite. Voyez les astronautes en pantoufles dans leur chambre, le casque sur la tête et le joystick à la main, marcher sur la Lune ! Quelle sera la contribution publique aux projets ambitieux de Jeff Bezos et Elon Musk qui veulent déverser la foule sur Mars, la foule qui déjà salit l'Everest ? Les Agences, américaines ou chinoises, sauront-elles élaborer un plan raisonnable pour des occupations éventuelles de la Lune ou de Mars, et quelle sera la part du secteur privé dans ces entreprises qui peuvent occuper ou ne pas occuper le rêve de la foule au XXIe siècle ?

Le New Space *et la foule*

Il y a actuellement dans le monde des centaines de propositions de constellations avec un total de 5 000 petits satellites !

La course à la miniaturisation menant à l'émergence des nanosats s'accorde avec l'esprit hacker-maker

De nombreux groupes de hackers montrent de l'intérêt pour l'espace. Planet Labs est un exemple de *projet maker* réussi dans le domaine de l'aérospatiale[6]. Partis du *hackerspace* « Rainbow Mansion » à San Francisco en 2011, ils ont acquis l'aide de Ames Research Center, levé 183 millions de dollars de financement à la mi-2015 et, devenus une *start-up*, mis en orbite de très nombreux Cubesats.

La multiplicité de *New Space*

GOMX-1 est un Cubesat 2U développé par l'université d'Aalborg au Danemark. De dimension 10 × 10 × 20 cm, il pèse 2,66 kg dont 1,2 kg de charge utile. Sa mission est de recevoir les signaux ADS-B[7] émis par les avions commerciaux pour signaler leur position et leur statut. Ce système est en cours de déploiement pour remplacer les radars placés au sol, mais il utilise lui aussi des stations de réception au sol et ne couvre donc pas les océans. Il sera donc complété par une flottille de 60 à 70 satellites qui fournira une couverture globale complète. Le satellite GOMX-1 a été placé le 7 mai 2013 par un véhicule Dniepr de la base russe Dombarovski (cosmodrome de Iasny) sur une orbite héliosynchrone d'altitude 600-835 kilomètres avec une dizaine de micro- ou nanosatellites d'origine diverse. Sa charge utile a fonctionné correctement jusqu'au 7 mai 2014 et a détecté et renvoyé les signaux ADS-B de plusieurs avions.

Cette jolie mission illustre à elle seule l'intérêt du *New Space* : elle a démontré la faisabilité d'une nouvelle application de l'espace pour un prix dérisoire et grâce à la participation d'un groupe d'étudiants soutenus par un petit industriel proche. Dommage que le satellite se soit trouvé à l'autre bout du monde lors de la catastrophe du vol Malaysian Airlines 370 dont on n'a

6. Voir p. 170.

7. Pour *Automatic dependent surveillance-broadcast :* système de surveillance coopératif pour le contrôle du trafic aérien et d'autres applications connexes. Un avion équipé de l'ADS-B détermine sa position par un système de positionnement par satellite et envoie périodiquement cette position et d'autres informations aux stations sol et aux autres appareils équipés de l'ADS-B évoluant dans la zone.

jamais pu localiser l'épave, faute d'ADS-B ! Peut-être GOMX-1 aurait-il aidé à éclaircir le mystère ?

Comparons avec un système opérationnel dévolu à la même mission, en cours de déploiement aujourd'hui : Aireon du consortium Iridium Communications, New Canada, avec d'autres partenaires. Sur chacun des 66 satellites de la constellation Iridium-Next est placé un récepteur Aireon de 50 kg utilisé pour ADS-B à 1 090 MHz. Les signaux sont retransmis aux récepteurs-sol qui achètent ce service (34 clients en février 2018). Les quatre premiers satellites ont été mis sur orbite en décembre 2017 par un Falcon-9. Le système sera complété et atteindra 66 satellites en août 2018. Les partenaires y ont investi 270 millions de dollars.

Le CNES n'est pas resté inactif

Depuis 2012, le CNES a impliqué plus de mille étudiants, principalement des jeunes en apprentissage, dans le projet Janus, qui permet à douze établissements français de concevoir et de fabriquer leur propres nanosatellites. En 2017, sept projets d'étudiants ont ainsi été financés pour moitié par le CNES ; trois de ces satellites sont en phase d'étude et quatre ont été placés en orbite. La construction d'un Cubesat 1U coute environ 250 000 euros ; le double est requis pour un 2U, le quadruple pour un 3U. Six centres spatiaux universitaires ont vu le jour dans ce programme. À celui de Toulouse (CSU-T), le 3U Entry Sat, démonstrateur d'étude de la rentrée d'un débris, est financé à hauteur de 500 000 euros par le CNES et autant par l'Isae-Supaero, à lancer en 2018. Le CSU-T prépare un 3U avec la Défense et un 12U avec le centre universitaire de Grenoble.

Le réseau Janus s'est doté d'un projet pilote Eye Sat à finalité astronomique, financé par le CNES au niveau de 1,4 million d'euros, à lancer par un Soyouz au CSG en 2019. Plusieurs *start-up* ont été créées pour commercialiser les produits Janus à Toulouse, Paris et Taïwan. De plus, le CSU-T développe un centre de contrôle en orbite pour les missions Janus.

Plusieurs projets en orbite sont en gestation.

Les nanosatelites Robusta (Cubesats de 10 cm^3 et 1 kg) sont fabriqués par des étudiants au Centre spatial universitaire de Montpellier-Nîmes accompagnés par le CNES et l'Esa et financés par la Région Occitanie et la Fondation Van Allen. Un premier lancement, Robusta-1, a eu lieu en 2012 à partir du Centre spatial de Guyane, et un second, Robusta-2, a été mis en orbite par un PSLV indien en mai 2017. La Fondation Van Allen finance, depuis 2013, un triple Cubesat dédié à une collecte de données météorologiques supposées améliorer la prévision des épisodes cévenols. Le projet implique trois cents étudiants pour un lancement en 2019.

Le X-cube, double Cubesat, a été développé, avec le soutien du CNES pour les essais, par 57 élèves de l'École polytechnique, et placé sur orbite à partir de l'ISS le 23 juin 2017 à la suite de 35 de ses semblables construits par les universités de 23 pays. Le Centre spatial étudiant de l'École polytechnique développe plusieurs fusées expérimentales et une combinaison pour une future mission sur Mars.

Le CNES s'est associé à la société Nexeya en 2017 pour construire le nanosatellite Angels de 15 kg à lancer en 2019. Il s'intègre dans la constellation Argos qui recueille des données de nature environnementale provenant de balises émettrices placées au sol. Le nombre de ces balises atteint environ 20 000.

Le CNES souhaite créer une compétence industrielle dans le domaine des nanosatellites. Elle pourrait s'envisager dans le cadre de la Fédération (voir chapitre suivant).

Mais cette vague des nanosatellites se retrouvent dans d'autres parties du monde. Ainsi, le nanosatellite de 5 kg *Tomsk-TPU-120*, imprimé en 3D par un groupe d'étudiants de l'université polytechnique de Tomsk en Sibérie, a été porté à bord de la station ISS par un cargo Progress et lancé en orbite à la main avec quatre autres nanosats par les cosmonautes Féodor Iourtchikine et Serguei Riozanski le 17 août 2017. L'Agence spatiale russe Roskosmos a donné son aval pour la création de satellites à bord de l'ISS avec l'aide d'une imprimante 3D.

Figure 28 – Des ThinSat : une série de tranches de pain.

ThinSat, tranche de pain de dimensions 111 × 114 × 12,5 mm, est l'enfant de Bob Twiggs, co-inventeur du CubeSat et de Hans Voss, président de Near Space Launch (NSL) basé en Virginie. Twiggs Space Lab a développé un cursus en trois phases pour les étudiants de divers établissements d'enseignement supérieur de Virginie, qui leur permet de suivre leur ThinSat de la conception à la mise en orbite, l'objectif initial jamais atteint de CubeSat. À la fin de 2018, le second étage d'Antares, un lanceur d'Orbital ATK, placera 63 ThinSats et 1 CubeSat sur une orbite d'altitude 200 km, où ils ne resteront que cinq jours. Les données passeront directement d'un relais Globalstar à l'Internet.

Plus petit encore ! Des *chipsats* mesurant 3,2 centimètres de côté et pesant 5 grammes, nommés Sprite, ont été mis en orbite à partir de l'ISS en juillet 2017 dans le cadre du programme Breakthrough Starshot financé par le milliardaire Yuri Milner. L'essai nommé Kickstart-2 est la seconde incarnation d'une mission, développée à l'Université Cornell sur *crowdfunding*, Kickstart-1 et lancée le 18 avril 2014. Les *chipsats* ne se sont pas déployés par suite d'une panne de l'horloge du système de mise en orbite due au rayonnement cosmique.

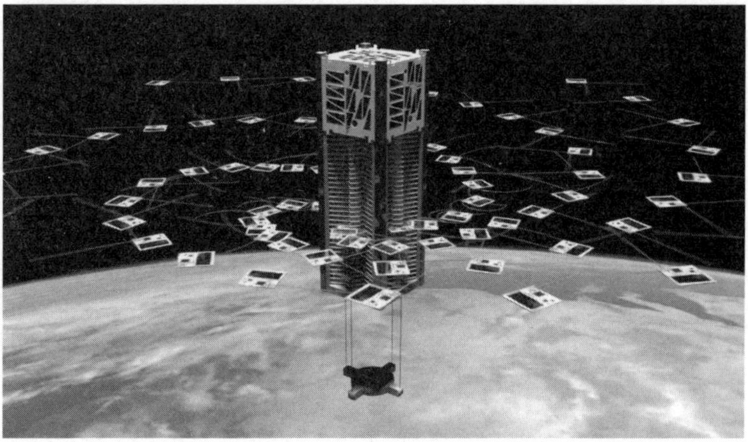

Figure 29 – Un Kicksat largue un grand nombre de Chipsats (vue d'artiste).

Mieux encore, *Kalamsat* de 64 g en fibre de carbone, fabriqué par un étudiant indien de 18 ans à l'aide d'une imprimante 3D, a été lancé avec 8 capteurs à bord le 22 juin 2017 pour un vol sub-orbital de quatre heures.

Conclusion

L'économie spatiale globale vaut déjà 350 milliards de dollars. Les Américains s'apprêtent à réaliser le scénario du film *Odyssée de l'espace* : d'abord une colonie habitée sur la Lune puis le voyage vers Mars. Le tout ferait appel à l'industrie privée sous forme de partenariat public-privé. Certes l'activité américaine dans l'espace est énorme – du moins en orbite terrestre. Plus de 800 satellites américains y opèrent et ce nombre pourrait dépasser 15 000 en 2024. Si la Chine et la Russie lancent beaucoup de satellites, leurs performances et les services qu'ils sont censés fournir ne se comparent pas à ceux des Américains. Et surtout, ils n'ont pas *New Space* !

Le tourisme spatial, cette horreur, pourrait commencer dès 2020. Des tickets pour vol habité en orbite terrestre basse se vendent pour 250 000 dollars chacun. Des compagnies minières s'apprêtent à rapporter d'astéroïdes des minéraux tels qu'or, argent, platine ou terres rares.

L'espace reste plus que jamais la grande aventure des États-Unis, celle qui s'est bâtie sur des exploits réels et qui inspire sa jeunesse. Le *New Space* n'y fait que commencer, pendant que le reste du monde se sclérose dans l'amour du passé, sauf la Chine, qui doit inventer son propre modèle.

Chapitre 5. Réseaux sociaux et communautés

Le Web 2.0

Depuis quinze ans, Internet a permis à un phénomène de communication sociale tout à fait inédit de se répandre dans le monde entier : les réseaux dits « sociaux » se sont créés spontanément pour établir des communications permanentes entre les habitants de pays et de continents éloignés les uns des autres, qui ne se connaissent pas et ne se sont en général jamais vus. Des milliards d'internautes sont connectés pour former une société virtuelle, plus émotive, plus réactive, plus vivante que les sociétés réelles.

L'Internet est une technologie de transmission de données ; le Web, ou toile, est l'espace virtuel formé par les sites et leurs liens. Ce sont les utilisateurs, ou internautes, qui le fabriquent. En fait, il en existe trois superposés et confondus : le *Web documentaire* donne accès à la connaissance : il est fait de pages de référence et c'est le domaine de l'expert ; le *Web d'information* donne accès aux actualités, il partage l'approche non interactive du précédent, c'est le domaine du journaliste ou du commerçant entouré de ses clients ; le *Web social*, où les internautes produisent du contenu, des millions d'entre eux l'alimentent ainsi d'une multiplicité d'apports personnels, chacun peut partager s'il est connecté, et c'est ce partage en lui-même qui constitue la motivation.

De nouveaux outils algorithmiques ont permis dans les quinze dernières années une expansion colossale de cette dernière dimension.

Grâce au nouveau Web, le Web 2.0, qui est en réalité une constellation de technologies révolutionnaires en réseau sur Internet, les individus, les savoirs, les objets, les dispositifs et les agents intelligents convergent dans des réseaux multi-intervenants qui permettent de répandre des innovations et des tendances sociales quasi instantanément.

Ce terme a été forgé en 2004 par Tim O'Reilly, éditeur américain de livres d'informatique, afin de rassembler un ensemble de principes et de pratiques constituant une architecture de participation. Pour O'Reilly, il est caractérisé par l'adhésion à plusieurs des prescriptions suivantes : fournir des services, nommés packages logiciels ; disposer de sources de données uniques ; incorporer les utilisateurs comme des codéveloppeurs ; tirer parti de l'intelligence collective ; atteindre le marché jusqu'à sa périphérie.

Flickr, le site de photographies sur lequel chacun peut partager et commenter ses œuvres, est une illustration du fonctionnement du Web 2.0. Il se contente de fournir une plateforme d'hébergement gratuit. L'utilisateur fait tout le reste : il poste ses images, crée son classement, introduit la plupart des applications que les membres utilisent pour visionner, manipuler et partager leurs contenus. Flickr est une vaste communauté auto-organisée qui se rassemble sur une plateforme libre dans le but de produire ses divertissements, ses outils et ses services propres.

Tel est et tel sera le monde : les communautés construiront leurs services en assemblant des bases de données partagées et des morceaux de codes de logiciels. C'est ce qu'on appelle la production par les pairs. Par définition, c'est un mode de production interactif de biens et de services dans lequel les individus s'organisent en communautés et mutualisent leurs efforts en vue d'un objectif commun. Dans beaucoup de communautés de production collaborative, les activités sont volontaires et bénévoles. Des millions d'individus peuvent s'associer pour produire à peu près tout ce qui demande de la créativité avec pour seuls outils un ordinateur et une connexion Internet.

L'exemple de Wikipédia est emblématique. Créé en 1999 par Jimmy Wales, c'est la plus vaste encyclopédie du monde, gratuite et alimentée par des bénévoles sur une plateforme libre qui permet à chacun d'apporter son savoir. Chaque personne peut écrire et y placer un article de son choix et c'est cette contribution non contrôlée qui constitue l'encyclopédie. L'objectif de la communauté est de mettre à la disposition de tout être humain une encyclopédie de qualité dans sa langue maternelle. Construite sur un logiciel appelé wiki, qui signifie rapide en langue hawaïenne, Wikipédia est constamment amélioré par les apports incessants et les corrections des wikipédiens. Ce n'est qu'un début : les wikis ont déchaîné un cercle vertueux de cocréation qui s'entretient de lui-même, un écosystème de pairs qui composent et recomposent en permanence des grappes de connaissances pour participer à un jeu de dimensions mondiales.

Les réseaux sociaux de communication

Il existe aujourd'hui un réseau mondial de communication ouvert gratuitement à tous. Depuis dix ans des moyens révolutionnaires ont permis à des milliards de gens, les internautes, d'y échanger des informations et donc de s'influencer puissamment les uns les autres.

Exemples de réseaux

Myspace a été un site Web gratuit, créé en 2003 par Tom Anderson et Chris DeWolfe, qui hébergeait des groupes de musique et des DJ pour y entreposer leurs compositions. L'on pouvait ainsi constater en 2007 : « *Si Myspace était un pays, il serait le cinquième le plus peuplé, entre l'Indonésie et le Brésil* ». Mais Myspace, acheté en 2005 par News Corps, le groupe de Rupert Murdoch, après avoir plafonné à 230 millions d'utilisateurs, s'est effondré : en 2015, ce nombre était tombé à

50 millions par mois. Il est en voie de disparition. Le principe de Schumpeter est impitoyable…

Facebook est un réseau social en ligne qui permet à ses utilisateurs de publier du contenu et d'échanger des messages. Fondé en 2004 à Harvard par l'étudiant Mark Zuckerberg et désormais installé à Menlo Park en Californie, il regroupait en 2017 2,2 milliards de comptes. Outre la gestion des relations entre des gens qui font connaissance grâce à lui et deviennent des « amis », Facebook est une plateforme de partage illimité de connaissances. Ses ressources proviennent de la publicité dont elle capte, avec Google, 60 % du marché mondial : elle a été conçue pour récupérer les données de ses utilisateurs afin de les vendre à des annonceurs. Elle emploie 20 658 personnes et vaut 493 milliards de dollars. En 2017, son revenu atteignait 40 milliards de dollars et ses profits 16 milliards avec un taux de croissance de 56 % pour les revenus et 166 % pour le bénéfice. Zuckerberg a été nommé *Business Person of the Year* par la revue *Fortune* en 2016. Les applications développées par Facebook rencontrent un immense succès : Messenger pour la messagerie instantanée est utilisé par 1,2 milliard de personnes ; Whatsapp, rachetée en 2018, en plus d'assurer la messagerie, connecte les utilisateurs avec des marques, permettant aux entreprises d'organiser des *chatbots*, c'est-à-dire des petits programmes permettant de converser, elle sert en 2018 1 milliard de personnes par jour.

Snapchat est une application gratuite de partage de photos et de vidéos. Les clients y postent un journal fait de documents qu'ils ont engendrés et les échangent. Le tout effacé tous les jours : c'est le règne de l'éphémère. Il a été créé en 2011 à Sanford par Evan Spiegel, Bobby Murphy et Reggie Brown et comptait, en 2017, 166 millions de visites quotidiennes. Snapchat est la coqueluche des jeunes.

Instagram est un service de partage en ligne de photos et de vidéos. Créé à San Francisco par Kevin Systrom en octobre 2010, il réunit en 2018 plus d'1 milliard d'utilisateurs. Il a été racheté par Facebook en 2013 pour un milliard de dollars.

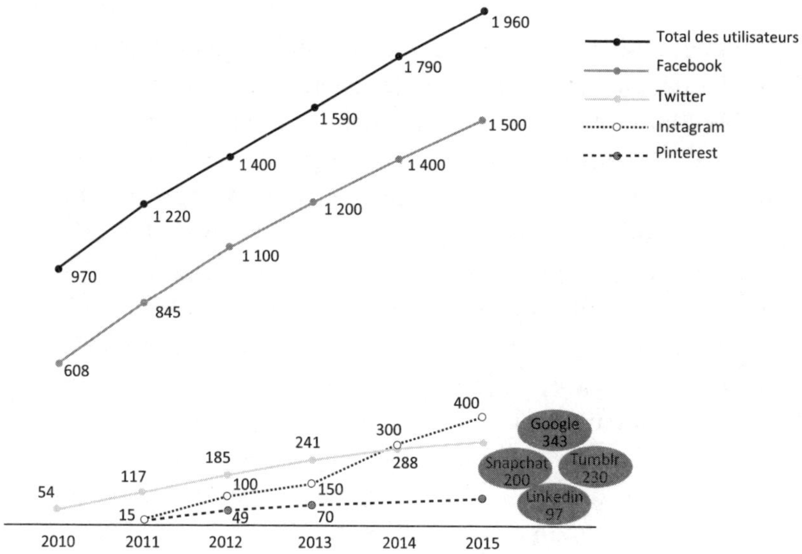

Figure 30 – La croissance des réseaux sociaux entre 2010 et 2015 en millions d'utilisateurs.

Le réseau permet d'« aimer » très facilement les publications des membres : pour 100 abonnés, 5 aiment ou commentent un contenu, soit 80 fois plus que sur Facebook et 160 fois plus que sur Twitter. Instagram s'impose comme le réseau social de l'*engagement*. Il apportait, en 2017, 20 % des recettes publicitaires de Facebook aux États-Unis contre 15 % en 2016.

YouTube est un site Web d'hébergement de vidéos. Fondé par Steve Chen, Chad Hurley et Jawed Karim en Californie en 2005, en 2015 il était consulté chaque mois par plus d'un milliard d'abonnés pour regarder six milliards d'heures de vidéo. Son public se recrute parmi les jeunes de 8 à 17 ans. Le format de liberté et d'ouverture décrit par la formule « *Tout ce que vous voulez voir* » a changé le mode de navigation sur Internet, et donc la façon de percevoir le monde. YouTube, propriété de Google, lui fournissait en 2017 20 % de ses recettes publicitaires aux États-Unis, contre 16 % en 2016.

Linked In, réseau social professionnel en ligne créé en 2003 par Reid Hoffman et Alan Blue à Mountain View en Californie publie des *curriculum vitae* et des lettres de motivation. Forte de ses 500 millions de membres dans le monde, dont 46 millions d'étudiants inscrits dans 60 000 grandes écoles ou universités, la plateforme offre en permanence un million d'emplois à la jeunesse diplômée. 86 % des jeunes diplômés français et étrangers y ont un compte. La plateforme a pompé l'ADN des réseaux associatifs édifiée par des générations d'anciens élèves et permet de retrouver les anciens de votre école, de communiquer avec eux, de connaître l'évolution de leur carrière, voire de leur proposer un emploi. D'innombrables associations d'anciens élèves agissant sur le Web complètent le travail de Linked In au profit des directions des ressources humaines. Linked In a été acheté 26,2 milliards de dollars en juin 2016 par Microsoft. Fonctionnant sur le principe de la connexion et du réseautage, il peut être utilisé pour trouver du travail, des employés, des prestations, etc. Il permet de constituer, développer et améliorer le capital social de l'utilisateur. Chacun construit son identité virtuelle en ligne. Ses revenus proviennent de la publicité (18 %), des abonnements (20 %) et des services de recrutement (62 %).

GitHub, site inconnu du grand public et donc de la plupart des internautes, créé en 2008 à San Francisco, est devenu un outil incontournable pour les développeurs informatiques. Cette plateforme leur permet de stocker et de partager les codes qu'ils créent. Elle accueille plus de 80 millions de projets, logiciels, sites Web, applications mobiles ou tout autre type de programmes. C'est aussi un espace collaboratif dans lequel il est possible de contribuer aux projets rendus publics en proposant des modifications, au moyen de l'outil Git, développé en 2005 par Linus Torvalds, le créateur de Linux. La plateforme revendique 27 millions d'internautes, à savoir une bonne partie de développeurs du monde, dont les contributions sur GitHub sont davantage scrutées par les recruteurs que leur CV. Et surtout GitHub est devenu la plus grande bibliothèque de codes *open source* du monde. Si les utilisateurs s'en servent gratuitement pour leurs projets *open source*, ils doivent payer pour leurs projets privés dont le code n'est pas rendu public (6 à 18 dollars par mois et par utilisateur). La plateforme ne se finance pas par la publicité. Microsoft l'a acquise en juin 2018 pour 7,5 milliards de dollars.

Netflix est une entreprise commerciale qui s'apparente à un réseau. Créée en 1997 à Los Gatos en Californie par Reed Hastings et Marc Randolph, elle a été domiciliée depuis 2011 au Luxembourg, et, depuis 2016, aux Pays-Bas. Son activité consiste à proposer des films et des séries télévisées en flux continu (*streaming*) sur Internet, permettant l'écoute en direct sans téléchargement. Parti de l'état de loueur de cassettes vidéo, Netflix devient producteur pour sa propre exclusivité. En 2018, l'entreprise aura dépensé huit milliards de dollars pour produire plus de films que les trois grands studios américains réunis : Disney, Warner Bros et Universal Pictures. Elle a inventé un nouveau média qui offre des contenus exclusifs concurrents du câble, mais dix fois moins chers. Son chiffre d'affaires dépasse 12 milliards de dollars. En 2018, Netflix comptait 125 millions d'abonnés. Un tiers du trafic Internet à l'heure de pointe aux États-Unis leur est consacré.

Spotify, une entreprise suédoise crée en 2006 par Daniel Elk associe un service de musique en streaming à un abonnement payant souscrit par 159 millions d'utilisateurs. Derrière lui, Apple Music, né en 1983, n'en a que 38. Présent sur tous les produits Apple, Spotify emploie trois mille salariés et réalise 4 milliards d'euros de chiffre d'affaires. L'entreprise est devenue le plus important service d'abonnement musical dans le monde. Tencent Music, le partenaire chinois de Spotify, contrôle 70 % du *streaming* musical en Chine grâce à la mise en place de trois plateformes et son but est de transformer en abonnés ses 700 millions d'utilisateurs mensuels, dont seuls 17 millions paient un abonnement.

On notera que Netflix, Spotify et Tencent Music ne sont pas des réseaux sociaux en ce sens qu'ils n'autorisent la communication que dans un seul sens, sans aucune participation du client. Mais ce sont des réseaux de communication et, ce qui nous importe, ils délivrent des messages à des centaines de millions de clients accrochés.

Reconnaissance faciale

Facebook encourage chaque jour ses utilisateurs à identifier les photos de leurs « amis » en y ajoutant leur nom. Ensuite, son système DeepFace de reconnaissance faciale lui permet de constituer une banque de visages. Google utilise son algorithme équivalent FaceNet de Google Photos à la même fin. En 2017, Amazon a lancé son service de reconnaissance d'image Rekognition et stocké plusieurs dizaines de millions de visages. La société californienne FaceFirst vend un système de reconnaissance faciale qui permet aux grandes surfaces de reconnaître leurs clients fidèles et de repérer les voleurs jusque sur le trottoir.

Allant plus loin, les entreprises du numérique veulent interpréter les sentiments qu'exprime notre visage afin de deviner nos désirs. Les sociétés américaines Affectiva, Emotient, Reakegos utilisent des logiciels de décryptage des émotions qui, à partir de films, numérisent en temps réel les visages, identifiant des repères comme les coins des sourcils et de la bouche, puis des algorithmes les décodent grâce à une grille préétablie de lecture émotionnelle reposant sur des études statistiques menées sur des milliers de personnes.

En septembre 2017, des chercheurs de l'université Stanford ont déclaré pouvoir détecter si une personne est homosexuelle avec un taux de réussite de 91 % ! On estime que les visages de 117 millions d'Américains figurent dans les fichiers fédéraux et locaux. Le tueur tchétchène des rues de Paris du 12 mai 2018 a été identifié par la police française grâce à un logiciel de reconnaissance faciale. Arrive le portrait-robot génétique, la reconstitution de visage à partir de traces d'ADN. Une séquence de huit gènes donne une forte indication sur la couleur des yeux, deux sont en relation avec la calvitie, un seul avec les taches de rousseur. Ce n'est qu'un début.

En Chine, à la fin de 2017, 170 millions de caméras de surveillance étaient installées. Il y en aura 400 millions en 2020. Dans les grandes villes, elles sont déjà couplées à des systèmes de reconnaissance faciale. À Shanghai, si vous traversez la rue en dehors des passages protégés, votre visage s'affiche sur un écran géant jusqu'à ce que vous ayez payé l'amende.

Le héros des réseaux sociaux

Mark Elliot Zuckerberg, né en 1984 à White Plains dans l'État de New York, est un informaticien américain devenu entrepreneur. Avec ses camarades de Harvard, il a été le cofondateur en 2004 de Facebook dont il reste le PDG. 90 millions de personnes suivent sa page personnelle.

Zuckerberg parle très peu et voit très loin, « géologiquement », dit son entourage. Son jeu favori est *Civilization* où le joueur considère l'Histoire avant de risquer son prochain coup. Depuis le début, il s'entoure d'une équipe très brillante. « *Les idées ne viennent pas d'elles-mêmes,* dit-il, *mais de communications prolongées avec beaucoup de gens.* » Son objectif est d'apporter la connectivité au monde entier, avec les merveilles procurées par Facebook bien sûr, accompagnée par ses sœurs en Moore, l'intelligence artificielle et la réalité virtuelle. Dans ce but, il a fortifié Facebook en achetant une famille d'*apps* qui inclut Instagram (partage de photos et de vidéos) en 2012 pour un milliard de dollars ; Oculus VR (casques de réalités virtuelles) en 2014 pour deux milliards ; WhatsApp, services de messagerie et de communication, rivale de Skype, également en 2014 pour la somme faramineuse de 19 milliards. Snapchat a le vent en poupe, le grand moyen employé par les jeunes pour communiquer

À côté de ses propres créations, Facebook Messenger et Facebook Groups, Facebook ne nourrit pas de groupes Moonshot : l'entreprise n'invente pas, elle achète. Cependant, elle tente quelques expériences, surtout grâce à Messenger, son application de messagerie instantanée, où elle teste l'affichage de publicité au sein de la boîte de réception. À plus long terme, Facebook entend monétiser Messenger et WhatsApp, en connectant les utilisateurs avec les marques. Les entreprises pourront alors employer des *chatbots* pour converser avec leurs clients – et les séduire.

Trop à l'étroit dans ses locaux de Menlo Park où il est désormais installé, Zuckerberg s'est rendu à l'agence de l'architecte star canadien Frank Gehry et il lui a déclaré devant une esquisse de ses futurs bureaux : « *Je veux exactement la même chose mais en quinze fois plus grand.* » D'où le plus grand *open space* du monde : 40 000 m^2 où travaillent 2 500 salariés sur les 9 000 qu'héberge le quartier général de Facebook en 2017. Zuckerberg souhaitait disposer d'une écosphère centrée sur lui-même pour faire jaillir l'innovation : celle-ci doit émerger du chaos, de l'aléa, de la friction pour voguer *via* la sérendipité jusqu'à la disruption.

Deux milliards et deux cent millions d'adeptes, et plus nombreux chaque jour !

Facebook n'a que 13 ans. Son pouvoir cependant tend déjà vers celui d'une entité supranationale, souveraine et autorégulée au sein de laquelle nageotent les nations dépassées[1]. Il partage avec Google 70 % des ressources publicitaires en ligne. Capable de transcender les frontières géographiques, les origines ethniques ou les intérêts de classe, Facebook est comparable à un Gouvernement (un État, l'Union européenne, ou la Fédération des planètes unies de Startrek), une entreprise (une compagnie aérienne, un centre commercial), un lieu public (une autoroute), une ONG, une chaîne de télévision, un dieu sans visage. C'est un OVNI à cinq dimensions dont nous ne percevons qu'une section quand il traverse notre monde à quatre dimensions.

Quelles valeurs communes Facebook peut-elle promouvoir ? Son principe directeur est d'encourager les gens à toujours cliquer davantage. Facebook se croit une bonne chose parce qu'elle crée une communauté, et une communauté est une bonne chose

1. Max Read, *New York Magazine*, 1er octobre 2017.

parce qu'elle permet à Facebook de prospérer. Les valeurs de Facebook sont Facebook. Son produit, c'est toi, cerné par des algorithmes conçus pour te « profiler » et te répéter ce que tu veux entendre. Sans boussole morale ni pitié, son but est de capter et de revendre l'attention de ses utilisateurs pour gagner de l'argent. Et tant que les annonceurs sont contents, le réseau social se désintéresse de ses furoncles, les *fake news*, les contenus volés, les bulles de filtre. Zuckerberg n'a pas cru que les désinformations répandues par lui avaient aidé au succès de Trump, et il lui a fallu des mois pour avouer avoir vendu en 2016 cent mille dollars d'espaces publicitaires à l'armée de faux comptes émis par l'usine à trolls du Kremlin dans l'intention de couler Hilary Clinton. Pour compenser l'effet de cette opération sur son image, Zuckerberg a déclaré « *avoir veillé à garantir l'intégrité des élections allemandes* » en septembre 2017 ! Nous voilà rassurés.

Répétons donc que le succès de toute entreprise humaine au XXIe siècle dépend de sa capacité à s'allier à la foule. Merci, Mark, de nous le montrer avec un cynisme roboratif !

La consultation de Facebook occupe 30 % du temps passé sur Internet, et elle se fait à 80 % à partir d'un mobile. Son algorithme fonctionne par affinité. Si on ne *like* pas, le réseau conclut que vous manquez d'affinité et envoie moins de matériel. Mais si on *like*, on en reçoit sans limite. Plus on y est, plus on veut en être. Voir ou être vu, sujet et objet, mes photos sous mon meilleur jour ! Je suis valable ! Je rencontre des inconnus et c'est très intéressant, je partage des images avec eux, ils sont éphémères, car j'aime ou je n'aime pas.

Qu'apporte Facebook ? Surprise, émotion, authenticité, *story telling,* tout ce qui manque à ma pauvre vie. *Extimité,* voilà le mot : intimité externalisée. Que de liens potentiels ! Et si je veux, le *trolling,* quel sport. J'influence. Prenons un exemple au fond de la planète. En Myanmar, Facebook coïncide rigoureusement avec Internet. Le moine Ashin Wirathu y clame la malfaisance de la minorité Rohingya à coups de *fake news* et prêche la violence contre elle. Ses dizaines de millions de suiveurs sur Facebook tremblent devant les images de cadavres bouddhistes prétendument massacrés par la secte exécrée. Facebook a ainsi fortement contribué en 2016-2017 à l'exil de six cent mille malheureux.

La collecte des données personnelles à des fins commerciales constitue le cœur du modèle économique du réseau social Facebook. Dès 2006, Zuckerberg a dû présenter des excuses publiques pour avoir lancé News Feed, une fonctionnalité qui permettait à chacun de traquer les faits et gestes de ses amis ; en 2007, même scénario à propos de Beacon, une plateforme publicitaire qui rassemblait des données à partir d'achats effectués sur des sites partenaires ; en 2010, rebelote, pour avoir cette fois transféré les données de ses utilisateurs à Microsoft et à Yelp. Cette pratique de transfert de données s'est étendue à la sphère politique en 2016 lorsque le cabinet d'études anglais Cambridge Analytica, animé par Steve Bannon, alors proche de Donald Trump, a utilisé les données personnelles de 87 millions d'utilisateurs de Facebook afin de peser sur l'élection présidentielle américaine. Ajoutée au scandale causé par la révélation du tripatouillage anti-Clinton par les trolls russes lors de ces élections, l'affaire a forcé Zuckerberg à se présenter devant le Congrès des États-Unis en avril 2018 pour jurer qu'il serait sage. Il n'en sera rien…

La blogosphère

Un *blog* est le site Web d'un individu sur lequel il publie des articles similaires à un journal intime, régulièrement mis à jour par ordre chronologique. Née au Canada à la fin des années 1990, la pratique du blog a soudain crû aux environs de 2004, et tenir un blog est devenu affaire courante. Au printemps 2013, on en recensait 200 millions, pas tous actifs, mais publiant chaque jour un million de nouveaux articles. En 2017, il y en aurait 9 à 10 millions en France.

Le *microblog*, apparu en 2006, offre, comme son nom l'indique, une capacité à mi-chemin entre le blog et la messagerie instantanée. Il est devenu très populaire avec l'apparition du service Twitter. La blogosphère est l'ensemble des communautés de blogs reliés par liens hypertexte. Un blog n'existe que s'il est repris par d'autres. S'il le veut, chaque blogueur est relié à différents groupes et par eux au réseau : « *Je suis à moins de six connexions du monde entier !* » C'est là que se crée l'opinion ; on vient y former son jugement. Ce qui est nouveau, c'est la demande de mise en scène de soi, de médiatisation personnelle. Chacun tente d'exister et le Web lui donne la possibilité de penser qu'il y parvient.

Le réseau Twitter est un moteur de recherche et surtout un outil de microblogage qui permet à l'utilisateur d'envoyer gratuitement des messages de 140 caractères. Créé en 2006 à San Francisco, en 2014 Twitter servait 688 millions d'abonnés (dont la moitié n'a jamais twitté…). Le 4 juillet 2015, la chanteuse rock et pop Katy Perry était suivie par 72 millions d'abonnés, le crooner canadien de 20 ans Justin Bieber par 62 millions, Barack Obama par 61,4. Le pape n'en a que 40.

Sur le Net, il se crée sans arrêt des rumeurs dont on ne connaît pas la source et qui imprègnent la vie quotidienne : c'est le *buzz*, incontrôlable et incontrôlé, et que beaucoup espèrent pourtant engendrer et utiliser. Le *buzz*, bourdonnement d'une ruche, n'est pas du bruit mais de l'information transmise d'égal à égal, on dit de « pair à pair ». Une information née d'une source locale peut soudain intéresser simultanément tant de gens qu'elle se répand sur le Net avec une extraordinaire vitesse (quelques minutes à quelques heures) et devient à son tour la source de commentaires. On dit qu'elle devient *virale*, à la manière d'un virus qui envahit soudain un hôte. Il faut, pour obtenir une viralité, adapter le contenu à son objectif, qui est la propagation elle-même. Beaucoup de gens se sont révélés aptes à cette manipulation, car elle est extrêmement facile. Certains professionnels des médias l'utilisent dans la pratique même de leur métier, ainsi que des journaux comme CNN ou la BBC. Des millions de petites gens peuvent insérer chacun beaucoup de messages.

Les spécialistes dont le métier est la médiation voient leurs modèles remis en cause par l'émergence d'un gigantesque réseau d'individus liés directement les uns aux autres (d'où l'effondrement de la presse écrite). La fonction de « médiatisateur » est partagée à l'infini. Les professionnels ne monopolisent plus la capacité de faire savoir, puisque chacun de nous l'exerce. Le processus permet à des personnalités jusque-là noyées dans la foule d'émerger et de devenir, selon l'expression d'Andy Warhol, célèbre pendant un quart d'heure. Toutes les institutions qui se consacrent à la médiation des connaissances doivent réinventer leur métier : la presse, l'université et en général l'enseignement, l'Église.

Le Président Donald Trump, qui passe ses nuits à twitter ses réactions devant son poste de télévision, veut réinventer le gouvernement des États-Unis en court-circuitant l'*establishment* de Washington par ses messages agressifs. Il nous présente un mode de fonctionnement adapté aux moyens de communication actuels. Il peut ainsi disséminer sa pensée instantanément, sans intermédiaire ni filtrage et occuper en personne le devant de la scène médiatique mondiale.

La pétition en ligne

En quelques années les sites hébergeant des pétitions en ligne se sont développés exponentiellement. Des centaines de millions de personnes y participent.

Avaaz est une ONG cybermilitante. Fondée en 2007 par ResPublica, une ONG américaine spécialisée dans la promotion de la démocratie délibérative, et par Move on, un groupe américain de mobilisation sur Internet, elle a comme patron le Britannico-Canadien Ricken Patel. Elle déclare vouloir encourager les citoyens du monde entier à se mobiliser sur diverses questions internationales, comme le changement climatique, les droits de l'homme, la corruption ou la pauvreté. Elle revendiquait en novembre 2013 trente millions de pétitionnaires ou membres répartis dans 194 pays. Quoique se déclarant financée par les dons en ligne de ses membres, Avaaz bénéficie du soutien du boursier George Soros *via* Move on et d'autres, plus discrets. Depuis 2007, Avaaz a lancé des centaines de campagnes mondiales et nationales.

Change.org est un site Web payant opéré par une corporation américaine qui fournit des outils pour organiser des pétitions. Créé en 2007 par Ben Rattray, elle affirmait, en avril 2012, regrouper cent millions de membres (en septembre 2014, 540 000 signatures ont été obtenues pour sauver un chien qui avait tué un canard dans le Missouri). En 2008, elle a collaboré avec Myspace pour aider le candidat Obama.

Le mégaphone n'est plus le seul outil de protestation, il est remplacé par le clic. Car c'est très simple et moins fatigant. La démarche de protestation sur le Net est ponctuelle, éphémère et compassionnelle. Le reproche très juste qu'on lui fait de *slacktivism* ou *clicktivism* se résume à l'aphorisme « *cliquer n'est pas jouer* » ou « *cliquer n'est pas sauver le monde* ». Tout cela se place au niveau de l'émotion. Il s'agit là d'une nouvelle façon de s'approprier le débat public. Des citoyens qui ne s'engagent pas, qui ne viennent jamais dans une permanence, ne distribuent pas de tracts sur les marchés cherchent une nouvelle manière de s'exprimer, et même d'influencer avec un clic. La plupart des pétitions ne débouchent sur rien après un peu, ou beaucoup, de bruit.

La protestation individuelle spontanée

La protestation est devenue accessible à l'individu avec l'avènement du *hashtag*, message constitué du signe dièse (#), associé à un ou plusieurs mots-clés (le *tag*) et suivi du texte que l'on veut distribuer. Un click l'envoie sur le réseau Twitter et c'est ainsi que chacun peut prendre la parole et penser exister. Inventé en 2007 par le designer Chris Messina, il s'est imposé vers 2011 avec le printemps arabe. En 2017, il a acquis le caractère mondial et massif de harcèlement fédérateur avec les hashtags #balancetonporc et #metoo.

Mode d'engagement peu contraignant qui flatte à moindres frais la bonne conscience de pratiquants faiblement politisés, il a été appelé heureusement « *guévarisme de canapé*[2] ». En effet ce simulacre asphyxie les pratiques militantes en leur substituant un fantasme d'action. Twitter devient un tribunal virtuel dominé par l'intimidation collective. La foule se transforme en horde prête au lynchage. Même s'il est difficile d'évaluer l'impact des hashtags, on peut craindre leur nuisance médiatique.

L'espace public numérique

Le Web social d'aujourd'hui est la somme de multiples ensembles, qui constitue un espace public bien différent de celui que nous connaissions. Des communautés se forment, grâce à la connexion débarrassée des codes habituels et de la contrainte des lieux de rencontre physique. Les blogosphères se rassemblent, se citent, créent des cocons, des grappes, des sphères d'information. Des communautés hyperconnectées apparaissent comme des groupes religieux ou identitaires rassemblés autour d'un mot d'ordre, d'un chef, d'un objectif de communion.

La mise en réseau de la foule produit une redistribution de l'autorité. Dix mille blogueurs mobilisés autour d'un discours disposent de pouvoir. Les citoyens n'attendent plus qu'on leur propose de participer, ils se prennent eux-mêmes en main. Ils pétitionnent, posent des questions, élaborent des réponses. Depuis la campagne américaine de 2008 dont il y a vraiment beaucoup à apprendre, le Web devient la place centrale du débat ; il sera non plus un lieu de divertissement mais celui où se créent cultures, valeurs et peut-être action. Quelques individus habilement maillés peuvent être plus forts qu'un parti classique, à la machinerie rodée.

Demain un parti politique sera davantage un animateur de réseaux, coordonnant de multiples initiatives, qu'une organisation pyramidale autocentrée. L'adhérent à un parti va disparaître : la satisfaction qu'apporte le militantisme numérique, sa réconciliation avec l'ardent désir d'exprimer le « Moi-je » l'enchaîneront à son blog.

2. Nicolas Santolaria, *Le Monde*, 8 avril 2018.

Tel est le paysage dans lequel s'inscrira dorénavant toute action : rassemblement virtuel d'une part, individualisation de l'autre. Un formidable pouvoir est promis à ceux qui sauront extraire de ce colossal chaudron les virtualités paradoxales qui y sommeillent.

Au festival de Cannes[3]

Au festival de Cannes 2018, une touriste a pu constater que des personnes comme Vargasss, pseudonyme sur Snapchat et Instagram de Mansour Siret, 21 ans, qui vous photographie dans la rue, « poste » ses élucubrations et attire aujourd'hui un million de visites Snapchat par jour, déclenchait bien davantage la joie des jeunes visiteurs que des actrices comme Catherine Deneuve, dont il n'est pas rare qu'ils ignorent le nom.

Et Vargasss n'est pas seul. Des dizaines et des dizaines de *nanostars* fonctionnent comme lui, pullulant sur Facebook, Snapchat, WhatsApp. Le jeune YouTubeur Seb la Frite, né Sébastien Frit, 22 ans, a réuni, à force de happenings attractifs, 3 630 000 abonnés sur sa chaîne. Ses 112 vidéos produites depuis 2011 à partir de rien ont donné lieu à 409 000 000 de visites (oui, vous avez bien lu, nous parlons de millions !). Seb est tout proche de la Foule qui le reconnaît dans la rue et jette des frites sur son balcon. Bien sûr le phénomène est mondial.

Seb, Vargasss, et la légion de leurs semblables sont appelés « influenceurs ».

Pour les ados désormais accros des réseaux, la célébrité repose sur la diffusion d'images autoproduites, sans autre contenu qu'elle-même. Et les nanostars qui les produisent restent toutes proches de leur public, contrairement aux lointaines icônes traditionnelles. On peut les rencontrer faisant leur marché au Monop'Daily et on se peut précipiter pour obtenir un selfie. Mais alors tout le monde, même le type qui montre ses photos

---

3. Farah Nayeri, « The Stars at Cannes? Depends », *New York Times*, 17 mai 2018.

de vacances sur Facebook, entre dans une logique de vedettariat. Le Web transforme tout pavillon de banlieue en succursale d'Hollywood. Désormais Instagram et Snapchat rivalisent avec les grands studios, alors que les intermédiaires, éditeurs de journaux, producteurs, responsables de programmes de télévision, perdent leur influence. Les réseaux définissent et imposent la culture inconsistante, éphémère, fragile de la Foule.

Le réseau et toi : l'exemple de la cyberaddiction indienne

En Inde, l'utilisation d'Internet continue de grandir avec le boom des smartphones qui jouent un rôle clé dans la cyberaddiction. Selon une étude conduite en 2015 par le fabricant Ericsson, la consommation de vidéos sur les mobiles ne cesse d'y croître : 40 % des personnes interrogées en regardent tard le soir au lit, 25 % pendant leur trajet quotidien et 23 % pendant le dîner. « *Les cyberaddicts comme les alcooliques ou les fumeurs présentent les symptômes de manque, comme de la colère ou de l'irritabilité, quand ils restent déconnectés* », d'après Manuj Kumar Sharma, professeur au National Institute of Mental Health and Neurosciences de Bangalore. Son équipe a réalisé une étude auprès d'adolescents de Bangalore : 73 % des jeunes interrogés souffraient de cyberstress. Les 13-15 ans étaient accros aux jeux en ligne et les 15-17 ans aux réseaux sociaux.

Le désir d'être reconnu se trouve comblé par l'usage d'Internet où l'internaute contrôle la situation, et cette faculté rend dépendant. Cette satisfaction compense les frustrations que créent les changements sociétaux accompagnant l'urbanisation et le développement rapides. Et bon nombre d'Indiens associent l'utilisation compulsive d'Internet au progrès et au statut social, comme il y a quelques dizaines d'années on assimilait fumer et boire à la modernité.

Il est à présumer que les mêmes causes produisent les mêmes effets en Chine, le pays champion d'Internet et des smartphones.

L'outil de la foule

L'impression 3D est l'appellation habituelle des procédés de fabrication de pièces en volume par ajout ou agglomération de matière. Dans le langage industriel on préfère le terme *fabrication additive.*

Un concepteur dessine un modèle numérique de l'objet à produire, grâce à un outil de conception assistée par ordinateur (CAO). Le fichier 3D obtenu est traité par un logiciel qui organise le découpage en tranches des couches successives nécessaires à la réalisation de la pièce. Le programme décrivant le découpage est envoyé à l'imprimante qui lui obéit en déposant la matière couche par couche jusqu'à obtenir la pièce finale. Le principe reste proche de celui d'une imprimante 2D classique à cette grande différence près : c'est l'empilement des couches qui crée le volume.

L'impression 3D au début des années 2000 utilisait une résine chauffée et se limitait au prototypage rapide. Les années 2010 ont vu émerger des techniques innovantes utilisant une panoplie de matériaux nouveaux : le plastique, la cire, le métal (aluminium, acier, titane, platine), le plâtre de Paris, les céramiques et même le verre. Le plus souvent le matériau est fondu par un laser et projeté en gouttes pour former les couches successives.

Les applications de la fabrication additive sont multiples. D'abord cantonnée au prototypage, aux maquettes d'architecture ou aux études de design, puis à l'appareillage et à la prothèse, elle gagne peu à peu des secteurs industriels qui vont de la production de pièces de voitures, d'avions, de bâtiments, de biens de consommation ou de nourriture telle que la viande, etc. Ses avantages sont les délais de fabrication courts sans étape de préfabrication, l'obtention de formes très complexes, l'absence de frais fixes : plus de moules, de gabarits ni d'outillage spécifique.

Des objets de grande taille comme des maisons, des ponts, des routes, pourraient dans un futur proche être construits par fabrication additive. La Nasa réfléchit même à son emploi pour des constructions sur la Lune ou sur Mars à partir de poussière locale agglomérée par un liant. Des entreprises d'impression 3D à la demande se créent et utilisent les services Web : envoi des plans du prototype sur un site Internet, paiement, impression, (montage) et livraison du produit fini. Dans le même temps des *fablab* (*fabrication laboratory*) démocratisent la technologie 3D, et, dès 2013, le ministère français du Redressement productif a soutenu par un appel à projets 14 *fablabs* utilisant des machines d'impression 3D (ou laboratoires de fabrication additive).

Au même moment, les imprimantes 3D d'entrée de gamme passent sous la barre des 1 000 euros et la presse les présente comme les prochains objets *high-tech* indispensables, après les smartphones et les tablettes. Elles ne le sont pas encore (trop de pièces ratées, manque de répétabilité), mais elles pourraient le devenir et, en tout cas, elles paraissent déjà l'outil typique de la *fablab*.

Plus besoin d'industriels ou d'artisans pour développer des projets. Aujourd'hui on peut installer une mini-usine chez soi. Pour optimiser les coûts, les designers achètent des machines en commun et se fédèrent dans des espaces de création mutualisés. Ils produisent de petites séries. L'autoédition présente l'avantage de revenir à une approche artisanale : en contact direct avec les clients, les designers-artisans produisent des objets sur mesure, adaptés aux usages. Avec eux, on sort de l'image de l'ingénieur inaccessible ou de la star déconnectée des réalités de production et des besoins des clients. Et l'on dispose maintenant d'imprimantes 3D capables de fabriquer des imprimantes 3D !

La structure coopérative permet de se procurer des imprimantes 3D que leur coût rend inabordable à de petites structures, c'est dire que le développement des outils matériels modernes, du *hardware*, impose un regroupement autant que celui des réseaux. On peut prévoir un mariage des *hackers-makers* avec l'industrie 4D. Exemple : le Boston Consulting Group, cabinet américain de conseil en stratégie, parraine avec Supelec et Centrale Paris la création d'un laboratoire d'expérimentation réelle d'usines 4D à Villebon-sur-Yvette. Dit Ico (*Innovation Center for Operation*), il comprend sur 1 000 m^2 deux chaînes de production, l'une d'assemblage de scooters, l'autre de fabrication de bonbons. Et pourquoi n'y verrait-on pas une chaîne de nanosatellites ?

Le mouvement Hacker-Maker

Les Hackers

Le mouvement *hacker* est une communauté de programmeurs expérimentés et de spécialistes des réseaux dont l'histoire remonte aux premiers mini-ordinateurs et aux premières expériences d'Arpanet. Ce sont des *hackers* (le terme apparaît dès 1950 dans le jargon des étudiants au MIT) qui ont créé l'Internet. Aujourd'hui un *hacker* désigne un virtuose pouvant intervenir dans différents domaines comme la programmation, l'architecture matérielle d'un ordinateur, l'administration système, l'administration réseau, la sécurité réseau, c'est-à-dire en général tout domaine de l'informatique.

Il existe de par le monde un grand nombre d'associations de *hackers*, qui poursuivent des projets de leur choix et organisent des manifestations publiques régulières comme les Hackathons, les Nuits du Hack, le Hackerspace festival, etc.

Nés dans les années 1990, les *Hackspaces*, qui regroupent des *hackers* dans un lieu muni de matériel d'informatique, se sont diffusés un peu partout et ont créé de nouveaux usages en adaptant des techniques et savoirs industriels et en imaginant de nouvelles applications dans les domaines de l'alimentation ou de la santé.

Les Makers

La production collaborative, définie par l'implication d'un nombre important de personnes, de groupes ou d'entreprises dans la création de valeur et la participation au jeu compétitif, prend depuis peu de temps une nouvelle dimension et dépasse le domaine virtuel pour atteindre le domaine des objets. L'apparition en 2009 de la première imprimante 3D proposée au grand public a suscité la naissance et l'expansion de réseaux de jeunes, certes férus d'informatique, mais intéressés à des fabrications, passant ainsi du *software* en groupe au *hardware* en groupe. Né au MIT en 2001, le mouvement des *makers* a adopté cette technologie pour former des centaines d'ateliers numériques, de *fab labs* ou de *maker spaces*, c'est-à-dire des petits groupes expérimentant de nouvelles façons de créer des objets et de transmettre des savoir-faire. En dépit du caractère très local de son organisation, le mouvement *maker* est un réseau mondial animé par la société américaine Maker Media, qui coordonne certaines activités, impose des règles et perçoit des royalties sur chaque événement. En France, le concept est importé par Bertier Luyt, patron du studio de design Fabshop. Cette *start-up* qu'il a créée à Cancale en 2012 distribue en France des imprimantes 3D comme le *Replicator* de MakerBot. Elle a impulsé les *fablabs*, ateliers de fabrication numérique ouverts au public et produit les Maker Faires. Parallèlement aux Maker Faires à l'esprit *start-up*, un autre circuit d'échanges s'est mis en place, celui d'Open Bidouille Camp (OBC) constitué d'ateliers temporaires, où des gens vont apprendre et fabriquer ensemble. Dotée d'une vague coordination centrale, cette association résolument alternative et libertaire laisse chaque territoire fonctionner à sa guise. Exemple : la fabrication de drones artisanaux. En 2018, une douzaine d'ateliers de jeunes de 18 ans a été organisée en France.

Les Maker Faire(s)

Une Maker Faire est un grand événement populaire qui rassemble en divers endroits des adeptes du mouvement *maker*, passionnés de la fabrication sous toutes ses formes (couture, menuiserie, impression 3D, robotique), pour des ateliers et des conférences. De nombreux convaincus du *Do It Yourself* (DIY) présentent leurs produits à un public de familles, de professionnels et de curieux. La première Maker Faire a eu lieu à San Mateo (Californie) en 2006. La croissance exponentielle du mouvement *maker* se traduit par l'augmentation des

Maker Faire à travers le monde : elles ont accueilli en 2013, 530 000 visiteurs, 64 % de plus qu'en 2012.

Le 26 juin 2017, la Maker Faire de Paris a compté 900 participants à la Cité des Sciences et de l'Industrie autour de deux cents stands. Des initiatives personnelles déjantées y côtoyaient un grand nombre de projets sérieux et très innovants. À noter la présence d'Ulule, la première plateforme de financement participatif d'Europe. En avril 2018 au lycée de Saint-Malo une Maker Faire a réuni 140 *makers* autour d'une quarantaine de stands et accueilli 2 500 visiteurs, rapprochant adeptes des nouvelles technologies et artisans traditionnels. Des lycéens exhibaient une caisse en bois équipée de cartes électroniques qui indique l'arrivée du prochain autobus avec des petites lampes clignotantes.

Le pouvoir politique tente déjà de récupérer les *makers*. En 2014, la Maison Blanche a annoncé vouloir établir un partenariat avec des entreprises pour soutenir le mouvement. La Darpa a investi 3,5 millions de dollars dans deux sites Techshop. Le parti communiste chinois soutient officiellement le mouvement *maker*. Lors du « 2012 Shanghai Maker Carnival » organisé par la ligue des jeunes communistes, les officiels ont proposé l'ouverture de cent Maisons de l'Innovation. L'université pékinoise Tsinghoa a mis en place des cursus inspirés par cet esprit. Une Maker Faire a rassemblé trente mille personnes en 2015 à Shenzen, où le Gouvernement veut utiliser des *makerspace/fablab* pour créer sept villages qui serviraient d'expérimentation pour le développement d'écosystèmes autonomes.

La municipalité de Paris, en amont de la Maker Faire tenue le 30 avril 2016 à la foire de Paris, a affirmé vouloir promouvoir le mouvement *maker* francilien et annonce le lancement d'un plan « Paris, cité des *makers* » à présenter au Conseil municipal. Elle prévoit d'ouvrir quarante lieux liés à la fabrication dans la capitale (*fablab/makerspaces*) d'ici 2020 et d'augmenter les contacts des jeunes Parisiens avec les *makers* pour intégrer dans la formation de chacun les outils numériques et la technologie additive.

Les Fablabs

Un *fablab* est un lieu ouvert au public où il est mis à sa disposition toutes sortes d'outils, notamment des machines-outils pilotées par ordinateur, pour la conception et la réalisation d'objets. On peut le décrire comme un atelier de fabrication numérique. Le concept a été créé par Neil Gershenfeld, professeur au MIT, à la fin des années 1990 et lancé au Media Lab de cette université, en collaboration avec le « *Grassroots Invention Group* » et le « *Center for Bits and Atoms* » (CBA), également du MIT. Le fondateur a commencé en explorant comment le contenu de l'information renvoie à sa représentation physique, et comment une communauté peut être rendue plus créative et productive si elle a – au niveau local – accès à une technologie. La réflexion continue.

La caractéristique principale des *fablabs* est leur « ouverture ». Ils s'adressent aux entrepreneurs, aux designers, aux artistes, aux bricoleurs, aux étudiants ou aux *hackers* en tout genre, qui veulent passer plus rapidement de la phase de concept à la phase de prototypage, de la phase de prototypage à la phase de mise au point, de la phase de mise au point à celle de déploiement, etc. Ils regroupent différentes populations, tranches d'âge et métiers différents. Ils constituent aussi un espace de rencontre et de création collaborative qui permet, entre autres, de fabriquer des objets uniques : objets décoratifs, objets de remplacement, prothèses, outils…

Les *fablabs* sont fondés sur le principe de collaboration. Ils s'appuient sur des machines de fabrication numérique et des réseaux qui permettent d'échanger des fichiers dans le monde entier. Un objet peut donc être conçu dans un *fablab*, fabriqué dans un autre et amélioré dans un troisième. Grâce à des interfaces informatiques simplifiées, ergonomiques et de plus en plus interopérables, il devient plus facile pour des usagers non-spécialistes de prendre le contrôle d'outils techniques (écrire, illustrer, maquetter et imprimer son propre livre en ligne par exemple, avec un logiciel commercial ou libre tel que wikibook). L'appropriation que le logiciel libre a facilitée s'étend maintenant aux *matériels libres* (*open hardware*), et par exemple aux modalités de prototypage numérique permis par des plateformes de type Arduino ou aux prototypages physiques permis par des *fablabs*.

Pour pouvoir utiliser le logo des *fablabs* du MIT, un atelier de fabrication doit respecter la charte mise en place, subir une certification et des formations, mais un *fablab* n'est pas nécessairement affilié au MIT. Les *fablabs* sont réunis en un réseau mondial très actif, suivi par son initiateur Neil Gershenfeld. En juin 2008, il en existait trente-quatre, répartis dans dix pays. En août 2012, l'International FabLab Association en dénombrait 149. Il en existe probablement plus qui n'ont pas fait la démarche de s'inscrire. En septembre 2015, on en dénombrait 618 dans le monde dont 60 en France. D'autres sites se définissent comme *fablab* sans adhérer à la charte. Quelques-uns se déclarent toutefois « dans l'esprit de la charte ».

En France, l'État désigne ce type d'installation « *atelier de fabrication numérique* ». De multiples espaces publics numériques (EPN), ou cyberbases ont été ouverts depuis la fin des années 1990. Fin juin 2013, le gouvernement français a lancé un appel à projets « *aide au développement des ateliers de fabrication numérique* » avec pour volonté d'inciter certains des 4 000 EPN qui existent dans l'Hexagone à se convertir en *fablab*.

Le fonds devait financer une dizaine de projets à hauteur de 50 000 à 200 000 euros par projet. Clos le 13 septembre 2013, l'« *aide au développement des ateliers de fabrication numérique* » a finalement retenu 14 projets sur 154 déposés. Certains *fablabs* en France pourraient trouver un soutien, dans le cadre des 215 millions d'euros dédiés à la « French Tech », le cahier des charges du programme de cette dernière intégrant la nécessité pour le territoire candidat de comporter un *fablab*.

Pour illustrer le programme d'aide du gouvernement français, on peut citer l'ouverture en octobre 2014 de l'usine IO, au cœur de Paris ; cofinancés par les fonds publics, Xavier Niel et Jacques-Antoine Granjon, les 1 500 m² ont nécessité un investissement de 700 000 euros. Les abonnés peuvent disposer de matériel coûteux mais en libre-service – imprimante numérique, fraiseuse laser – pour réaliser le prototypage de leurs projets.

Hacker-makers et industrie

Selon Deloitte[4], la combinaison des *makers* et de l'industrie recèle un grand potentiel, à la fois de collaboration et de perturbation : « *La R&D se déplace efficacement de l'environnement de l'entreprise vers le développement de niche grâce à des innovateurs individuels et apporte éventuellement un retour au cœur de métier. Les plateformes permettront à ces écosystèmes d'accéder aux ressources et aux outils qui n'étaient historiquement disponibles qu'aux grandes entreprises, sur une base partagée ou via la location. Cela ouvre la possibilité de nouveaux types d'offres commerciales, y compris pour les chaînes d'approvisionnement qui évolueront autour de ces écosystèmes.*

Les grandes entreprises à succès trouveront des moyens de fournir des services "scale-" et "scope-based" à ces écosystèmes Maker sous la forme de services d'infrastructure (par exemple, fabrication sous contrat et logistique) ou de plateformes (par exemple, les plateformes de produits ou d'agrégation de données) que d'autres peuvent appuyer. Les grandes entreprises ont également la possibilité de devenir des conseillers de confiance auprès d'un nombre croissant de clients, en recommandant aux Maker, de manière proactive, les produits les plus pertinents à partir d'une compréhension précise du contexte de chaque client au sein de ces écosystèmes. »

Extrayons de l'industrie automobile l'exemple d'un groupe à mi-chemin de la *start-up*.

Wikispeed est un collectif de cent cinquante volontaires répartis dans dix-huit pays, créé en 2006 dans un garage de Seattle par Joe Justice pour fabriquer des voitures *open source*, modulables et peu chères. L'entreprise applique les méthodes agiles de *lean management* issues du monde logiciel et utilise des outils *open source*. Son but affiché est « *d'apporter des solu-*

4. http://www.deloitte.com/us/en/pages/center-for-the-edge/topics/maker-movement

tions rapides aux questions qui relèvent du bien social ». Wikispeed s'implique dans des projets de centres médicaux *low-cost* pour des communautés en développement, pour assurer la distribution des vaccins, pour des campagnes de lutte contre l'obésité des enfants, etc.

Cependant son activité principale reste le développement d'automobiles et s'est concrétisée par le prototype de « voiture citadine » créé en trois mois seulement, que l'on peut produire et vendre aujourd'hui. Justice veut cocréer avec les conducteurs une voiture encore plus abordable, la C3 (*ComfyCommuter Car*) grâce au *crowd funding*. Wikispeed est financé par de micro-investisseurs, des personnes qui *via* Paypal donnent dix dollars par mois au projet. Elle reçoit aussi des fonds de clients qui souhaitent être formés aux méthodes agiles, innovantes et simplifiées de gestion que Wikispeed appelle *extreme manufacturing*. Depuis 2012, Wikispeed est le premier constructeur automobile aux États-Unis à accepter les paiements en bitcoins.

En 2017, Joe Justice déclarait « *qu'il va devenir de plus en plus difficile de conduire des projets dans lesquels les participants ne sont pas en lien direct avec le produit ou service qui sera délivré au client. Nous déplaçons la logique de maximisation de la valeur créée pour les actionnaires à une logique plus centrée sur la satisfaction de l'utilisateur final.* »

Exemple d'un produit 4.0 : OS Vehicle

L'entreprise italienne OS Vehicle a proposé en 2014 un véhicule modulable *open source* en kit, la Tabby, un châssis disponible en version deux et quatre places, qui s'assemble en une heure. Le châssis peut être reproduit par le client à partir de plans téléchargeables en 2D et 3D. À partir de ce châssis sont proposés en options supplémentaires des trains roulants électrique, hybride et propulsé à l'essence. La société vend aussi sièges et roues et produit même un kit carrosserie. Le client assemble le tout lui-même. Le prix final après l'assemblage est fixé à 3 136 euros. Pour ce prix, l'heureux possesseur dispose d'une sorte de quadricycle qui n'a pas encore l'autorisation officielle de rouler.

Figure 31 – Tabby, la première voiture open source disponible sur kit.

Hackers, makers et Espace

Le mythe de l'Espace colore le paysage mental de cette génération, même dans des domaines éloignés des activités spatiales traditionnelles. La Nasa a compris ce phénomène dès sa naissance et a encouragé de jeunes entrepreneurs, venus du secteur informatique commercial, à établir de nouveaux *business models.* Grâce à son programme COTS, démarré en 2005, un nouvel écosystème spatial s'est formé aux États-Unis où les techniciens, les investisseurs et les agences gouvernementales gèrent l'innovation en surfant sur les problèmes traditionnels grâce aux méthodes de l'industrie informatique.

Les Gafa s'impliquent et investissent des sommes énormes dans le spatial, suivis par l'industrie du divertissement et de la publicité. Ainsi ont paru de nouveaux acteurs de la scène spatiale, dont les idées empruntées aux *makers* ont amené le succès.

Nul doute que l'esprit *maker* a imprégné les méthodes de gestion et de fabrication de SpaceX, alliance de jeunes ingénieurs dont la moyenne d'âge est 30 ans, et de vétérans de la Nasa (voir p. 154). La hiérarchie est horizontale et l'environnement interne est collaboratif. Dans cette entreprise le *lean manufactoring* (fabrication temps réel), l'intégration verticale et l'organigramme aplati sont réels et fondamentaux. Aujourd'hui, SpaceX internalise encore au moins 80 % des composants pour les Dragon et les Falcon.

La course à la miniaturisation menant à l'émergence des nanosats s'accorde avec l'esprit *hacker-maker*. De nombreux groupes de *hackers* montrent de l'intérêt pour l'espace. Planet Labs est un exemple de projet *maker* réussi dans le domaine de l'aérospatiale[5]. Partie du *hackerspace* Rainbow Mansion à San Francisco en 2011, ils ont acquis l'aide de Ames Research Center, levé 183 millions de dollars de financement à la mi-2015 et, devenus une *start-up*, mis en orbite de très nombreux Cubesats.

Autre exemple : l'association non-profit Copenhagen Suborbitals fondée en 2008 par les ingénieurs Peter Madsen et Kristian von Bengtson s'est donné pour objectif d'envoyer un homme dans l'espace avec un budget limité, en concevant et produisant tous les lanceurs et engins spatiaux ainsi que l'infrastructure. Ils ont en huit ans prototypé cinq modèles de lanceurs et quatre vaisseaux différents.

Si l'exemple précédent montre que les associations DIY peuvent nourrir de grandes ambitions, c'est plutôt à l'aide des petits satellites qu'elles pourront se hisser jusqu'à de véritables missions spatiales. Depuis 2003, des centaines de Cubesats ont été mis sur orbite un peu partout – plus de 300 en 2017. On sait maintenant choisir des missions et les confier à de jeunes enthousiastes.

Qualité des nanosatellites

Les conditions agressives rencontrées au lancement et en orbite par les équipements des satellites imposent une pratique de fabrication très sévère et des essais prolongés. Les groupes de jeunes et les étudiants, dont les promotions disparaissent pendant le déroulement d'un projet étalé sur plusieurs années, peuvent-ils réussir l'exploit ? Beaucoup pensent : ce qui est amusant, c'est de lancer, et ce qui arrive après ne m'intéresse pas. D'autres disent : les nanosatellites ne sont

5. Voir p. 170.

pas chers, qu'on en lance cent ou mille, et s'il y en a 1 % qui fonctionne ce sera très bien. Or un tel raisonnement conduit à la doctrine des « essais en orbite » au lieu d'essais avant le lancement. Le fonctionnement des nanosatellites est juste vérifié au sol : il en restera toujours assez là-haut. Cette pratique est exactement l'inverse de celle qui a fait ses preuves dans les mains des Agences spatiales et des grands industriels. Bref, les amateurs tendent à considérer l'expérience acquise depuis cinquante ans par les équipes industrielles comme ne s'appliquant pas aux mutants du *New Space*.

Cette attitude empêche les jeunes participants de tirer de leur expérience spatiale les leçons de rigueur technique et de responsabilité qui devraient constituer le bénéfice principal de leurs efforts. Ce qu'il faut au contraire, c'est former des équipes comprenant quelques ingénieurs expérimentés qui servent de guide aux participants tentés par le laxisme. C'est ce qu'a fait SpaceX avec beaucoup de succès. C'est ce qui sera préconisé dans le chapitre suivant, à savoir la formation d'un groupe mixte appelé Fédération où l'Agence spatiale CNES apporte une contribution permanente de ses personnels. Il appartiendra aux partenaires de la Fédération de développer un code de conduite. C'est la tâche à laquelle s'est attelée la Nasa en créant au début de 2017 un *Small Spacecraft Virtual Institute* qui prépare une initiative de fiabilité pour les satellites. L'institut a ainsi créé une base de données SPOON (*Spacecraft Parts on Orbit Now*) qui conseille les développeurs sur leur choix des composants. De telles aides au public apportées par les Agences seront l'âme de la Fédération.

Conclusion

Devant ce foisonnement, ce grouillement d'initiatives, n'est-on pas tenté de leur apporter l'aide des grandes institutions techniques et industrielles qui leur permettrait de transcender leur nature ludique, pour aider vraiment l'humanité et la Terre au moment où une crise universelle s'approche ?

Figure 31 – Rifath Sharook avec son satellite Kalamsat de 3,8 cm de côté.

Chapitre 6. La Fédération Wikinomique

La fourmi de Langton

La fourmi virtuelle est un automate cellulaire défini en 1986 par le mathématicien américain Christopher G. Langton[1]. Elle se promène sur un plan infini divisé en carrés identiques, ou cellules. Dans un premier modèle, il existe deux catégories de cellules, blanches ou noires.

La fourmi est une flèche entre deux cellules adjacentes, qui se déplace de l'une à l'autre, par pas d'une cellule à la fois. Une fonction Θ décrit l'interaction de la fourmi avec la cellule ; Θ est la même pour toutes les cellules et consiste en la règle suivante : quand la fourmi passe par une cellule, elle tourne de 90° à droite si la case est blanche, à gauche si la case est noire et la cellule d'où elle sort change de couleur (blanc en noir ou inversement).

Le cas particulier d'un point de départ arbitraire avec toutes les cellules blanches présente déjà le comportement général de l'algorithme. Dans les cinq cents premiers pas, la fourmi revient à intervalles à son point de départ sur un chemin de cellules blanches et noires à symétrie centrale. Puis elle adopte une trajectoire chaotique pour environ dix mille pas. Elle se met ensuite à décrire une diagonale, appelée « autoroute », avec

1. Christopher G. Langton, *Studying Artificial Life With Cellular Automats,* Physica 22D, 1986, p. 120-149.

une période de 104 pas (dans le cas simple), qu'elle va arpenter indéfiniment (Figure 32).

Des complications ont été apportées à ce concept initial : des cellules grises, qui ne changent pas au passage de la fourmi ; des fonctions Θ définissant plus de deux états pour la fourmi ; des espaces à trois dimensions divisés en cubes, etc. Dans la plupart des cas étudiés, le comportement de la fourmi est le même : la phase chaotique est suivie par une phase ordonnée le long d'une direction avec répétition périodique du mouvement, bien qu'il n'ait pas été prouvé que ce mouvement soit universel.

L'autoroute serait ce que la théorie du chaos appelle un « *attracteur étrange* », selon l'expression inventée en 1971 par les mathématiciens David Ruelle et Floris Takens. Il s'agit d'un phénomène mathématique qui traduit le comportement d'équations non linéaires couplées, découvert en 1963 par Edward Lorenz. L'évolution du système ne se termine ni par un point d'équilibre ni par un cycle limite. Il est attiré vers une situation dans laquelle il erre à l'infini autour d'une région limitée de l'espace des phases (l'espace où sont représentées ses coordonnées) ; il est tombé dans un attracteur étrange, ainsi nommé car il ne revêt aucune des formes géométriques conventionnelles : ce n'est ni un point, ni une circonférence, ni une courbe, ni une surface connue. C'est un état stable vers lequel les trajectoires se dirigent. Toute trajectoire à l'intérieur de l'attracteur le parcourt encore et encore, visitant continuellement des régions proches, mais toujours différentes.

Langton a introduit sa fourmi pour obtenir une représentation algorithmique de l'émergence d'un ordre à partir d'une situation chaotique. Il pensait à la naissance de la vie. Nous retiendrons cette image de la fourmi pour nous appuyer sur l'idée que l'ordre peut émerger du désordre ; un projet peut naître du chaos.

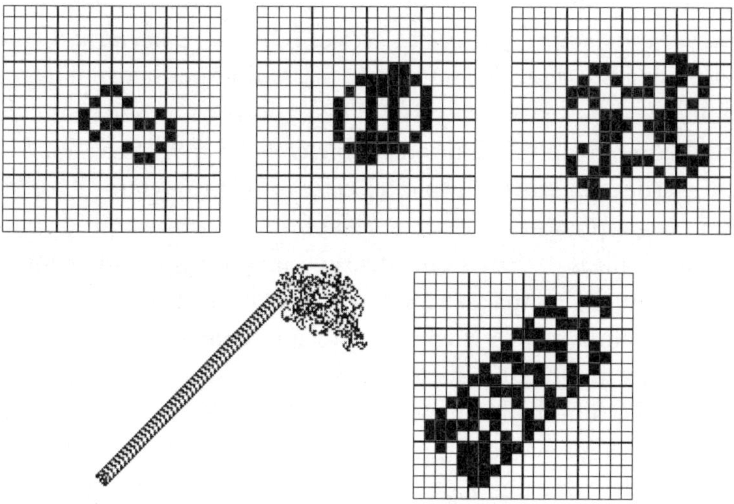

Figure 33 – Fourmi de Langton : en haut, figures de départ. En bas, à gauche, après 11 000 étapes. En bas, à droite, détail de l'autoroute.

La Wikinomie

Partons donc du chaos.

La jeunesse était jadis encadrée par des structures puissantes qui fournissaient des réponses à ses questions existentielles et à ses besoins d'activité. Le cadre de la vie est, dans ce XXIe siècle, Internet. Il est flou, sans règles ni bornes S'y agitent des courants multiples qui naissent et meurent sans avoir rien produit que de l'agitation. C'est la vie grouillante de la foule, dépourvue de direction. Et puis, à côté, sans s'y mêler, de grandes organisations de plus en plus puissantes, souvent internationales, assurent le fonctionnement de notre civilisation. Leur personnel est embrigadé dans une hiérarchie rigoureuse où l'impulsion venue d'en haut se transforme en action. *Top/down*.

Dans leur livre *Wikinomics*, publié en 2006, les journalistes canadiens Don Tapscott et Anthony Williams constatent que l'on trouve d'innombrables internautes doués de compétences inemployées. Les extraire de leur isolement, les enrôler dans un ou des projets, faire fructifier leur potentiel, tel est le principe de la wikinomie qui s'appuie sur quatre idées-forces : *ouverture*, *travail collaboratif*, *partage* et *action à l'échelle planétaire*. Cette forme inédite de collaboration de masse doit permettre d'introduire de nouveaux processus d'invention, de production, de marketing et de distribution de biens et de connaissances. Les entreprises qui sauront exploiter cette mine prospéreront ; celles qui ne comprendront pas cette évolution se retrouveront de plus en plus isolées – séparées des réseaux qui partagent, adaptent et améliorent les connaissances pour créer de la valeur. Les géants de l'ère industrielle rencontreront leurs concurrents non plus chez leurs homologues dans leur secteur, mais parmi une masse informelle d'individus hyperconnectés qui gèrent leurs besoins et leurs destins économiques. Dans une interview de 1990, Bill Joy, un des fondateurs de Sun Microsystems, a énoncé ce que l'on appelle la loi de Joy : « *Qui que vous soyez, les meilleurs travaillent pour quelqu'un d'autre*[2] ». Il y a davantage de créativité et d'innovation à l'extérieur qu'à l'intérieur. C'est que les organisations embauchent leur personnel selon des critères professionnels (diplômes, cursus antérieur) et que ce processus amène peu à peu à la promotion de fruits secs et à la fossilisation des entreprises.

Or Internet offre la possibilité de trouver des talents bien loin de soi. Le principal caractère de la révolution numérique est la présence, à l'extérieur de l'organisation, quelle qu'elle soit, d'individus éduqués, outillés, connectés, la présence de la foule qui engendre, agit et réagit.

Comment susciter, recueillir et valoriser cette créativité ? Il faut faire entrer la foule tout en la contrôlant, et donc concevoir de nouvelles stratégies que l'on appelle économie « participative » ou « collaborative » (*sharing economy*). Son développement actuel montre que ce choix tente des entrepreneurs de plus en plus nombreux, car la wikinomie leur permet d'accéder à l'extérieur, de rester en phase avec les utilisateurs, d'augmenter les offres nouvelles complémentaires, de réduire la friction de la collaboration, de développer le capital social.

2. Chris Anderson, *Makers*, Crown Business, New York, 2012, p. 246.

Tapscott et Williams affirment : « *La vieille multinationale au fonctionnement hiérarchique et fermé est morte. L'entreprise gagnante est ouverte et va chercher au-delà de ses murs les connaissances, les ressources et les capacités dont elle a besoin*[3]. » Ne nous méprenons pas : si les entreprises Gafa fonctionnent en utilisant, du moins un peu, l'économie participative et se réclament de l'esprit *maker*, elles n'ont rien de wikinomique. Elles fonctionnent dans une perspective marchande et gardent une hiérarchie, il est vrai devenue plus horizontale.

Nous avons imaginé, et mis en place, en ce qui concerne l'Espace, une structure qui est, elle, véritablement wikinomique – nous l'appelons *Fédération*. Cette entreprise virtuelle comprend deux composantes principales : une participation directe de populations d'internautes auxquelles seront confiées des tâches-projet réelles placées dans un cadre appelé Association ; une institution traditionnelle telle qu'une Agence d'objectif.

Amener les membres de la génération Internet à participer à des entreprises ambitieuses comme cocréateurs de valeur est un moteur de changement tout à fait inédit, mais qui devrait s'avérer puissant, car très souvent l'innovation naît à la périphérie.

Les origines du projet de Fédération spatiale wikinomique

L'Espace fonctionne au moyen de puissantes structures verticales couvertes de gloire, les Agences gouvernementales et les grands industriels, qui forment un écosystème clos. On y professe une doctrine d'excellence, qui repose sur l'analyse système, la planification, la programmation, l'esprit projet, le *reporting*, l'assurance qualité, la traçabilité, la rigueur des essais et surtout l'évaluation quantitative des risques. Chaque succès confirme l'adhésion à des règles établies par une expérience partagée depuis soixante ans.

---

3. Dan Tapscott et Anthony Williams, *Wikinomics*, Penguin Books, 2006, p. 249.

Cependant quelque chose s'est produit : l'âme de l'activité spatiale aurait-elle partiellement migré au dehors de cet écosystème ? Le futur appartient-il toujours aux professionnels ? L'essentiel de l'Espace ne tend-il pas à revêtir de nouvelles formes d'organisation ou de non-organisation ? Là où règne la jeunesse, l'irrespect, le viol des tabous ? Là où l'Espace n'est pas pensé comme un pourvoyeur de services, mais incarne l'aventure, le désir, la pulsion, l'ailleurs recherché. Là où la maîtrise de la technique s'accompagne d'une nouvelle conception des rapports humains.

La loi de Moore engendre des conséquences majeures dans l'évolution du secteur spatial, en multipliant la puissance de calcul, en augmentant les capacités satellitales, en miniaturisant, et en faisant naître de nouvelles applications. Mais elle a des conséquences d'aussi vaste portée dans les domaines de la connexion, des réseaux et de la communication en général. Le mouvement mondial des *hackers/makers*, l'extension du télétravail, l'emploi généralisé de la fabrication additive sont de nouveaux facteurs à partir desquels pourra se bâtir une industrie nouvelle, et en particulier une nouvelle industrie spatiale.

Le « Faire » est l'émergence d'un nouvel âge du travail. À la croisée du mouvement *DIY (do it yourself* – faites-le vous-mêmes), de la passion pour la nouvelle technologie et d'une critique de l'organisation sociale, il s'apprête à introduire une façon totalement autre de créer, de produire et même de vivre ensemble.

L'Espace, est non seulement directement concerné par cette évolution, mais il inspire les auteurs du bouleversement industriel en cours dans l'automobile comme dans l'énergie (souvenons-nous d'Elon Musk). Il doit devenir le premier lieu où la wikinomie se déploiera : n'est-il pas, selon, la définition que je lui ai donnée il y a longtemps, « *le principal moyen global de recueil, de transport et de dissémination de l'information* » ?

J'ai donc proposé[4] que le CNES prenne une initiative pour faire entrer dans une pratique spatiale ordonnée les forces éparses dans le Net qui, désireuses de s'y impliquer, n'ont engendré jusqu'à présent qu'un mouvement brownien sans résultante significative. J'en avais soumis l'idée à mes amis Bertrand Pilet et Pierre Mary appartenant au groupe de *hackers* La Paillasse et discuté avec eux son principe.

Un cadre serait créé pour fédérer les initiatives, les guider et leur permettre d'obtenir des « résultats significatifs ». L'objectif serait d'organiser la participation aux missions spatiales de nombreux acteurs non spatiaux tels que des *hackers/makers*, des étudiants, et jusqu'à des gens ordinaires de bonne volonté : mettre de l'ordre dans le chaos, c'est-à-dire enrôler les compétences et les enthousiasmes tout en imposant le contrôle de qualité et la gestion des risques qui ont fait le succès de l'Espace.

Le programme participatif « Fédération » reposerait sur l'autonomie, la diversité, l'horizontalité, l'*open source*. Ses partenaires seraient d'une part les acteurs traditionnels, en l'occurrence une Agence, le CNES, habituée à des pratiques d'excellence très codifiées et garante du maintien de cette tradition, à laquelle pourraient s'associer dans un second temps d'autres Agences spatiales comme l'Esa, la DLR, l'Asi ou l'Isro, et d'autre part, des groupes autonomes tels que les *hackers/makers* et les *fablabs* – que nous appellerons « participants ». Leur mode de fonctionnement serait horizontal, *open source* et participatif, et ils disposeraient d'une plateforme permettant de centraliser les activités.

L'Agence transmettrait des informations, fournirait de l'expertise et l'accès à l'orbite, conseillerait les participants dans leur réalisation et veillerait à la qualité des prestations dont elle serait le garant, coordonnerait les efforts des différents groupes et participerait au financement des programmes. Elle reconnaîtrait l'activité « Fédération » comme un programme doté d'une ligne budgétaire et mobilisant quelques ingénieurs. Elle utiliserait

4. J. Blamont, *Wikinomie au CNES*, Lettre de la 3AF (Association Aéronautique et Astronautique de France), n° 20, juillet-août 2016.

comme mode principal de mise en orbite la méthode avantageuse *piggyback* (passagers secondaires) : c'est-à-dire l'insertion dans une mission principale déjà payée par un client de petits passagers dits « secondaires », pour qui c'est en général gratuit. De leur côté, les participants concevraient et réaliseraient des projets, définiraient les partenariats, et trouveraient un financement (par *crowd funding*, par exemple).

Entre les deux, une plateforme, qui fournirait des ressources (compétences, lieu de travail, équipements), servirait de liaison entre différents groupes et organiserait des concours (appels à projets, choix…). Elle jouerait le rôle d'une Direction des programmes, mais sans directeur : nous sommes dans l'horizontal et le virtuel.

Pour point de départ, un comité de liaison (pour ne pas dire de direction…) serait créé, géré par le CNES. Les différents groupes de *hackers/makers*, étudiants, entrepreneurs indépendants, les clubs, les incubateurs, regroupés dans une Association, s'y affilieraient via Internet.

Il ne s'agit pas de récupération des esprits antisystèmes par le système : l'objectif est de développer de manière collaborative des savoir-faire et des ressources spatiales ouvertes et utilisables par tous au sein d'un écosystème de rupture. La Charte énonce clairement sa doctrine : « *Fédération est une initiative qui vise à ouvrir le monde de l'infrastructure spatiale au plus grand nombre, pour que chaque citoyen puisse ancrer son action dans une démarche de création du monde futur.* » Au fonctionnement *top-down* qui domine classiquement nos activités s'ajouterait un mode *bottom-up* auquel seraient donnés des moyens d'action ! La Fédération serait doublement wikinomique : les grandes Institutions profiteront des compétences éparses dans le Web et un immense appui sera fourni aux groupes associatifs – l'aide technique, la formation, l'entrée dans les bases de données, l'accès non seulement à l'orbite, mais aux très grands projets d'exploration planétaire. Tout le monde y gagne ! C'est le pari de l'intelligence collective, en permettant à des acteurs hétérogènes d'entrer dans des logiques effectives de mutualisation.

Fédération – Open Space Makers : un projet au CNES

Le CNES a annoncé l'engagement du projet Fédération lors de la convention Espace et Numérique du 17 octobre 2016. Fabio Mainolfi, ingénieur à la Direction de l'Innovation, des Applications et de la Science (DIA) au Centre spatial de Toulouse, a été chargé de développer le projet.

Le CNES n'étant pas un acteur de l'économie collaborative il s'est fait accompagner par OuiShare[5] pour établir une revue des initiatives collaboratives qui existent déjà dans divers secteurs industriels, prendre en compte les valeurs et codes des acteurs du milieu collaboratif et dresser les risques/opportunités liés à l'*open source*. Ces études ont permis de recenser de nombreuses initiatives menées par des acteurs établis dans différents secteurs industriels (approches *top-down*) ou par des communautés ouvertes (approches *bottom-up*).

Initiatives collaboratives menées par des acteurs établis

Dès 2009, le président Obama lança l'initiative *Open Government*, qui visait à rendre plus transparentes et collaboratives les instances publiques. Sur la plateforme *Open Nasa* lancée en 2011, l'Agence spatiale met à disposition des sets de données et développe des projets collaboratifs autour de l'*open data*. Les défis s'adressent à des publics variés et des *hackathons* sont organisés. La Nasa a publié en 2014 les données de plus de mille projets et fourni un catalogue annuel gratuit de ses

5. OuiShare fondée en 2012 à Paris est une communauté dédiée à l'émergence de la société collaborative, qui fonctionne sur les principes d'ouverture, de collaboration et de partage de la valeur. Ses activités sont structurées en quatre domaines : animation de communauté (événements locaux, groupes en lignes...), production intellectuelle (études et recherches publications, méthodologies...), incubation et accélération de projets collaboratifs, accompagnement d'étudiants, de professionnels, de communautés et d'entreprises. Ouishare s'appuie en 2017 sur 80 connexions et plus de 5 000 membres sympathisants et contributeurs dans vingt pays.

logiciels. Le programme Datanaute, né en 2015 a pour ambition d'apporter de la diversité dans le secteur spatial.

La Nasa organise également le *Nasa Space App Challenge*, un *hackathon* de quarante-huit heures qui se déroule dans le monde entier, où des participants s'appuient sur les données de l'Agence pour développer des projets parmi six challenges. Six lauréats sont couronnés, dont un par le public. Les objectifs du programme sont d'encourager l'usage des données ouvertes, de développer des solutions aux enjeux de l'exploration spatiale et de découvrir des communautés de passionnés. Il s'agit du plus grand *hackathon* mondial : en 2016, il regroupe 71 pays, 15 409 participants pour 1 287 projets.

De son côté, l'entreprise Renault a mis en place, dès 2011, le projet *Creative People* : entre atelier de fabrication et de design, il permet d'entretenir des échanges sur des projets innovants de mobilité (en 2014, 10 appels à idées, plus de 1 000 idées reçues, pour un budget de 60 000 €). Puis, en 2017, voit le jour, en association avec OS Vehicle et ARM, le projet *Platform Open Mind*, né d'un challenge interne. Il s'agit du codesign *open source* d'un petit véhicule électrique, le Twizy, et la plateforme permet à des tiers d'en créer des pièces de carrosserie.

Airbus s'y est mis en 2014, avec *Airbus Protospace*, un laboratoire de fabrication et d'innovation interne, lieu de travail revisité par les codes de fabrication et le management agile. Dès la première année, 14 000 personnes ont visité le lieu et 2 800 prototypes y ont été créés. En 2016, c'est *Airbus Cargo Drone Challenge* qui voit le jour. Il s'agit d'une compétition ouverte de concepteurs de drones commerciaux, en partenariat avec Local Motors. Le défi vise à concevoir un drone capable de transporter du matériel médical en des endroits peu accessibles à partir d'un prototype d'Airbus, récompense de 50 000 dollars et industrialisation à la clé.

Chez General Motors, on a mis en place, en 2012, le projet Garages, sur la formation et l'expérimentation d'outils de fabrication innovants. C'est un programme international piloté par Techshop en partenariat avec douze partenaires de la culture *maker*, sous forme de *fablabs*, gratuits et ouverts. Puis, en 2016, le projet Fuse, plateforme d'innovation et de cocréation de solutions industrielles, s'appuie sur un réseau de micro-usines. C'est un site collaboratif où, avec Local Motors, des projets de résolutions d'enjeux sont mis en ligne. Les membres peuvent soumettre des idées et participer à des challenges.

EDF n'est pas en reste, et a mis en place en 2012, et sous l'impulsion de la COP-21, *Smart Electric Lyon*, plateforme de cocréation pour prototyper des services personnalisés autour des compteurs Linky. Le projet est porté par 21 partenaires. Les solutions développées vont de la domotique (capteurs intelligents) aux applications. 20 570 clients composent la communauté des utilisateurs. En 2016, c'est au tour de *Pulse and You*, concours de *start-up* autour du futur de l'énergie, adossé à une plateforme collaborative. Les prix comprennent un accompagnement du groupe sur le projet. 610 *start-up* ont participé et 12 lauréats ont été choisis.

Initiatives menées par des communautés ouvertes

L'on peut s'appuyer sur des communautés déjà existantes qui peuvent devenir des partenaires. D'abord la communauté de l'espace libre, ainsi *Libre Space Foundation*, créée à Athènes en 2015 par neuf *hackers* après le Hackaday Prize 2014, décerné par le *Nasa Space Apps Challenge*. Cette fondation réunit 17 membres sur un site et un forum théorique et développe pour premier projet le réseau *open source* de stations sol SatNO 65 relié par une plateforme satellite. Par ailleurs, l'université de Patras a commencé, en 2007, à développer un satellite *open source*, *UPSAT*, le premier du genre, devenu collaboratif en 2016 après une alliance avec LSF, et placé en orbite à partir de l'ISS en 2017.

On peut également s'appuyer sur le réseau de l'*Open Hardware*. Par exemple la plateforme *Hackaday Projects*, lancé en 2014 à partir d'un blog, qui documente les projets de la communauté *hardware* et qui compte aujourd'hui plus de cent mille membres. Ou encore *Hackster*, plateforme communautaire dédiée à l'apprentissage du *hardware*, qui réunit 200 000 membres dont 35 % en Europe. Chaque membre peut y héberger ses projets, y créer des tutoriels et organiser des meetings en ligne.

Citons également *TechShop*, fondé en 2006, qui met à disposition de sa clientèle des formations et des ateliers autour du « Do-It-Yourself » accompagné. On trouve dans ses ateliers (neuf aux États-Unis) un parc très complet de machines sophistiquées, encombrantes et onéreuses, permettant de réaliser les projets les plus variés. Ces ateliers sont aussi des lieux de convivialité, d'entraide, de réseaux réunissant des profils très divers appartenant à une communauté locale. En décembre 2014, Leroy-Merlin a noué un partenariat de dix ans avec TechShop et ouvert des ateliers, adossés à deux de leurs magasins, à Ivry-sur-Seine puis à Lille.

Des exemples contrastés

Toutes ces entreprises ne rencontrent pas le même succès. *Local Motors*, qui vend des produits conçus en open, a mis au point un nouveau modèle de voiture en dix-huit mois pour deux millions de dollars (à comparer aux six ans et deux cents millions pour un grand constructeur) et envisage d'ouvrir cent micro-usines dans le monde en dix ans.

L'entreprise *Quirky,* elle, fondée en 2009 après une levée de cent vingt millions de dollars, s'est achevée par un échec. Elle proposait aux individus contributeurs de créer ensemble des produits via un réseau social en ligne, l'équipe sélectionnant les meilleures inventions pouvant déboucher sur des produits grand public. En 2013, Auchan a importé ses produits, qui avaient fait leurs preuves aux États-Unis, puis proposé dans ses magasins des produits imaginés, créés, conçus et améliorés par les consommateurs eux-mêmes. Mais la fabrication industrielle en grande série des produits inventés a échoué, et Quirky a déposé le bilan en septembre 2015.

Communautés de l'*open source*

Les communautés de l'*open source* sont également un exemple intéressant. Ainsi, *Open Source Ecology*, projet de construction de machines né en 2003 pour allier l'*open source* à l'économie et à l'écologie. Cette ONG a pour ambition de réaliser un set de construction composé des cinquante machines nécessaires à la création d'un village et a établi, en 2004, un atelier de production[6] à Kansas City, Factor E Farm. Ou encore *Open Street Maps*, projet collaboratif de création d'une carte libre du monde, fondé en 2004 à l'University College de Londres. Les données cartographiques sont recueillies sur licence libre. Le projet compte plus d'un million de contributeurs.

Une association dans la société civile

L'analyse de ces initiatives met en évidence que lorsqu'elles sont engagées par des acteurs établis traditionnels, il s'agit plutôt de démarches d'*open innovation* semi-fermées ou discrètes pouvant s'adresser à un public expert comme au grand public (*hackatons*, challenges, intraprenariat), mais qui semblent loin des objectifs d'une Fédération comme nous l'entendons. En revanche, les initiatives portées par les communautés sont ouvertes et se structurent autour d'un projet ou d'un bien communs que peut produire le groupe. On y retrouve les composantes de la culture *do it yourself*, *maker* et *hacker*. Ce sont ces valeurs et modes de fonctionnement que nous avons choisi de prendre pour modèle.

Le concept retenu est donc celui d'une association (loi de 1901) qui regroupe des dizaines ou centaines de sociétés de *makers* et *fablabs* constituant la branche horizontale de la Fédération. La branche verticale est assumée par le CNES partenaire, sponsor et chargé d'un rôle informel dans l'animation et la participation à la communauté. L'association pourra nouer d'autres partenariats (acteurs établis de l'industrie spatiale et associations issues de l'économie collaborative) et rechercher d'autres financements.

---

6. Voir p. 142 et suivantes.

L'on aurait pu choisir « l'hébergement » par la structure déjà existante du CNES, mais l'on aurait alors risqué une dilution parmi d'autres activités. Une nouvelle association permet de créer le cadre et de définir les règles du dispositif (propriété intellectuelle, règles de participation, interactions avec l'écosystème existant, etc.), plutôt que d'essayer de couler l'initiative dans une structure munie déjà de sa propre personnalité. Ainsi cette formule donne-t-elle au projet la possibilité de naître et grandir avec une dynamique de type *bottom-up*, tout en fédérant l'ensemble des composantes de la société autour du spatial et favorisant l'adhésion. Néanmoins ce choix n'est qu'un point de départ et la Fédération devra être consolidée et coconstruite avec les partenaires de la société civile.

Déploiement

Ce choix amène à une grande complexité de mise en œuvre. De nombreuses rencontres entre le CNES et des communautés ouvertes ont permis de tester le concept et ont conduit au soutien de l'initiative par le monde associatif spatial traditionnel (l'Association aéronautique et astronautique de France, Planète Sciences), par les acteurs de l'économie collaborative (OuiShare) et surtout par des acteurs reconnus parmi le monde *hacker/maker* comme Electrolab[7], le plus grand *hackerspace* d'Europe basé à Nanterre. Un effort important a été fourni pour créer une dynamique extérieure, pour engager des communautés autour du projet et identifier un premier noyau pour créer l'association, et le projet a été annoncé au Salon du Bourget le 22 juin 2017 par le président du CNES Jean-Yves Le Gall, en présence de l'écosystème spatial, des communautés *hacker/maker* et des

7. Laboratoire, *makerspace*, atelier, grand garage collectif, l'Electrolab est avant tout une association à but non lucratif dont l'objet est le partage des connaissances dans le domaine des sciences et des techniques. C'est une communauté de passionnés qui ont retroussé leurs manches pour construire leur petit coin de paradis électrique, mécanique, chimique et biologique (source Electrolab). Elle compte en 2018 plus de deux cent cinquante membres.

représentants de l'économie collaborative. À cette occasion, le nom Fédération-Open Space Makers, accompagné d'une identité visuelle, d'un site web (www.federation-openspacemakers.com) et de comptes Facebook, Twitter et YouTube, a été adopté.

Ce processus engagé au Bourget s'est poursuivi à partir de l'automne 2017 avec des « ateliers Fédération » dans une douzaine de villes de France. L'association Fédération-Open Space Makers est formellement née le 24 octobre, avec son bureau et son assemblée générale constitutive. Sa charte et sa plateforme Web ont été adoptés en septembre 2018, et ce sont les organisations participatives, et non le CNES, qui s'en sont chargés. Partie de cinq membres fondateurs à sa création en octobre 2017, l'Association regroupe une soixantaine de partenaires en septembre 2018.

En parallèle le CNES a engagé une dynamique interne d'ouverture pour amener ses ingénieurs à contribuer au projet. En septembre 2018 était lancé le concours Trophée interne CNES qui consistait à répondre à la question suivante : quelle infrastructure, mise en place à l'horizon 2030, pourrait répondre au défi de développement durable des activités spatiales ? Les objectifs du Trophée sont d'initier une dynamique interne d'ouverture inspirée des modes de fonctionnement horizontaux et multidisciplinaires, et de favoriser l'articulation future CNES-écosystème Fédération.

L'activité de base de la Fédération

La Fédération se veut un écosystème virtuel regroupant sur le Web des communautés participatives d'une part, et d'autre part une (et peut-être, à terme, plusieurs) Agence spatiale étatique, le CNES, dont l'objectif est de lancer des missions spatiales réelles. Elle est donc une structure paradoxale et innovante qui marie des entités orthogonales, l'une verticale et réelle, l'autre horizontale et virtuelle. Sachant que le produit de deux fonctions orthogonales est nul, elle ne se dissimule pas la difficulté de la tâche, mais elle se sent portée par le vaste mouvement mondial de l'*open source*.

Le financement participatif ainsi que le soutien de l'Agence spatiale française devraient prévenir les difficultés financières. L'approche *open source* devrait, elle, lui permettre de bénéficier d'un grand nombre d'avancées technologiques sans freins juridiques ni logique de profit. Le projet *A Human Right* mené par un ingénieur de SpaceX qui fournira Internet à tous au moyen de satellites est le type de projet que pourrait mener la Fédération. De son côté, la culture *hacker* encourage le réemploi, la réhabilitation (*up cycling*) et la fabrication *Do It Yourself* pour limiter l'accumulation, et de nombreux projets ont pour objectif de distribuer des connaissances au plus grand nombre et de transmettre ce désir de frugalité. Enfin, l'*open source* permet d'expérimenter et de prototyper à bas coût en réunissant des profils variés au sein d'un projet commun et d'avancer plus vite que ne feraient les secteurs Recherches et Développement des entreprises traditionnelles.

La Fédération pratiquera les différentes approches de l'innovation ouverte que sont la cocréation et le *codesign*, l'*open hardware* dans des fablabs et des microfactories, l'*open data* et ses licences libres et applications ouvertes, la transformation numérique.

Le fonctionnement sera le suivant : la Fédération mettra en place un comité de liaison où tous les partenaires seront représentés. Les projets naîtront de propositions non sollicitées des partenaires qui lui seront envoyées. Il les analysera, les fera circuler et formera un consortium de participants volontaires. Cette participation pourra être de nature très diverse (études papier, *hardware* spatial, logiciels, opérations en orbite, traitement et analyse de données…). Il y aura plusieurs projets, chacun mené par son consortium. Une structure sera alors proposée par le CNES qui fournira une assistance technique et managériale. Chaque participant organisera son mode de travail, mais devra se coordonner avec les autres membres. Le CNES fournira l'accès à l'orbite et assurera les opérations orbitales. Répétons qu'il jouera un rôle de partenaire et de sponsor et non de chef. Mais il est certain que sa participation exigera un engagement fort de sa part.

L'articulation interne-externe sera au cœur de la réussite. En interne le CNES créera et animera une communauté pour faire de la Fédération une préoccupation des ingénieurs et les inciter à participer aux projets. Ainsi sera poursuivie une dynamique d'ouverture et de cocréation. En externe, d'une part des ingénieurs du CNES participeront aux projets, de leur origine au recueil de données, d'autre part une action sera menée pour intéresser et motiver la société civile, identifier les relais extérieurs et les futurs membres de l'association et développer les partenariats. Le CNES se fera le héraut de la révolution participative et de l'*open share*.

La Fédération existe !

Pour soutenir l'efficacité de la Fédération, la plateforme Web collaborative en ligne est l'élément central du déploiement numérique de l'initiative. Elle s'adresse au grand public, à des utilisateurs, aux membres actifs de l'association et aux partenaires. L'objectif de la plateforme web *www.federation-openspacemakers.com* est de permettre la diffusion de la Fédération, de susciter l'adhésion et ainsi faciliter la proposition et la conception d'infrastructure spatiale libre.

Conformément aux valeurs du projet Fédération et de l'association Open Space Makers, le développement de la plateforme s'appuiera sur des solutions *open sources*. Les solutions et outils développés seront mis à disposition sous ce type de licence et la plateforme pourra être réutilisée et améliorée par toute personne le souhaitant. Le développement s'appuiera sur un cycle de type spiral et sera basé sur le prototypage rapide. L'effort initial de développement est alors concentré sur les fonctions principales permettant une mise en ligne et une exploitation rapide de la plateforme. Au fil des itérations les fonctions secondaires seront implémentées.

La phase la plus compliquée pour un nouveau venu dans l'environnement des *makers* est celle du démarrage ; il sera donc essentiel de veiller à l'aspect pédagogique et à l'accompagnement d'expérience. Sans accompagnement spécifique, dans les *hacker-spaces* une grande partie des nouveaux membres abandonnent leur engagement dans les premiers mois, à cause des difficultés à créer des liens et à s'insérer profondément dans un lieu de production collaboratif. Imaginant la plateforme web comme un « *fablab online* », nous comptons proposer un système de parrainage pour tout nouveau membre. Le parrain sera le point de contact privilégié pour les questions du nouveau venu, et aidera au discernement des actions concrètes à mettre en œuvre pour s'impliquer dans tel ou tel projet, ou pour initier son propre projet. Cela permettra également un retour d'expérience, et une amélioration continue.

Afin d'assurer une transparence maximale et d'orchestrer les collaborations, l'Association mettra à disposition de ses membres et de ses partenaires un ensemble de documents de référence à portée juridique et des outils assurant une prise en main réelle.

Des scénarios possibles

Jean est passionné par le spatial, il est fan d'Elon Musk et rêve de créer un SpaceX français. Il voudrait fabriquer un moteur de fusée dans son garage, première étape pour mettre en œuvre son projet. Il entend parler de la Fédération via le forum de la Conquête spatiale et prend contact. Il apprend ainsi qu'on ne peut pas construire un moteur de fusée dans son garage en France mais qu'il existe des projets mêlant étudiants, professionnels et amateurs qui travaillent sur le sujet. La Fédération le met en contact avec un *fablab* proche de chez lui et lui propose de commencer à travailler sur un projet spatial avec suivi d'un cahier des charges. Après avoir travaillé avec succès dans le *fablab* sur un système de contrôle d'attitude innovant pour cubesats, Jean a acquis l'expérience nécessaire et la crédibilité pour se joindre à des projets institutionnels établis.

Ou encore : une filiale d'un grand groupe de l'aérospatial a dans sa liste d'idées non développées plusieurs concepts dont le développement pourrait être intéressant à moyen ou long terme pour le groupe, mais dont le retour sur investissement est difficile à démontrer et la priorité assez basse.

L'industriel fait une proposition des grandes lignes du projet via la plateforme et un appel à manifestation d'intérêt. Deux équipes en particulier présentent un préprojet intéressant, et l'industriel leur propose un accord.

Perspectives du concept Fédération

Le déploiement se conçoit au-delà des cercles naturels des passionnés du spatial et des membres de *fablabs*. Si la communication s'orientera naturellement d'abord vers ces populations, elle sera aussi à terme déployée vers les étudiants de toutes filières, les retraités, les chômeurs, les salariés d'entreprises industriels…

La Fédération, les start-up et leur financement

Beaucoup de jeunes chercheurs qui voient la création réussie d'applications ou de média sociaux par leurs pairs informaticiens rêvent de produire eux aussi un impact sur le monde et sont tentés par l'aventure entrepreneuriale. Captivés par leur propre technologie, ils n'ont en général pas une bonne compréhension de la voie à suivre pour rendre leur projet économiquement viable. Or les projets *open hardware* dans le secteur des technologies de rupture, sortis directement des laboratoires de recherche, exigent des capitaux plus importants que ceux demandés par le numérique. Des structures apparaissent pour les accompagner. Partout se multiplient des fonds philanthropiques et des fondations familiales désirant aider les projets très en amont. Ces bonnes volontés ne sont pas toujours pourvues des compétences nécessaires. Un fossé doit être comblé entre les investisseurs potentiels classiques et les scientifiques entrepreneurs en devenir.

Un des objectifs de la Fédération pourrait être de procurer une base pour organiser le *crowdfunding* et financer le démarrage des projets de *start-up*. Elle participerait à la préparation de dossiers, à la mise en contact des éventuels partenaires, aux tours de table et à la circulation des idées. En dehors des États-Unis et de la Chine, et particulièrement en France, le financement des innovations de rupture (*deep tech*) dépasse difficilement le stade de l'amorçage. Au-delà, il n'y a pas grand monde pour la pénétration profonde du marché (*growth*, en anglais), c'est-à-dire pour les tickets supérieurs à dix ou quinze millions d'euros : il faut alors attendre des années pour un retour sur investissements, avec le risque de tout perdre. Cette absence de relais est une faille caractéristique du marché hexagonal. Les *start-up* isolées restent prudentes devant les grands groupes, les grands groupes se méfient, les investisseurs demeurent frileux. Un point de ralliement, une structure de négociation, un *honnest broker*, bref un intermédiaire entre ces divers acteurs éparpillés serait le bienvenu. La Fédération pourrait devenir ce partenaire, apprivoisant une Agence (comme le CNES) ou un fonds public spécialisé dans l'innovation de rupture comme une DARPA européenne (qui reste à créer), qui miseraient sur le développement de quelques produits stratégiques. Elle pourrait constituer une communauté de *deep tech* instigatrice de connexion tous azimuts.

La Fédération et l'exploration planétaire

Par nature même, l'action de la Fédération sera imprévisible puisqu'elle reposera sur la créativité d'innombrables inconnus, qui pourront avancer les idées les plus brillantes comme les plus saugrenues. Cependant, on peut imaginer que les projets portant sur l'environnement seront nombreux, car beaucoup d'aspects de ce domaine peuvent être bien traités par des constellations de nanosatellites : télédétection, recueil de données, équipements au sol connectés… De nombreux groupes se sont déjà lancés dans cette activité, alors qu'elle exige ce qu'ils ne peuvent donner, la continuité dans le temps et l'espace, l'acquisition d'une très grande quantité de données, la calibration de haute précision. Ce serait alors le rôle de la Fédération d'apporter ces caractéristiques en faisant entrer ses projets dans des programmes structurés : de l'ordre dans le chaos, comme fait la fourmi de Langton.

Qu'on me pardonne de revenir ici sur une idée qui m'est chère : la participation de la Fédération à l'exploration planétaire, à commencer par des missions lunaires. La Lune deviendra certainement dans les prochaines années la cible de missions habitées ou robotiques, notamment parce qu'elle est un terrain d'expérimentation en vue de voyages humains vers Mars. Il faudra s'assurer que ce retour sur notre satellite naturel ne se fera pas dans l'esprit de compétition qui a dominé le programme Apollo, mais sera au contraire un exploit accompli par une humanité réconciliée. L'Apollo du XXIe siècle ne consistera pas à aller sur la Lune, mais bien à y aller ensemble, devenant ainsi le symbole de ce que peuvent faire la science et la technique mis au service de l'humanité.

Supposons que le comité de liaison de la Fédération propose de s'engager dans la réalisation d'un village robotique lunaire. Elle pourrait commencer par l'établissement d'une carte de la surface à haute résolution. Chaque groupe membre du projet participerait à son gré, de façon autonome ou en partenariat avec d'autres groupes, selon ses propres règles. On peut imaginer des flottilles de minisatellites indépendants, mises en orbite lunaire par transfert depuis des lancements commerciaux en GTO et piggyback. Mais cette participation pourrait prendre bien d'autres formes (études, développements d'instruments, simulations…). La créativité des partenaires devrait faire naître des formes d'organisation et de participation imprévisibles.

En ce qui concerne le retour sur la Lune, les grands acteurs de l'espace semblent vouloir rejouer le scénario Apollo, c'est-à-dire la course des rivaux. La Nasa met au point un gros lanceur, le *SLS-Orion*, successeur de *Saturne*, sans avoir encore adopté une stratégie. Elle a ouvert des discussions avec la Russie pour une éventuelle collaboration dans des projets communs. La Chine a réussi à faire alunir sa sonde *Chang'e-3* en décembre 2013, puis à débarquer sur la surface lunaire le véhicule téléguidé *Lapin de jade* qui n'est guère sorti d'un coma dû à une défaillance mécanique. *Chang'e-4* devrait se poser sur la face cachée en 2018 et *Chang'e-5* devrait rapporter à la Terre des échantillons, également en 2018. La suite est encore inconnue. Mais la mission

Chang'e-5 comporte des opérations qui doivent également être maîtrisées pour des missions habitées, comme le rendez-vous orbital lunaire et la rentrée terrestre à grande vitesse. Et le logo du programme lunaire chinois CLEP montre l'empreinte de deux pieds humains…

Il n'est peut-être pas trop tard pour regrouper tous ces efforts. Un programme lunaire de la Fédération élargie à des participants venus de tout le globe pourrait y parvenir. Mais la Fédération entièrement libre de ses orientations et du choix de son projet pourrait bien ne pas écouter ce genre de proposition et se désintéresser de l'exploration planétaire, à mon grand regret.

Coopération institutionnelle internationale

L'Esa a créé un *Open Sky Technology Fund* doté de cent millions d'euros pour soutenir des *start-up* utilisant les technologies développées par l'Agence. Son office de transfert de technologie, doté d'un budget annuel de quatre millions et demi d'euros et le programme *Business Incubation Center* (BIC) ont offert une aide financière à soixante-quatre entreprises entre 2007 et 2011 pour des dépôts de brevets, l'expertise technique et la mise à disposition de lieux de travail, avec un taux de survie de 90 %. Ce BIC pourrait être un participant et l'Esa pourrait être associé au CNES pour animer la Fédération.

De son côté, le programme indien reçoit un fort support du Gouvernement, mais l'agence spatiale ISRO qui le dirige despotiquement est en voie d'asphyxie. L'industrie privée n'y est impliquée que pour la fourniture de sous-systèmes et l'Agence peut difficilement faire face à ses obligations. Malgré ses succès, l'Inde ne possède aucune entreprise spatiale privée de niveau international, aucune industrie compétitive. C'est un fait général : l'innovation dans le pays a été limitée aux secteurs des technologies de l'information, du e-commerce et de la pharmacie. Le contrôle très bureaucratique exercé par l'ISRO est devenu obsolète avec l'arrivée du *New Space*. Récemment ont émergé des tentatives telles que Team Indus et Dhruva Space qui tablent sur de faibles salaires pour se lancer dans des aventures interentreprises internationales. Il a été proposé à l'ISRO de créer un BIC pour combler sa distance avec les contractants domestiques et rapprocher de l'Agence toute une population scientifique et technique dont elle est séparée. On pourrait imaginer une collaboration entre les BIC à créer tant par le CNES que par l'ISRO, ou la création d'un BIC commun, dans le cadre plus large de la Fédération.

Avançons les yeux ouverts

La Fédération se présente comme une main tendue aux groupes de *hakers-makers*, qui jusqu'à maintenant flottent comme des îles virtuelles à la surface du monde réel, se livrant à des jeux qui ne débouchent que sur l'autosatisfaction ludique ressentie par leurs participants. Ces objets sociaux, toute jeune création du XXIe siècle, peuvent et doivent se rapprocher des rouages institutionnels, politiques, économiques, scientifiques et intellectuels qui meuvent la machine planétaire.

Mais il ne faut pas sous-estimer la véritable antinomie qui sépare les deux composantes que la Fédération veut marier : l'une est construite sur les normes et l'autre sur la spontanéité. Aussi bien les réseaux de *hackers-makers* que les fondateurs et les employés du New Space nourrissent une idéologie appelée aux États-Unis libertarienne, qui ressemble beaucoup à ce que la France connaît sous le nom d'anarchisme. C'est une conséquence de la vie sur le Net, construit et fonctionnant sans règles ni autorités (à ce qu'on croit, tout au moins), puisque ce sont des informaticiens et des internautes qui créent les *start-up* de Silicon Valley et peuplent les communautés de *makers*. Les acteurs de la globalisation numérique, s'ils prétendent œuvrer en philanthropes pour le bien des hommes, n'acceptent rien de ce qui pourrait entraver leur activité. Rien ne doit freiner leur trajectoire : foin des dispositifs fiscaux ou des réglementations protégeant telle ou telle catégorie de la population. La liberté individuelle prime sur toute forme d'organisation ou de contrôle étatique. L'archétype de la Web-économie, Uber, n'a jamais réalisé de bénéfices et se glorifie au contraire de ses pertes (trois milliards de dollars en 2016). Son fondateur et patron, Travis Kalanick, a été licencié en juin 2017 après une série de scandales qui ont révélé des mentalités toxiques partout dans l'entreprise. Rappelons que Jeff Bezos a été un jour classé « pire patron du monde ». Les réseaux sociaux qui irriguent les communautés doivent leur succès à leur capacité de satisfaire et d'amplifier l'ego des internautes, en leur permettant de se fabriquer un rôle virtuel bien plus gratifiant et exigeant que leur ego réel.

Et c'est à cette multitude d'anars ennemis de toute discipline qu'est proposée la participation à des projets qui reposent sur la coordination rigoureuse des divers acteurs ! Il leur faudra, pour pérenniser leur participation, se plier aux contraintes imposées par les structures projet, à un calendrier inflexible et consentir au contrôle qualité et à la traçabilité.

Il ne suffit pas de mettre en ligne une plateforme pour qu'une communauté de contributeurs s'en empare. Elle n'y restera fidèle qui si ses membres ont le sentiment de travailler pour le bien commun. Faire cohabiter, comme nous le souhaitons, une logique participative avec celle d'un organisme hiérarchisé, ne pourra s'obtenir sans que celui-ci n'apporte à ses partenaires une attention quasi affectueuse et que donc sa structure et sa culture n'en subissent un contrecoup. Et c'est ce que nous cherchons ! L'anthropologue américain David Graeber[8] explique le ralentissement des innovations de rupture dans une entreprise par la toute-puissance des techniques de contrôle de gestion et d'évaluation permanente de la performance. L'innovation ouverte, au sens de Chesbrough, qui veut ici introduire dans le système des viviers de travailleurs non internalisables, apportera au CNES l'avantage d'externalités positives. Rappelons, comme exemple, que le navigateur Firefox est le produit d'une conversion de Netscape à l'*open innovation*. Le CNES, en créant la Fédération, a pour objectif de contribuer à sa propre adaptation au *New Space* par le rajeunissement des rapports humains ; les communautés en y adhérant souhaitent, elles, acquérir une

8. D. Graeber, *Bureaucratie : l'utopie des règles*, Les liens qui libèrent, Paris, 2015.

culture-projet qui transformera leur activité ludique en véritable création de valeur sans pour autant perdre l'exubérance de leur libertarisme. Il s'agit donc d'engendrer une véritable mutation chez les uns et chez les autres.

Cette entreprise n'est-elle pas vouée à l'échec ? Oui, elle est nouvelle, paradoxale, difficile, dangereuse – mais elle doit être tentée, car il s'agit d'absorber dans le fonctionnement normal de notre civilisation, la dernière-née des inventions socialo-techniques, comme ont été assimilées jadis des nouveautés aussi révolutionnaires que la machine à vapeur ou le régime parlementaire, non sans crises et retours en arrière. Il faudra profiter de la richesse wikinomique des réseaux, de leur capacité de surprises et de ruptures, de leurs foucades et de leurs caprices. Il faudra inventer, car ce qui est ici proposé n'est qu'une esquisse préliminaire à laquelle l'avenir ne ressemblera pas. Des concepts sauvages, des pistes qui au départ se présenteront comme des culs-de-sac, des motivations abracadabrantes jailliront de la créativité des réseaux. Les destructions et les constructions théorisées par Schumpeter se succéderont, plus vite que dans le capitalisme à l'ancienne, car ce sera avec une constante de temps de deux ans. Le manque de créativité politique dont souffre si gravement notre monde se verra compensé par l'exubérance de la foule.

D'autres Fédérations ?

Qu'y a-t-il de neuf dans l'idée de Fédération ? La recherche participative, qui fait intervenir des amateurs dans des opérations scientifiques, a débuté il y a plus de cent ans avec les sociétés astronomiques. Dès 1923, des naturalistes bénévoles ont procédé au baguage des oiseaux sauvages. À ces foules dont la bonne volonté était le caractère principal, il a manqué deux outils : l'appui des moyens lourds de la recherche moderne et de la rigueur méthodologique qui distingue le professionnel de l'amateur. L'expansion des communications numériques telles que le Web et les réseaux sociaux permet d'augmenter considérablement l'efficacité des groupes participatifs. La Fédération apporte à leur action le soutien des organismes étatiques sans rien leur ôter de leur indépendance ; elle apporte ce qui leur manquait, la puissance soutenue par la rigueur.

La Fédération est donc un algorithme social conçu pour transformer les spectateurs en acteurs. Son objectif est de créer un écosystème. L'idée d'un mariage entre une structure verticale et la foule des internautes ne doit pas se limiter au domaine spatial. On peut imaginer ce que cela pourrait donner, par exemple, dans l'environnement ou la gestion des villes.

Ainsi, pour documenter l'érosion planétaire de la biodiversité, des réseaux d'observateurs volontaires se sont constitués depuis longtemps, et l'on comptait en France deux cents initiatives de ce type en 2012. Le Muséum national d'histoire naturelle leur fournit un cadre structurel avec le programme Vigie-Nature. Tout est donc prêt pour organiser une Fédération de l'écologie afin de créer le soutien à long terme indispensable.

Mais l'idée pourrait être appliquée dans d'autres domaines.

L'océanographie

Un scénario plausible utiliserait une structure verticale, l'Institut Océanographique – Fondation Albert Ier, qui fait institutionnellement partie du gouvernement princier de Monaco. Sa mission est d'une part de faire connaître, faire aimer et protéger les océans et d'autre part de contribuer à une relation durable entre eux et l'humanité. Depuis 2017, l'Institut désire renforcer sa position et sa marque pour devenir un des leaders mondiaux dans la médiation entre l'humanité et l'océan. Dans ce but, il souhaite utiliser les technologies digitales de communication et d'échange pour mieux toucher le grand public. Il veut même adopter une stratégie participative en s'appuyant sur les réseaux sociaux et les *crowd cultures* qui y naissent.

De telles ambitions de nature plutôt médiatique pourraient être complétées par un retour à la recherche scientifique telle qu'elle a été conduite par Albert Ier. La création d'une Fédération océanographique, conçue suivant les mêmes principes que notre Fédération spatiale, permettrait de soutenir cette politique. Son objectif serait de replacer dans l'esprit du public l'océan comme champs de découverte, de création, de liberté, de défis, en utilisant un mode collaboratif et en intégrant les enjeux environnementaux.

L'Institut se positionnerait comme le fait l'équipe projet wikinomique du CNES, et trouverait sur le Net des enthousiastes qui seraient trop heureux de concevoir et de mener des projets dans son cadre prestigieux. La Fédération faciliterait la création de consortiums spontanés, où des groupes d'individus, des *start-up*, et des opérateurs se retrouveraient pour répondre à des demandes provenant d'institutions et à des défis. Dans une deuxième étape les propositions émanant de la foule seraient reprises par les institutions puis réadressées à la foule.

Ainsi le projet se placerait-il à l'aube d'une rupture, la popularisation rapide de la mer. De même que la plongée autonome a répandu l'accès au monde sous-marin proche, pour les loisirs et la science, la wikinomie pourrait faciliter l'accès à l'océan lointain, comparable à l'accès à l'orbite, mais aussi à la compréhension du milieu marin.

Les communautés participatives ont déjà été à l'origine de nombreux développements intéressants, nous n'en citerons que quelques-uns.

Protei est un prototype *open source hardware* de drone télécommandé, conçu par le jeune ingénieur et activiste environnemental César Harada à l'aide d'une structure qui rappelle le monde du logiciel libre. Développé en Louisiane après la marée noire de 2010, *Protei*, conçu pour nettoyer les océans, mesure six mètres de long et tire derrière lui une queue de vingt-cinq mètres capable d'absorber deux tonnes de pétrole et de débris divers. Il ressemble à un poisson doué d'une voilure et est mû par la force combinée du vent et des vagues. Au-delà de l'innovation technique, *Protei* fait naître une communauté réunie *via* la fondation Open H_2O, dont le rôle est de développer des technologies *open hardware* pour les océans et promouvoir des entreprises commerciales qui viseraient le même marché que *Protei*.

Open ROV est un robot sous-marin télécommandé de type *open source*. Il emporte une caméra et des capteurs de température. Il est conçu pour fonctionner en collaboration avec d'autres robots subaquatiques. Financé par Kickstarter depuis 2012, le projet est mené par un ancien de la Nasa, Eric Stackpole et le marin autodidacte David Lang. Il se situe comme un intermédiaire entre une *start-up* et la communauté de *makers*.

La santé

Le domaine de la santé offre un terrain propre à l'échange entre opérateurs scientifiques, praticiens et acteurs sociaux. Le patient entretient aujourd'hui avec son médecin des relations plus actives que par le passé. En 2004, l'Inserm a mis en place un double dispositif pour dialoguer avec le monde associatif : le Groupe de Réflexion avec les Associations de Malades (GRAM), soutenu par la Mission Associations et Société, structure opérationnelle coordonnant les actions en rapport avec les besoins du tissu associatif. Un réseau s'est constitué qui regroupe cinq cent sept associations spécialisées dans le champ de la pathologie humaine. La Mission a pour objectif de favoriser les échanges avec les associations et de renforcer leur rôle de médiateur de la recherche vers les malades. Il s'agit donc pour l'instant seulement d'échange d'informations et d'amélioration du dialogue entre les différents acteurs. Il serait temps de passer à une vitesse supérieure par l'implication plus forte de l'expertise citoyenne dans la réponse aux enjeux sociétaux posés par les progrès scientifiques. Une Fédération peut être l'outil qui permettra cette implication.

Le projet de Fédération pourrait-il intéresser l'Inserm, l'Inra ou le CEA ? Pour l'instant, le choix reste ouvert. Il n'y a pas ici de structure verticale évidente. Cependant, une ONG, Hacking Health, essaie de jouer ce rôle. Elle rassemble des professionnels de la santé et des ingénieurs et techniciens afin qu'ils travaillent ensemble sur l'élaboration de prototypes et qu'ils développent de nouvelles stratégies. Née à Montréal en 2012 lors d'un *hackathon* réunissant *hackers*, étudiants, entrepreneurs et professionnels du secteur, la communauté consolidée par une activité événementielle forte est présente dans plus de quarante villes dans le monde, dont Paris et Lyon. Le premier événement en Europe a eu lieu en 2014 à Strasbourg et a réuni deux cents participants autour de dix-neuf prototypes. En voici quelques-uns.

Echopen est un projet et une communauté *open source* de fabrication de la première sonde d'écho-stéthoscopie *open source.* Lancé en 2016, le prototype peut être employé dans les services d'urgence mais aussi en cabinet, dans les déserts médicaux et dans le cadre de missions humanitaires. Il est installé à Paris à l'Hôtel-Dieu grâce au soutien de la fondation Pierre Fabre. Miniaturisé, à moindre coût (deux cents dollars en tout, à comparer à l'abonnement mensuel de cent quatre-vingt-dix-neuf dollars de son concurrent industriel Lumify) il a été développé par une communauté de trois cents membres.

L'électronique médicale connectée connaît, elle, depuis les années 2000 un essor porté par les universités et les industriels dans le but de surveiller les malades et d'enregistrer leurs données physiologiques. Le mouvement des *biohackers*, adepte des thèses transhumanistes selon lesquelles l'homme peut être perfectionné, cherche à accélérer l'innovation dans ce domaine. Sans autorisation, il mène des expériences associant électroniques miniaturisées, biologie et ingénierie génétique. L'un d'eux, l'Américain Amal Groofstro, s'est fait greffer en 2015 deux puces RFID pour interagir avec son environnement électronique. Et le Suédois Hannes Sjöblad vit depuis 2014 avec une puce NearFeld Communication implantée dans la main. Il y a aussi des nuisibles : en 2012, le *hacker* néozélandais Barnaby Jack a piraté un *pacemaker* et lui a envoyé plusieurs décharges de 830 volts. Défibrillateurs et pompes à insuline peuvent devenir la cible de cyberattaques – et le deviendront. Voulez-vous hériter plus vite de votre vieil oncle ?

L'intégration des migrants

Poussés par la pression démographique et la misère économique, des migrants africains franchissent les frontières pour venir en Europe croupir dans la précarité et l'absence de droits. La fonction d'intégration est en fait assurée non par l'État, mais par la société civile. Le rapport préparé par le député (LREM) Aurélien Taché en 2018, inspiré par le modèle canadien, propose de développer le parrainage bénévole des primo arrivants par des citoyens français et prône la mise en place d'un service civique senior. L'exemple canadien montre que le parrainage par des citoyens ouvre la voie à une contractualisation entre le primo arrivant, le parrain et l'État, c'est-à-dire à l'intégration républicaine.

Pour donner à la société civile les moyens et les statuts qui lui sont nécessaires pour endiguer les conséquences sociales de la pression migratoire, pourquoi ne pas inventer des structures inspirées de celles de la Fédération ? Le bras vertical serait, par exemple, l'Office français de l'immigration et de l'Intégration, ou, mieux un service civique senior à mettre sur pied avec et par les organisations caritatives. Lui seraient donnés des moyens, mais sa nouveauté consisterait dans sa structure virtuelle, lui permettant de fonctionner sur le Web et, en particulier, d'utiliser le *crowd funding* pour rémunérer ses troupes, les tuteurs, et des méthodes de financement identique à celles des réseaux sociaux. Serait mobilisée la créativité des Seb la Frite.

La politique

La situation politique mondiale est dominée par la croissance des inégalités. Les riches deviennent plus riches, les pauvres restent pauvres et les classes dominantes sont suffisamment satisfaites de leur opulence pour ignorer les préoccupations des classes dominées. La révolution du smartphone amplifie les effets de frustration, qui se trouvent décuplés par la connexion universelle. Elle a ainsi, en partie, engendré les révolutions du printemps arabe de 2011. Il n'a pas fallu longtemps après l'introduction de l'iPhone, et s'est alors répandu partout un phénomène politique nourri par Internet et les réseaux sociaux, le *dégagisme*. Après la Tunisie, l'Égypte et le Yémen, il a gagné en 2016 le Royaume-Uni avec le Brexit, les États-Unis avec le succès de Trump et enfin, en 2017 la France où il s'est manifesté dans les urnes par l'élimination des partis traditionnels.

Dans tous ces cas un processus chaotique prend naissance dans la classe dominée sous les yeux aveugles de la classe dominante. Il est véhiculé par les réseaux de communication à une vitesse qui entraîne la chute des gens en place. Le cas de la France, c'est-à-dire la prise de pouvoir d'Emmanuel Macron, est un vrai cas d'école, où les événements, imprévus tant par les commentateurs, les médias que la population elle-même, se sont succédé sans relation de cause à effet. Nous sommes là devant le genre de situation pour laquelle le présent livre essaie de présenter un guide : un vaste marécage horizontal constitué de millions d'acteurs et un ensemble de structures verticales, qu'il s'agit de reconnecter les uns avec les autres.

Les partis politiques doivent prendre conscience de la transformation radicale qu'Internet impose à la foule. La créativité institutionnelle est devenue nécessaire. Suggérons humblement que la réflexion doit être menée dans la direction de la wikinomie : aucune entreprise humaine ne peut plus réussir sans elle. Dans le futur, un parti devra garder une composante verticale, c'est-à-dire un directoire, des relais, des fédérations locales et des cellules. Mais pourrait s'y adjoindre une Fédération organisant sur Internet des activités périphériques, autorisées à déployer une large indépendance

La Fédération consiste à établir une connexion institutionnalisée avec la foule, c'est-à-dire une interaction dans les deux sens. De la sagesse et des connaissances doivent venir d'en haut. De l'expression des difficultés et des souffrances qui constituent la condition humaine doit venir d'en bas. Il faut trouver un moyen pour convaincre les masses de s'impliquer dans le dialogue. J'espère que notre Fédération va réussir dans le domaine qui est le sien et susciter des imitateurs.

Les réseaux sociaux sont devenus, dès leur naissance, un outil décisif dans les combats électoraux et se révèlent aussi fort employés pour engendrer et accompagner les révoltes des opprimés dans les pays émergents. Mais il ne s'agit que de propagande, de transmission de messages et non de wikinomie.

Comment introduire le concept de Fédération dans l'arène politique ? Il est aisé de l'imaginer dans les pays doués d'un Gouvernement vigoureux ou dictatorial. Goebbels et Jdanov auraient certainement embrigadé leurs concitoyens dans un réseau structuré. Leurs émules ne s'en feront pas faute et Big Brother s'emparera du concept.

Peut-être le concept peut-il aussi être adapté dans les pays démocratiques. L'opposition au président Trump développe de nouveaux modèles de militantisme qui préfigurent une approche utilisant les réseaux. Par exemple, le mouvement *Indivisible* a débuté comme conseil en ligne, animé par d'anciens assistants parlementaires ; il a donné naissance à des millions de sections locales qui encouragent la mobilisation citoyenne au niveau des États et des comtés. L'ACLU, la plus grande organisation de défense des libertés civiles aux États-Unis, a créé la plateforme *People Power,* un réseau en ligne visant à distribuer une formation militante à tous ses membres. Un mode d'organisation de la vie publique qui serait une extension de ce type d'actions sera-t-il inventé par des jeunes militants nés avec une souris dans la main ? On le souhaite, car de plus en plus d'individus sont enfermés avec leurs fantasmes par les réseaux publicitaires dont les algorithmes leur renvoient leur propre image. Et la proportion de fous ou de déséquilibrés dans toute population dépasse 2 %, ce qui explique les attentats commis dans les rues ou les écoles, dont la mode s'étend depuis 2016. Il faudra trouver un moyen de rapatrier ces isolés dans la famille humaine, et cela ne peut pas ne pas passer par le Net. Des Fédérations ou des systèmes équivalents devraient être inventés et mis en place dans ce but.

Des organisations humanitaires telles que la Croix Rouge, l'Armée du Salut, les Restos du Cœur ou la Communauté d'Emmaüs pourraient s'entourer de réseaux supports, liés par le Net et se consacrant à des projets concrets.

Conclusion

Position du problème

Le nombre d'hommes et femmes présents sur la planète augmente à raison de 1 % par an ; il est passé de trois milliards en 1960 à sept en 2010 et atteindra dix en 2050, sans pour autant plafonner. L'exploitation des ressources naturelles augmente à un rythme supérieur et, à brève échéance, causera des pénuries dans plusieurs catégories de produits indispensables. Ce rythme est dans la plupart des cas voisin de 2 % par an, ce qui signifie que la consommation d'à peu près toutes les ressources naturelles double en cinquante ans.

En 2060, les besoins de dix milliards d'êtres humains atteindront donc ceux d'une population double de celle d'aujourd'hui ! Or nous prévoyons déjà, au rythme qui est le nôtre actuellement, la raréfaction sinon l'épuisement de la plupart des ressources avant 2100.

Le caractère principal de cette évolution est sa rapidité. La loi de Moore impose le tempo de l'évolution générale. Cette rapidité amène à penser qu'au milieu du XXIe siècle surviendra une crise mondiale catastrophique. En 1993 déjà, les représentants de cinquante-sept Académies des Sciences publiaient un document dont la conclusion était : « *L'humanité s'approche d'une crise créée par le couplage des problèmes de la population, de l'environnement et du développement.* »

Que peut-on faire ? Peut-on recourir à la technologie ? Aucune solution de cette nature ne s'offre pour une raison essentielle : *plus de technologie ne peut remédier à des maux engendrés par la technologie.* Une percée peut apporter un répit temporaire, mais ce succès accélérera la consommation et entraînera à terme l'exaspération des convoitises et des conflits. On cite l'amélioration du rendement des moteurs des automobiles de 50 % en trente ans, qui, loin de réduire la consommation mondiale d'essence, l'a augmentée, puisque, rendant l'utilisation de la voiture moins coûteuse, elle en a décuplé le nombre. Cet exemple illustre la diffusion du progrès technique dans les masses, avec ses conséquences imprévisibles, mais toujours porteuses d'une augmentation de la consommation, c'est-à-dire des prélèvements sur les ressources naturelles. Ainsi la révolution verte de l'agriculture indienne commence-t-elle à détruire les terres agricoles par salinisation, avec une chute rapide des rendements. La rationalité, source des révolutions scientifiques extraordinaires et successives sur lesquelles s'est bâtie la technologie, trouve ici une limite radicale.

Peut-on alors recourir à la gouvernance politique du monde et à des accords internationaux pour régulariser le flux des produits et diminuer la consommation ? Aucune solution de cette nature n'existe pour une raison claironnée par le président George H. Bush (le père) en 1992 : « *Le niveau de vie des États-Unis n'est pas négociable.* » Cet énoncé est vrai pour tous les États. Le monde est organisé en États, et les politiciens qui les dirigent croient tous à la nécessité de la « croissance » (de la production, c'est-à-dire de la consommation). Donnerons-nous notre confiance aux partis politiques dans le cadre national qui fut le leur jusqu'à présent ? Dénués de légitimité éthique, les partis ne peuvent porter un projet d'envergure planétaire. Ce qui nous le montre, c'est l'échec universel des Verts qui, armés d'un bon dossier, ont sombré dans l'incohérence et l'impuissance. Voyez Gandhi, dont le message politique, c'est-à-dire l'indépendance de l'Inde, a été couronné par le succès, mais dont la prédication morale a échoué. Elle reposait sur le *satyagraha,* ou force de la vérité, qui rejette l'emploi de la violence contre l'adversaire. Il a manqué à Gandhi une structure-support pour convertir le nouvel État indien à la non-violence : celui-ci s'est doté de l'arme nucléaire et occupe le Cachemire avec cinq cent mille hommes.

Donnerons-nous alors notre confiance aux Nations unies ? Les Nations unies, qui fonctionnent par consensus mou, produisent des exigences mais se bornent à les enregistrer sans les fonder. Si elles jouent un rôle bénéfique et même souvent crucial dans le fonctionnement de la machinerie internationale, non seulement comme forum ouvert à toutes les nations, mais aussi comme maître d'œuvre pour les opérations de maintien de la paix, de sécurité et de soutien humanitaire, elles sont dépourvues de toute magistrature morale. Elles ne sont pas assez respectées pour énoncer quelque programme touchant les mœurs et le comportement qui ait la moindre chance d'entraîner les consciences.

Devant l'accroissement des appétits, le dépérissement général de la pensée politique, l'obsolescence grandissante des structures de sécurité collective et le recours quotidien à la violence d'État, on ne doit pas compter sur les nations, toutes adeptes de la croissance, pour arrêter le déferlement du productivisme. Tout ce que nous pouvons espérer est une gestion au jour le jour, qui lubrifie les rouages d'une évolution imposée par la doctrine omnipotente du développement. La nouvelle économie, prétendue verte, permet surtout aux Nords de se défausser, en payant, sur les Suds de leurs responsabilités environnementales.

L'échec prévisible de la rationalité, fondée sur la technologie, puis de la politique, incapable d'élaborer des concepts et des outils à la hauteur des enjeux, doit nous amener à envisager un troisième mode d'action.

Dans un monde urbanisé à 80 %, les habitants sont radicalement séparés de la nature. Il leur manque alors l'essentiel, la vision d'un sublime de l'homme qui serait partageable par tous. Il en découle une existence sans verticalité qui se traduit par le relativisme et le désenchantement. Chacun se concentre sur soi au détriment de tout respect pour la Nature.

Il est donc nécessaire de régénérer ce lien par un appel à tous les humanismes, qu'ils nous viennent d'Orient ou d'Occident. Nous devons nous en inspirer pour placer au centre de notre civilisation « *ce qui en l'homme passe l'homme* », selon les termes de Blaise Pascal, c'est-à-dire élaborer une vision qui nous élève au-dessus de notre moi et de ses besoins matériels, afin de soutenir nos aspirations les plus hautes, l'aspiration personnelle à nous accomplir au sommet de notre potentiel, l'aspiration collective à construire une société sur la possibilité offerte à tous d'entreprendre cette démarche vers le haut.

Si l'on veut essayer d'empêcher la catastrophe, il faut créer un mouvement ; ce mouvement, il faut qu'il proclame une éthique nouvelle : essayons de vivre avec moins de gaspillage, plus de conscience de ce qu'est l'homme par rapport à la Terre. Pour que ce mouvement ne reste pas celui d'amateurs, ou de petits groupes, isolés et donc voué à l'échec, il doit dépasser les acteurs individuels et reposer sur le soutien de structures institutionnelles puissantes.

Ce mouvement doit porter un message, que l'on peut décomposer en trois parties.

D'abord, une critique de la philosophie productiviste et de son dernier avatar, l'économie dite verte, qui devra reposer sur l'analyse quantitative des évolutions économiques et écologiques, dans le genre des rapports du GIEC sur le climat, mais étendue à d'autres domaines tels que l'énergie, l'eau, l'océan, l'occupation des sols, la production agricole, les matières premières, etc., et cela à toutes les échelles en insistant, notamment, sur les équilibres locaux.

Ensuite, l'élaboration d'une éthique du comportement, de l'individu comme des populations et de leurs états, qui devra être menée par des philosophes, des sociologues, des théologiens, des médecins et des hommes et des femmes politiques.

Enfin, il faudra analyser des conséquences d'un changement de paradigme à l'aide de scénarios et de simulations par des économistes, des ethnologues et sociologues, des financiers et, là encore, des politiques.

Est nécessaire la formation officielle de noyaux doctrinaux dont la substance se trouve en dehors de toutes les controverses visitées depuis deux mille ans dans les champs de la philosophie, de la religion et de l'éthique. En effet, le problème principal est la boulimie dévastatrice qui propose le modèle occidental à l'humanité. Oublions donc les querelles qui n'ont plus de sens devant un danger important, nouveau, et encore jamais rencontré dans l'histoire.

Le contenu à élaborer devra dépasser les considérations d'éthique pour aborder les conséquences économiques, sociales et politiques d'une révolution des esprits. Il faudra chercher d'indispensables synthèses.

Supposons la première étape franchie : les documents de doctrine ont été publiés, discutés et adoptés par les grandes hiérarchies. L'adoption de l'éthique que nous proposons implique une révolution du système mondial : passer d'une situation de gaspillage à une situation de frugalité volontaire exige infiniment plus qu'écrire un livre de doctrine, même construit sur des analyses économiques et politiques approfondies. C'est aux États et à leurs organisations qu'il appartiendra d'agir. Qu'un État donne l'exemple, accompagné et encouragé par les grandes structures internationales, qui devraient être aussi bien les Églises que les Nations unies et les multinationales, alors se produira le tournant.

Mais si notre solution était adoptée avec son renversement général des circuits économiques, c'est-à-dire une déflation sans précédent, elle créerait elle aussi une cascade de troubles s'enchaînant les uns aux autres et s'amplifiant. On n'imagine pas qu'une diminution des ressources matérielles de chacun se fera sans rencontrer d'opposition.

La réflexion à ce sujet, d'une immense difficulté, est en fait l'essentiel de la doctrine à construire. L'action politique devra être graduée dans le temps pour rendre possible le changement des mœurs et transformations économiques. Imaginez ce que peut être une politique volontariste de réduction du nombre et de l'emploi des automobiles, par exemple, contrant aussi bien la production, c'est-à-dire l'emploi, que la passion de l'utilisateur.

Une Fédération universelle ?

L'idée de Fédération dérive de la constatation que la connectivité universelle a créé des communautés dites participatives, désireuses de se livrer à des activités techniques. Ces activités s'apparentent à des jeux et leur résultat est en général insignifiant. Les pouvoirs établis les ont donc ignorées. Or ces groupes recèlent la créativité effervescente de la jeunesse, qui ainsi s'épuise et se perd. Et d'autre part, les grandes structures politiques et économiques responsables du fonctionnement de notre civilisation se caractérisent par leur incapacité à innover et leur sclérose toujours menaçante. Aussi, ceux qui refusent le consumérisme n'ont-ils trouvé, jusqu'à aujourd'hui, de solution que dans la marginalité, géographique, sociale ou politique.

La Fédération consiste à établir une liaison fonctionnelle entre les uns et les autres, entre l'exubérance de la foule et la rigueur de la norme, entre le chaos horizontal et une organisation verticale, entre le *bottom-up* et le *top-down*. Si nous sommes parvenus à créer une Fédération dans le domaine de l'Espace, c'est que les jeunes membres des communautés associatives ont adopté la structure mentale de *Startrek* et que la probabilité de faire réussir une Fédération *spatiale* paraissait assez grande. Mais le concept peut et doit être étendu à d'autres territoires.

Très récemment, la foule a engendré, grâce à sa connexion, des mouvements politiques. Ils ont échoué, car il leur a manqué la composante *top-down* qui leur aurait donné une organisation robuste et une doctrine. Peut-on imaginer que la grave crise de croissance de notre monde, qui se traduit par un gaspillage insupportable des ressources naturelles, pourrait être traitée par un mécanisme similaire à une Fédération, c'est-à-dire une alliance structurelle entre la créativité de la foule et la compétence des Institutions ?

Un changement de paradigme s'impose à notre civilisation.

Il faut alors trouver l'outil vertical qui en serait le moteur, acceptable par la multitude et aussi possesseur de moyens réels.

Utilisation des réseaux sociaux par la contestation politique

L'arrivée de nouveaux outils sur le Net a créé une exubérance stupéfiante de la communication mondiale, devant laquelle la plupart des grandes institutions sont restées pétrifiées. Mais la foule, elle, s'en est emparée ! L'accès libre aux réseaux et la capacité qu'ils donnent de diffuser sans censure n'importe quel message lui offrent un pouvoir unique de regroupement politique. Nous en verrons quelques exemples, dont la caractéristique est que leur nature d'agitation désordonnée et/ou leur recours à un dirigeant dit providentiel – souvent charismatique et toujours faillible – entraînent l'échec.

Un mouvement de contestation pacifique appelé *Occupy Wall Street* est né aux États-Unis en 2011 et s'est développé grâce aux réseaux sociaux. En octobre, 900 villes à travers le monde ont été « occupées », c'est-à-dire ont vu des foules défiler dans les rues et y séjourner quelque temps avec le slogan anticapitaliste : *Nous sommes les 90 % qui ne tolèrent plus l'avidité des 1 %*. On n'en parle déjà plus, bien qu'il ait eu quelques imitateurs.

Quelque chose de plus fort a semblé naître, inspiré par le manifeste *Indignez-vous !* de Stéphane Hessel, qui a connu un succès de librairie en 2010-2011. L'Espagne compte 24 % de chômeurs et encore plus de mécontents et de désœuvrés. En janvier 2011 le tribun Pablo Iglesias s'est présenté sur le Net, fronçant les sourcils comme un homme irrité, et s'est réclamé de Stéphane Hessel, mais habillé en gladiateur prêt à descendre dans l'arène. Aussitôt, de nombreux « cercles » se sont formés dans la blogosphère pour répondre à son appel. Leur mouvement appelé *Podemos* (Nous pouvons), à l'imitation du webophile Obama, auteur du slogan *Yes, we can!* a pris officiellement naissance le 15 mai 2011 à Madrid. Il a été porté par des jeunes gens nés une souris à la main. Populiste de nature, se voulant sans chefs, il souhaitait réformer le fonctionnement de l'État sans l'intermédiaire des partis dont il dénonçait la corruption et l'impuissance. De nombreuses marches ont rassemblé dans plusieurs villes d'Espagne des milliers de personnes organisées autour de réseaux sociaux et de sites Web. Le mouvement s'est progressivement répandu avec des différences dans les revendications et l'intensité en Belgique, en Grèce, moins dans le reste de l'Europe. Mais le flou idéologique, qui au début avait tant contribué à sa popularité et apporté des victoires aux élections régionales et municipales du 24 mai 2015 en Espagne, n'a pas joué longtemps en sa faveur, et il apparaît maintenant que *Podemos* est devenu un parti comme les autres, situé à gauche des socialistes dans la niche occupée jusqu'à leur implosion par les écolo-communistes : le mouvement du Web antisystème est rentré dans le jeu traditionnel.

Que lui a-t-il manqué ? Mais tout, bien sûr. Son programme consistait à descendre dans la rue pour y brandir des pancartes. Il n'était que clics, aussi bruyants qu'éphémères. Pas de structure, juste un chef habillé en gladiateur. Pas de doctrine, pas de stratégie. Ne lui accordons donc pas plus que ce qu'il pouvait donner – mais pas moins.

Le Guatemala a vécu en 2015 l'action efficace d'autres *indignados.* Le pays est celui d'Amérique latine où la pénétration d'Internet est proportionnellement la plus forte : le nombre des utilisateurs est passé en cinq ans de 1 million à 3,5. Le 18 avril, cinq amis *indignés* par la révélation d'un scandale douanier ont lancé sur Facebook un appel à manifester le samedi suivant dans la capitale ; dix-huit mille personnes ont répondu présent et ils ont été trente mille le 8 mai. Les médias ont suivi ; le 27 août, cent mille personnes défilent à Guatemala et autant dans les villes de province. Le 3 septembre, le président Otto Perez Molina démissionne et est aussitôt incarcéré. Le mouvement, sans unité ni porte-parole ni programme, affronte les élections d'octobre dans la plus complète division. Elles ont laissé les partis traditionnels au pouvoir, et Perez Molina a déclaré : « *Rien n'est changé sauf que je suis en prison et non plus président* ». On peut prévoir que la « révolution » aura su éliminer des corrompus, mais pas la corruption.

Les contestations populaires qui ont bouleversé le monde arabe à partir de 2011 ont été portées de façon intensive par les outils d'Internet et le téléphone mobile, au point d'avoir été appelé révolutions Facebook ou Twitter, même si le rôle des réseaux est allé en diminuant à mesure que les éléments politiques l'emportaient sur les éléments technologiques. Il a ainsi été démontré que l'importance des réseaux sociaux est cruciale dans la phase préparatoire des éruptions populaires : ils permettent aux individus de vérifier qu'ils sont nombreux à partager l'analyse de la situation et de confirmer la validité de leur engagement personnel. Les relations individuelles, qui sont la règle sur Internet, indépendantes des cadres autoritaires et sociaux, se sont transposées dans la rue, dotant les manifestations d'un fonctionnement très égalitaire.

Le printemps arabe était voué à l'échec. Il est né de la misère à Sidi Bouzid en Tunisie, et du manque d'eau, d'hygiène et d'avenir, protestation gonflée par les millions de clics de chômeurs désespérés. Il s'est voulu lui aussi sans chef et sans programme. Mais ce n'est pas en défilant dans les rues qu'on fait couler les robinets quand le pompage excessif assèche la nappe phréatique. Et donc après des mois d'agitation stérile, alors que les robinets restaient toujours secs, alors que les espoirs suscités par les politiques ne se matérialisaient pas, un seul recours est apparu à la foule : les islamistes et les Frères musulmans ont été portés au pouvoir par le suffrage universel qu'on appelle démocratique, comme si cette notion s'appliquait à des peuples dont le revenu quotidien par tête ne dépasse pas deux euros. Les policiers et les militaires ont rapidement rétabli l'ordre et les réseaux se sont tus.

Très suivis, des propagandistes, sympathisants suractifs sur tous les réseaux, encouragent au djihad. C'est le djihad 3.0, qui lui aussi aboutit à des tentatives personnelles sans finalité mais non sans impact. Voyez les assassins qui ont déjà ensanglanté Paris à deux reprises, en janvier et en novembre 2015, et s'apprêtent à recommencer, là ou ailleurs. Une tendance pourrait s'imposer comme un raz de marée : les réseaux sociaux rétablissent la religion au premier plan de la politique mondiale, remplissant le cœur des malheureux par l'espoir d'une rédemption. Sans Twitter, Facebook et Google, la croissance explosive de l'État islamique Daesh eut été impossible.

Et si les solutions étaient…

La religion montre sa capacité à remuer la multitude mais dans ce contexte, elle attise la colère, la frustration et l'agressivité. Les religions de l'Occident sont largement responsables de l'idéologie qui nous a conduits où nous sommes. Envahissant la psyché publique, d'autres garantissent à leurs adeptes qu'ils auront accès, d'abord aux richesses des pays développés révélées par leur smartphone, et tout aussitôt après et peut-être même avant, au paradis d'Allah. Plutôt que de la laisser servir presque exclusivement le mal, la haine et la mort dans un paroxysme négativiste, nous proposons ici d'enrôler son immense force comme alliée du bien, en la canalisant par une opération raffinée de renversement, un *aggiornamento*, une refondation sur des valeurs inclusives et non exclusives. Une véritable spiritualité et non une conquête, des choses, des âmes ou des territoires. On peut capter la force irrationnelle : mais il faut monter sur le dos du tigre !

Bien que je sois moi-même un athée convaincu, tout en reconnaissant et respectant les valeurs du spirituel, je dois constater que les religions sont une force ; l'histoire l'a montré et un Martin Luther King d'un côté, les djihadistes à l'opposé nous le prouvent chaque jour. L'enrôlement du spirituel pourrait infléchir le consumérisme, puisqu'il permettrait de répandre et même d'imposer une culture universelle de modération et même de restriction.

Les religions constituées ont démontré à travers l'Histoire leur capacité à répandre leur vision de l'homme et à l'imposer à la foule. Elles sont les Institutions les plus aptes à influencer les mœurs. Comme elles sont multiformes, hétérogènes comme tout conglomérat humain, il est possible d'y trouver des gens et des structures qui s'adapteraient aisément au mode participatif exigé aujourd'hui pour le succès de tout projet d'action sur les mœurs. Loin de promouvoir un retour du pouvoir perdu par les clergés, l'on peut songer à enrôler leurs forces organisées et disciplinées pour la réforme des esprits, car elles sont capables de vraiment se connecter avec les masses.

D'où une vision pragmatique et même cynique du rôle que des Églises pourraient jouer comme membres verticaux de Fédérations. Et une vision plus ambitieuse, que ces Fédérations pourraient se fédérer en une Fédération de Fédérations.

Et, même si elles n'en ont ni la taille ni la puissance, il existe bien d'autres structures d'action ou de réflexion dont les principes reposent sur une éthique, un humanisme, le respect de l'Autre. Ne pourrait-on pas imaginer qu'elles puissent adhérer à cette Fédération, sans y abandonner leurs identités, ni abolir leurs différences, pour partager l'objectif commun d'assurer un avenir à la diversité de la vie sur la Terre ?

On peut au moins y réfléchir…

Remerciements

Ma première pensée va à Blandine Genthon, directrice générale de CNRS Éditions, qui a bien voulu accueillir ce livre sur la recommandation de mes amis Isabelle Sourbès et Arnaud Benedetti.

L'idée première de la *Fédération*, certes inspirée par ma lecture de Wikinomics, a germé, autant que je puisse m'en souvenir, de conversations avec Bertrand Pillet et Pierre Mary, qui m'ont fait venir au hackerspace La Paillasse. Jean-Pierre Sanfourche m'a convaincu de publier un article sur le sujet. J'ai montré mes premières analyses à Lionel Suchet, alors directeur de l'Innovation au CNES. Après l'avoir fait étudier par Michel Faup, il a persuadé le président du CNES, Jean-Yves Le Gall d'en faire un projet du CNES en 2016. Le président a accepté d'affecter Fabio Mainolfi à la direction du projet et a annoncé lui-même la création de la Fédération au Salon du Bourget le 27 juin 2017. Fabio a été aidé par Damien Hartmann, animateur du hackerspace Electrolab et ils ont créé l'Association le 27 octobre 2017. Et maintenant, sous leur vigoureuse tutelle, l'entreprise Fédération se dirige vers une activité que nous voulons croire foisonnante et imprévisible.

Croyant devoir accompagner l'entreprise par un manifeste, j'ai écrit le présent livre et ai reçu des conseils précieux des amis auxquels je l'ai fait lire : Jacques Arnould, Chargé des questions d'éthique au CNES ; Philippe Bois, président du Club des Vigilants ; Marie-Lise Chanin, directeur de recherches émérite au CNRS ; Jean-Claude Dordain, ancien directeur général de l'Agence Spatiale Européenne ; le TRP Antoine Kerhuel, secrétaire général de la Société de Jésus ; Pierre Lamy et Bertrand Pilet, hackers ; Murielle Lafay, ingénieur au Centre Spatial de Toulouse ; Pierre Léna, de l'Académie des Sciences et de l'Académie Pontificale ; Lionel Suchet, maintenant directeur général délégué du CNES.

Marie Bellosta, de CNRS Éditions, a révisé le manuscrit et n'a pas hésité à le réorienter en pratiquant les coupures nécessaires. Brahim Megherbi m'a assisté dans mes recherches sur Internet. Enfin, ma très fidèle Rose Mauve a joué un rôle essentiel dans l'élaboration du manuscrit.

À tous va ma profonde reconnaissance pour leur précieuse contribution à cet essai. À tous merci du fond du cœur.

Table des matières

Du même auteur

Aux Éditions Odile Jacob

1987 : *Vénus dévoilée. Voyage autour d'une planète.*
1993, 2005 : *Le Chiffre et le Songe. Histoire politique de la découverte.*
2000 : *Le Lion et le Moucheron. Histoire des marranes de Toulouse.*
2004 : *Introduction au siècle des menaces.*
2009 (avec Jacques Arnould) : *Lève-toi et marche. Une proposition pour l'avenir de l'humanité.*
Le Chiffre et le Songe ont été couronnés par le prix Roberval de l'Université de Compiègne (1993), le prix Maurice Pérouse de la Fondation de France (1993), le prix d'histoire de la Société des gens de lettres (1994).

Aux Éditions du Conseil général de Guyane

2002 (avec Henri-Claude Dédé) : *Réalisme et vision. Le plan Blamont pour la création de l'Université de Guyane.*

Aux Éditions Édite

2012 : *L'action sœur du rêve. Souvenirs de voyage.*

Aux Éditions de l'Université d'État d'Haïti (Port-au-Prince)

2013 : *Pour une révolution de l'éducation en Haïti.*

Aux Éditions Ibis rouge (Cayenne)

2015 : *Numérique, culture, parc amazonien. Voilà la nouvelle Université de Guyane.*

Aux Éditions universitaires européennes (Sarrebrück)

2016 : *François, encore un pas.*

Composition et mise en pages
Nord Compo à Villeneuve-d'Ascq

Achevé d'imprimer en octobre 2018
sur les presses de la Nouvelle Imprimerie Laballery
58500 Clamecy
Dépôt légal : novembre 2018
N° d'impression : 810220

Imprimé en France

La **N**ouvelle **I**mprimerie **L**aballery est titulaire de la marque Imprim'Vert®